财政干部教育培训用书
现代财政制度系列教材

现代财政法治化研究

财政部干部教育中心　组编

中国财经出版传媒集团
经济科学出版社
Economic Science Press

图书在版编目（CIP）数据

现代财政法治化研究／财政部干部教育中心组编.
—北京：经济科学出版社，2017.8
财政干部教育培训用书　现代财政制度系列教材
ISBN 978-7-5141-8403-7

Ⅰ.①现… Ⅱ.①财… Ⅲ.①财政法-研究-中国　Ⅳ.①D922.204

中国版本图书馆 CIP 数据核字（2017）第 216809 号

责任编辑：白留杰　李晓杰
责任校对：杨晓莹
责任印制：李　鹏
封面设计：陈宇琰

现代财政法治化研究

财政部干部教育中心　组编
经济科学出版社出版、发行　新华书店经销
社址：北京市海淀区阜成路甲 28 号　邮编：100142
教材分社电话：010-88191354　发行部电话：010-88191522
网址：www.esp.com.cn
电子邮箱：bailiujie518@126.com
天猫网店：经济科学出版社旗舰店
网址：http://jjkxcbs.tmall.com
北京密兴印刷有限公司印装
710×1000　16 开　20 印张　280000 字
2017 年 9 月第 1 版　2017 年 9 月第 1 次印刷
ISBN 978-7-5141-8403-7　定价：70.00 元
（图书出现印装问题，本社负责调换。电话：010-88191510）
（版权所有　侵权必究　举报电话：010-88191586
电子邮箱：dbts@esp.com.cn）

前　　言

党的十八届三中全会通过的《中共中央关于全面深化改革若干重大问题的决定》提出了财政是国家治理的基础和重要支柱的重要论断，并就深化财税体制改革作出了总体部署。当前，统筹推进"五位一体"总体布局和协调推进"四个全面"战略布局，牢固树立和贯彻落实新发展理念，努力实现"两个一百年"奋斗目标和中华民族伟大复兴的中国梦，都迫切需要充分发挥财政对于推进国家治理体系和治理能力现代化的基础和支柱作用，构建与我国综合国力和国际影响力相匹配的财政体系和财政能力。中央政治局会议审议通过的《深化财税体制改革总体方案》明确提出，到2020年基本建立现代财政制度。现代财政制度在体系上要构建全面规范、公开透明的预算管理制度，公平统一、调节有力的税收制度，中央和地方事权与支出责任相适应的制度；在功能上要适应科学发展需要，更好地发挥财政稳定经济、提供公共服务、调节分配、保护环境、维护国家安全等方面的职能；在机制上要符合国家治理体系与治理能力现代化的新要求，包括权责对等、有效制衡、运行高效、可问责、可持续等一系列制度安排。

深化财税体制改革是一场关系我国国家治理现代化的深刻变革，是完善社会主义市场经济体制、加快转变政府职能的迫切需要，是转变经济发展方式、促进经济社会持续稳定健康发展的必然要求，是建立健全现代国家治理体系、实现国家长治久安的重要保障。财政干部在深化财税体制改革、建立现代财政制度中责任重大，使命光荣。

为满足广大财政干部的学习需求，财政部人事教育司、干部教育中心组织协调中央财经大学、上海财经大学、中南财经政法大学、东北财经大学、江西财经大学、山东财经大学6所部省共建高校和部内有关司局，联合研究编写了我国现代财政制度系列教材。系列教材共分7本：《中国现代财政制度建设之路》《现代预算制度研究》《现代税收制度研究》《现代政府间财政关系研究》《现代财政法治化研究》《现代财政宏观调控研究》《现代财政监督研究》。教材突出前瞻性、实用性、科学性和通俗性，希望能为广大财政干部学习专业知识、提高业务能力提供帮助，进而为加快推进建立我国现代财政制度作出积极贡献。

《现代财政制度系列教材》编写组
2017年9月

目 录

第一章 现代财政法治化内涵 / 1

第一节 现代国家治理与现代法治 / 1
一、现代国家治理 / 1
二、现代法治与现代国家治理 / 8

第二节 财政法治化内涵 / 14
一、现代财政制度与法治财政 / 14
二、世界主要发达国家财政法治化进程 / 18

第二章 我国财政法治化进程 / 28

第一节 我国财政法治化进程 / 28
一、无现代财政法治化阶段 / 28
二、财政法治化初期阶段 / 29
三、财政法治化建设展开阶段 / 33
四、财政法治化全面推进阶段 / 46

第二节　我国财政法治化的主要事件　/ 48

一、《预算法》　/ 48

二、《中华人民共和国会计法》的修订及《财政部门实施会计监督办法》的颁布　/ 50

三、《全国人民代表大会常务委员会关于加强中央预算审查监督的决定》　/ 54

四、《预算法》的修订　/ 58

第三节　我国财政法治化进程的思考与展望　/ 62

一、思考　/ 62

二、展望　/ 63

第三章　财政权力配置法治化　/ 65

第一节　财政权力配置的内容　/ 65

一、财政权力配置的含义　/ 65

二、西方财政权力配置的演变　/ 66

三、财政权的配置　/ 67

第二节　我国财政权力配置的现行法律规定　/ 76

第三节　我国财政权力配置法治化存在的问题及改进建议　/ 86

一、现行财政权力配置法治化存在的问题　/ 86

二、我国财政权力配置法治化的建议　/ 89

第四章　财政收入法治化　/ 96

第一节　我国现行财政收入法律体系　/ 96

一、税收收入的现行法律体系　/ 97

二、非税收入现行法律体系 / 100

第二节　我国财政收入法治化存在的问题 / 102

一、税收收入法治化存在的问题 / 102

二、非税收入法治化存在的问题 / 112

第三节　财政收入法治化的国际比较与借鉴 / 117

一、发达国家财政收入立法实践 / 117

二、三国财政收入法制评鉴 / 124

第四节　推进我国财政收入法治化的建议 / 126

一、加强税收法治化建设 / 126

二、提高非税收入法治化水平 / 137

第五章　财政支出法治化 / 146

第一节　我国财政支出的现有法律规定 / 147

一、对政府投资的法律规定 / 147

二、对政府购买的法律规定 / 149

三、对转移性支出（企业、个人）的法律规定 / 152

第二节　我国财政支出法治化存在的问题 / 156

一、立法存在不足 / 156

二、执法依然有待规范 / 158

三、司法监督不完善 / 159

第三节　财政支出法治化的国际经验 / 160

一、美国 / 161

二、法国 / 162

三、日本 / 164

四、各国经验总结　/ 166

第四节　推动我国财政支出法治化的建议　/ 167

一、推进法律建设　/ 167

二、严格法律执行　/ 170

第六章　财政体制法治化　/ 174

第一节　我国现行财政体制的法律制度框架　/ 174

一、政府间事权与支出责任的划分　/ 175

二、中央与地方的收入划分　/ 177

三、政府间转移支付体系　/ 178

四、政府预算管理　/ 182

第二节　我国财政体制法治化存在的问题　/ 184

一、分税制改革的法治审视　/ 185

二、我国转移支付制度的法治检视　/ 189

三、我国预算权力的法治考察　/ 192

第三节　财政体制法治化的国际比较与借鉴　/ 195

一、发达国家财政体制的法律实践　/ 195

二、启示与借鉴　/ 209

第四节　推进我国财政体制法治化进程　/ 212

一、深化分税制改革的依宪治国维度　/ 212

二、转移支付的法治矫正　/ 218

三、政府预算管理的法治规范　/ 221

第七章　地方政府性债务法治化　/ 224

第一节　地方政府性债务问题概况　/ 224

一、目前我国政府性债务总体情况　/ 225

二、我国的地方政府性债务政策：一个简要回顾　/ 226

三、我国地方政府的债务结构　/ 228

四、我国地方政府的债务风险　/ 229

第二节　我国政府性债务管理的现行法律规定　/ 231

一、《中华人民共和国预算法》　/ 231

二、《关于制止地方政府违法违规融资行为的通知》　/ 234

三、《关于加强地方政府性债务管理的意见》　/ 237

四、《地方政府一般债券发行管理暂行办法》　/ 238

五、近年来加强地方政府性债务法治化管理实践　/ 239

第三节　地方政府性债务法律建设中存在的问题　/ 241

一、缺乏地方政府性债务统一管理机构　/ 242

二、地方政府性债务管理的法制建设尚需加强　/ 242

三、地方政府性债务监督管理体系尚需完善　/ 242

四、缺乏透明的地方债务统计报告制度　/ 243

五、地方债务风险预警机制和危机管理机制不完善　/ 243

第四节　地方政府性债务管理法治化的国际经验　/ 244

一、美国地方政府性债务法治化管理介绍　/ 244

二、日本地方政府性债务法治化管理介绍　/ 245

三、德国地方政府性债务法治化管理介绍　/ 247

四、法国地方政府性债务法治化管理介绍　/ 248

五、澳大利亚地方政府性债务法治化管理介绍　/ 250

六、地方政府性债务法治化国外经验总结　/ 252

第五节　我国地方政府性债务管理法治化展望　/ 253

一、加强地方政府性债务管理的法制建设　/ 253

二、设立统一的管理机构加强地方政府性债务管理　/ 254

三、采取制度约束和行政控制相结合的管理模式 /254

四、建立一整套统一、系统化的监督管理体系 /254

五、建立透明的统计报告制度 /255

六、建立适合我国国情的地方债务风险预警机制和危机管理机制 /255

第八章 政府资产管理法治化 /257

第一节 政府资产管理法治化的时代背景及意义 /257

第二节 我国政府资产管理法治化现状 /260

一、政府资产管理职权法定 /260

二、政府资产管理相关法律规范的完备性 /262

三、政府资产管理违法的法律依据 /264

四、政府资产的公开透明与监督体系 /266

第三节 政府资产管理法治化建设的成效与问题 /267

一、政府资产管理法治化建设的初步成效 /267

二、政府资产管理法治化建设中存在的问题 /268

第四节 政府资产管理法治化的国际经验 /270

一、主要国家的基本做法 /270

二、主要国家政府资产管理法治化的经验总结 /275

第五节 进一步推进我国政府资产管理法治化进程的建议 /279

第九章 我国财政法治化建设展望 /282

第一节 我国财政法治化建设面临的挑战 /282

一、财政法治化建设的紧迫性 /283

二、财政法治化建设面临的挑战　/ 284

第二节　我国财政法治化建议　**/ 285**

一、加强人大立法权　/ 285

二、加强财政立法建设　/ 286

三、行政机关应保障相关制度的有效执行和落实　/ 287

四、加强法律的监督执行　/ 288

第十章　我国财政法治化的实施方案　**/ 289**

第一节　加快财政法律的制定和完善　**/ 289**

一、强化和落实人大的财政立法权　/ 289

二、制定财政基本法　/ 290

三、充实财政税收主干法律规范，并注重提高法律法规的质量　/ 290

第二节　财政行政行为的规范　**/ 292**

一、财政行政机关依法全面履行财政职能　/ 292

二、推进财政重大决策科学化、民主化、法治化　/ 293

三、财政行政执法的规范　/ 294

第三节　建立和健全财政权力规范运行的监督体系　**/ 295**

一、构建全面的权力监督体系　/ 295

二、财政行政机关内部监督和控制制度的建立和完善　/ 296

参考文献　/ 298

后　记　/ 304

第一章 现代财政法治化内涵

本章导读：作为全书的总括部分，本章从讲述现代国家治理开始，首先分析了现代国家治理与传统国家治理的区别，二者的不同在于是否运用现代法治作为国家治理的手段。而作为国家治理的基础和重要支柱的财政制度，其向现代化的转型也必须依靠法治化手段。因此法治化不仅是我国现代化建设议题中应有之义，更是未来财政制度转向现代化的必经之路。

第一节 现代国家治理与现代法治

一、现代国家治理

2013年11月12日，中国共产党第十八届中央委员会第三次全体会议通过的《中共中央关于全面深化改革若干重大问题的决定》规定："全面深化改革的总目标是完善和发展中国特色社会主义制度，推进国家治理体系和治理能力现代化"。这不仅是第一次在执政党的纲领性文件中明确提出了"国家治理体系和治理能力现代化"的概念，更重要的是，该《决定》是从全面深化改革的总目标的角度来认识"国家治理体系和治理能力现代化"的重要性，为下一步全面深化改革指明了发展方向。

那么应该怎样理解国家治理的内涵？国家治理的现代性体现在哪些方面？国家治理由早期过渡到现代经历了怎样的曲折复杂过程？下面对这些问题进行一一解答。

（一）治理的含义

根据世界银行的定义，"治理是利用机构资源和政治权威管理社会问题与事务的实践"。联合国发展计划署认为，"治理是基于法律规则和正义、平等的高效系统的公共管理框架，贯穿于管理和被管理的整个过程，它要求建立可持续的体系，赋权于人民，使其成为整个过程的支配者"。全球治理委员会对治理的界定是"各种公共的或私人的个人和机构管理其共同事务的诸多方式的总和"。由这些解释可知，治理是面向社会问题与公共事务的一个行动过程，参与者包括公共部门、私人部门和公民在内的多个主体，通过正式制度或非正式制度进行协调及持续互动[①]。与传统意义上的"管理"相比，现代政治学和管理学将"治理"拓展为一个内涵丰富、包容性很强的概念。"管理"与"治理"的区别在于，"管理"强调强制，政府下命令、发指示，做出政策方案，而"治理"则强调政府、社会、公民多主体互动协作，共同处理公共事务；"管理"所依赖的权威指政府的权威，而"治理"作为一种政治过程，虽然需要权威，但这个权威并非一定来自政府；"管理"的权力运动方向是自上而下的，而"治理"则是上下互动，平等开展活动的运动过程。从"管理"到"治理"是随着社会层次的扁平化、社会主体的多元化的转变而变化的，是社会发展要求民主协商，参与式、互动式、共同管理的实践回应，是公权力进行重新配置的一种深刻转变。

---

① 许耀桐，刘祺.当代国家治理体系分析［J］.理论探索，2014（1）：10-15.

专栏　治理的含义

在公共管理领域，治理的概念经过不断发展，形成了民主治理、多中心治理等多种治理模式。治理理论兴起的一个重要背景是新公共管理理论和新公共行政学派的发展。新公共管理理论强调科学管理，效率、竞争与市场导向，以第三条道路、政府重塑等运动为阵地。新公共行政学派主张公民参与和多中心治理，主张小政府、更直接的公民参与，政府服务契约外包和民营化以及市场化的激励机制。

1989年世界银行在其报告《撒哈拉以南的非洲：从危机到可持续增长》中首次使用了"治理危机"（Crisis in Governance）。1992年，世界银行又再次以《治理与发展》为年度报告的主题。之后，在联合国开发计划署（UNDP）等机构和组织当中，治理理念逐渐成为主流。联合国开发计划署在2001年提交给秘书长的建议中谨慎地指出，对防范冲突、保持和平负有基本责任的，不是国际社会而是在相关国家中的政府和市民社会。他们越来越发现，在联合国的众多成员中，无论是政府，还是公民社会，民主治理既能保护稳定的和平，也能推动发展。而且那些新发展起来的共同体也相信，缺少了民主治理，就不会有持续的发展动力。在保证可持续发展方面，一个社会在公正、平等、参与的态度下获取这种动力所需的知识技能和政治水平比这种发展动力本身所达到的水平具有更重要的地位。正是从这个意义上，联合国开发计划署逐渐将其计划转移到提高民主治理上来，这常常与以下情况相联系：负责与透明的公共机构、提供和平解决纠纷的司法系统、保护所有人权利的法治、在政治决策中真正的大众参与或者是这些参与可能采取的形式。以治理理论为指导，联合国开发计划署先后在150多个国家和地区开展了一系列的支持活动，成为民主治理的最大多边提供者。在2001年，它斥资80亿美元用于民主治理。[1]

---

[1] 佟得志. 当代西方治理理论的源流与趋势 [J]. 人民论坛, 2014 (3).

（二）国家治理[①]

按照治理的不同层面、不同领域，治理行动涉及国家治理、政府治理、社会治理、公司治理、法人治理和社区治理等诸多方面。那么什么是国家治理呢？

国家治理是人类政治社会的普遍现象，不同的时代有不同的内涵。我国传统社会是按统治者"治国理政"的意义来阐释其含义的，指的是统治者治理国家和处理政务。自秦至晚清的治国理政以统治为基本特征。为了实现专制统治，以皇帝为权力顶峰，构建了自上而下的金字塔式的等级森严的官僚政治体系来实现对社会的控制。在这种官僚政治社会中，自上而下地以行政化手段和严酷的法律律令对社会进行统治和管理。传统国家治理的目标主要追求统治秩序。如孔子为古代中国设计的国家治理目标是"仁"和"礼"，追求的是确立一种"君君、臣臣、父父、子子"的社会秩序。亚里士多德为古希腊城邦设计的国家治理目标是"中庸"，追求的是建立一种中产阶级掌权的政体。传统国家治理方式的主要特征是专断、恣意、多变和神秘化。如申不害主张，国君治国应"独视、独听、独断"。孔子认为，统治者治国，只应让老百姓按照其政令去做，而不要让老百姓知道为什么，"民可使由之，不可使知之"。而且，孔子反对法治，反对治理规范化："今弃是度也，而为刑鼎，民在鼎矣，何以尊贵。贵何业之守？贵贱无序，何以为国？"传统国家治理手段多采用人治、礼治或权势权术之治。如柏拉图主张"哲学王"之治，他认为，哲学王具有勇敢、大度、聪敏、强记的天赋品质，由哲学王治理的国家是"第一好的国家"。孔子主张"德治"："道之以政，齐之以刑，民免而无耻；道之以德，齐之以礼，有耻且格。"慎到、韩非、马基雅弗利主张权势权术之治。慎到认为，"贤者未足以服众，而势位足以屈贤者也"。韩非对"术"也有几乎同样的解释："术者，藏之于胸中，以偶众端，而潜御群臣

[①] 姜明安．现代国家治理有五大特征．http://finance.qq.com/a/20141104/001772.htm．

也。"马基雅弗利则把这种权术之治推向极致，他说，"那些曾经建立丰功伟绩的君主们却不重视守信，而是懂得怎样运用诡计，使人们晕头转向，并且终于把那些一本信义的人们征服了"。据马基雅弗利的理论，统治者选择治理手段，只应问是否有效，而不要考虑是否正当。

现代国家治理的目标是以人为本，追求人的可持续发展、自由和幸福，公共利益最大化；"民"不再是纯粹的、被动的治理对象，也是治理的主体；现代国家治理的方式则要求程序化、规范化，要求公开、透明、公正参与、协商、诚信。在现代法治国家中，为了规范国家治理，一般都制定行政程序法、政府信息公开法、个人信息保护法，以法律规定国家治理行为的公开、公正、公平和国家治理行为应遵循的基本原则及其制度，如信赖保护原则、比例原则、合理预期原则、告知制度、听取申辩制度、说明理由制度、听证制度、调查取证制度、政府发言人制度、政务网上公开和网上征求意见、讨论、辩论制度等。公权力运作程序化、规范化对现代国家治理具有非常重要的意义，它既是保障国家公权力和社会公权力行使公正和效率的要求，也是防止公权力滥用、遏制腐败的要求。国家治理手段的选择不仅要考虑其有效性，而且还要考虑其正当性和文明性，基本手段是民主、法治、科学和文化。民主包括代议制民主、参与式民主和协商式民主。早期的民主主要是代议制民主，但由于代议制民主在实际运作中产生了很多弊病，代议机关的代表在立法和重大问题的决策中往往并不代表全体人民或绝大多数人民的利益和意志，而主要代表其所在党派的利益和某一特定利益群体的利益。因此，参与式民主和协商式民主作为代议制民主的补充，在现代国家治理过程中迅速发展起来，并且具有越来越重要的地位和作用。法治，包括形式法治和实质法治两个方面。形式法治主要要求国家治理有法可依、有法必依、执法必严、违法必究。而实质法治不仅要求国家治理严格守法、依法，而且要求所立所守所依之法是"良法"；不仅要求国家治理遵循法律的具体条文、规则，而且还要遵循法律的原理、原则、精神和法治理念；不仅要求国家治理依"硬法"办事，而且要自觉依"软法"，即非由国家强制力保障实施的法，如宪法惯例、法律基本原则、社会公权力组织章程和自律规则、执政党党内法规、国家机关发布的政策性纲要、指南，以及有关公权力主体之间就公共事务签订的协议等。现代国家治理比传统国家治理所要解决的问题复杂得多。比如，互联网安全问题、转基因食品审批许可问题、PX工程建设选址问题、雾霾治理问题，等等，这些都是传统国家治理中不曾遇到或不可能遇到的问题。显然，要对这些问题做出正确决策，必须在坚持民主法治的前提下，进行充分的科学论证，即同时运用科学的手段，才能获取解决问题的最优或较优方案。

无论是传统国家治理还是现代国家治理首要的目标都是维护国家的基本秩序和稳定，包括维护国家历史文明传承和演进的道德价值，为社会提供法律框架，保证法律和秩序的实施，保护国家领土免受外来入侵。现代国家治理是指一方面政府要放权，让其他力量参与管理；另一方面还要保持和巩固国家治理能力。两者结合才能真正做到政府该管的管好，不该管的不管，避免国家出现乱局。

专栏　治理发展路径

国家向着治理发展的变迁路径，可以概括为"管制—管理—治理"三种状态，即：管制状态（传统行政）、管理状态（新公共管理）、治理状态（治理现代化）。在新中国的国家发展进程中，大致也经历了这三种状态。计划经济时代依托各级政府机构对国家事务和社会事务进行管理，这种管理状态具体体现为管制行政，政府作为单一管理主体依靠行政指令管理经济和社会生活，通过垄断权威自上而下垂直管理、集权管理。这时期较为典型的做法是通过单位、村（居）委会等组织形式，实现社会成员的有组织化，依托权力网络来管控公共事务。随着改革开放的深入，市场经济的发展，既往的"全能型、人治化、封闭式"的管制行政模式，已不再适应复杂的市场经济和社会事务的协调需求，"市场式政府""参与式国家""弹性化政府"和"解制型政府"等新公共管理的改革方案成为选项。我国从1982年开始，国务院进行了多次政府机构改革，逐步转变政府职能，集中于经济调节、市场监管、社会管理和公共服务；推行中央与地方的分税制改革，极大地下放了经济管理权限；民间组织大量涌现，全国居民自治组织达 67900 个。尽管市场和社会对政府干预的依赖开始减少，但政府仍然发挥着重要的作用，一些基本的法律规则和公共物品必须由政府来提供。特别是在"市场和社会自身无法协调秩序治理从而陷于分裂和混乱之时，只有政府这个强制性的公共权威可以出手挽救这一危机局面。"进入 21 世纪以来，市场、社会的复杂性加剧，走向治理、实现治理现代化的问题提上了议事日程。治理现代化既涵盖各方面的科学治理、民主治理、制度治理，也容纳法治、德治、共治、自治等内容。治理现代化意味着将国家对现代化建设各领域的有力有序有效管理，同各种范畴、各种层次、各种形式的自主网络、自治权威相结合，从全能转向有限、从垄断转向参与、从管理转向服务、从集权转向分权、从人治转向法治、从封闭转向开放、从权力转向责任，做到国家治理、政府治理、社会治理的全覆盖。

专栏　社会治理

随着社会主义市场经济体系的建立完善以及行政体制的深化改革，当前推进国家治理体系现代化的重点是社会治理领域。社会组织作为国家与社会、政府与市场之间的媒介，具有公共性功能，可以接受政府授权，承担公共事务管理。第三部门的兴起打破了传统资源配置上政府和市场非此即彼的选择。对于国家与社会的关系，马克思主义认为，国家最终要走向消亡，国家的权力要被社会收回，重归社会。在这样的进程中，现在就需要我们重视社会组织的发展。党的十七届二中全会《关于深化行政管理体制改革的意见》提出："更好地发挥公民和社会组织在社会公共事务管理中的作用，更加有效地提供公共产品。"党的十八大以来，党中央多次强调要完善"党委领导、政府负责、社会协同、公众参与"的社会管理格局，这些政策为社会组织的生长和发展，提供了有利的宏观制度环境。

二、现代法治与现代国家治理

(一) 法治与人治

国家治理手段分为法治与人治两种。在我国古代，孔子主张"为政以德"，认为以道德和礼教来治理国家是最高尚的治国之道。这种治国之道也可称为"德治"。儒家提倡的"人治"，就是重视人的特殊化，重视人可能的道德发展，重视人的同情心，主张用道德高尚的圣贤通过道德感化来治理国家。法虽然不可缺少，但是执政者"其身正，不令则行，其身不正，虽令不从"。君主应以身作则，实行仁政，并选拔得力官吏进行礼制教化，最终就可实现"文武之治""其人存，则其政举，其人亡，则其政息"的境界。在西方，古希腊思想家柏拉图曾提出哲人治国论，主张建立哲学王统治。概括地讲，人治就是个人或少数人掌握公共权力，对占社会上绝大多数的其他人实行阶级统治的社会体制。人治的一个突出特点是过分依赖当权者和领导者个人或少数人的智慧、能力、道德、品质，依靠个人的威望和领导力治理国家。这是一种"自上而下"的、单向的、等级森严的控权模式，其最大弊端在于缺乏有效的权力制衡手段，最终会演化成专制或独裁。

与此相对应的是法治。"法律是人类最大的发明。别的发明使人类学会了如何驾驭自然，而法律使人类学会了如何驾驭自己。"在人类历史上，法治有各种形态。在我国《管子》一书中提出了"以法治国"的主张，后来的李悝、商鞅、韩非主张"缘法而治""不别亲疏，不殊贵贱，一断于法""君臣上下贵贱皆从法""法不阿贵，绳不挠曲""刑过不避大臣，赏善不遗匹夫"。法律是君主治理国家的依据，是人们应当遵守的行为典范，那么就应该"法布于众"并家喻户晓。要依法办事，维护法律的权威性，坚决反对在法令之外讲仁爱和道德，对所有人都应一视同仁，排除一切人为的因素，以免"人存政举，人亡政息"。但他们所说的"法"无非是严刑峻法。法的作用是约束百姓。皇帝和国家统治者奉行以君权神授、君临天下、专制独裁、权大于法为核心的法权观念，强调国家至上、君本位、官本位、义务本位，漠视个人权利及其保护；主张德主刑辅、法律道德化；信奉重刑主义，实行严刑峻法，诸法合一，以刑为本。依靠刑讯逼供，屈打成招，甚至迷信神明裁判。这种"法治"不过是封建专制独裁的工具变相的一种人治手段而已，与现代法治精神要求的民主、平等和人权相差甚远。现代法治强调平等，反对特权，注重对公民权利的保障，反对政府权力侵害个人权利，实现公平正义。从对人的权利保护方面而言，现代法治可以归结为一个"人"字：尊重人，保障人，发展人。无论是立法权、行政权、司法权，现代法治不承认任何专断的权力。从立法权上看，立法权和行政权都是宪法所授予的，因而受公民和宪法的监督，以保障法律符合全社会的价值和目标。从行政权来看，法治一方面使法律具有最高权威，政府的权力是受约束的。另一方面，也是行政权力能有效地维护所形成的法律秩序；从司法权来说，法治排除了立法机关和行政权力的不当干预，保证司法的独立地位。在法治社会里，只要公民的行为在法律之内，每个人就能做自己想做的工作，政府机构不能任意干预个人的行为。

（二）现代国家治理必须依靠现代法治

现代化作为一个世界历史进程，它反映了人类社会从建立在自给自足的自然经济基础上的传统农业社会向建立在发达的市场经济基础上的现代工业社会发展的历史巨变特征。它是一种全球性的时代发展趋势，也是世界各国、各地区发展的必经之路。现代化扩大了人们的眼界，释放了人们的需求和欲望，增强了人们的行动能力，这一切对传统社会管理构成了挑战，通常转化为人们对于以往秩序和规则束缚的不满和抗议行为，从而造成社会不稳定。诚如美国学者亨廷顿所指出，现代性带来稳定，现代化造成不稳定；保持社会秩序的稳定性，积极的策略只能是通过制度的适应性变革，提高制度化水平，提升国家治理能力。正是基于这种认识和判断，政治学研究形成了"现代化"——"国家治理危机"——"制度变革"三者关系的理论模型。这一理论模型的直白表述就是：现代化转型引发国家治理危机，要求国家治理能力做出调整（制度需求）；政府（或执政者）只有通过制度体系的变革（制度供给）顺应这种趋势，才能化解和应对国家治理危机。正如一辆汽车的行驶需要两个系统——动力系统和制动系统——的平衡一样，国家的发展也需要两种力量的均衡。既要让国家有权力，又要让国家权力有所限制，这是国家治理永恒的话题。因此，对于国家权力的有效制约就成为国家治理的关键，而如何实现有效性制约又成为国家治理现代化的重要标志。这一过程离不开现代法治的作用。

这样说的依据在于以下几个方面，第一，法治具有强大的约束力。法治一方面能够保证人民的权利、自由，保障人权；另一方面能够控制公权力，把公权力（包括国家公权力和社会公权力，甚至包括国际公权力）关进制度的笼子里。一个社会难免出现不公正现象，但如果法治和问责机制有效，不仅会减少社会不公正现象，而且会大大降低因为遭遇"不公正"待遇而采取极端行为乃至出现大规模抗议和政治革命的机会。正如上文分析所言，国家权力既要有效，又要有限。国家权力的有效性首先表现为政府维护国家整体利益、推行国家意志的强制能力和行政能力，国家权力的有限性主要表现为对治理者权力的制约能力，而法治和民主问责就是现代国家为保障国家能力所采用的基本制度和方法。在国家与市场、国家与企业、国家与社会的关系中"政府主导"（或"权力主导"）成为基本趋向的国家，对于政府（权力部门）及其官员的要求会更高。第二，法治是公开透明的规则之治和程序之治，具有可预期性、可操作性、可救济性，因而能够使人民群众对自己的经济、政治、社会、文化规划和生产、生活有合理预期和安全感，确保了国家治理的公信力。第三，宪法和法律是由国家制定的，并依靠国家强制力作为终极力量保证实施的，它能够克服政策等治理制度体系的局限性，确保制度体系运行的效能。[①] 第四，从发达国家现代化转型的进程来看，很多国家实现现代化的成功经验也是走法治之路。工业革命以来很多国家都通过不同方式实现

---

① 张文显. 法治与国家治理现代化 [J]. 中国法学，2014（4）：5-27.

了现代化，一个共同经验就是依靠法治的力量，通过法律制度的治理迈过了诸如垄断、社会不公、贫富分化、腐败、社会道德滑坡、社会安全问题凸显等现代化陷阱。英国、美国、法国、德国诸发达国家以及后来的韩国、新加坡等新兴工业化国家莫不如是。

我国应借鉴这些经验教训，通过法治手段实现现代化转型。2014年1月7日，习近平总书记在中央政法工作会议上的讲话又从加强政法工作的角度对"推进国家治理体系和治理能力现代化"作了新的阐释。习总书记关于"推进国家治理体系和治理能力现代化"的论述包含了以下几个方面的精神。一是明确了依法治国是党领导人民治理国家的基本方略。习总书记指出："政法战线要旗帜鲜明坚持党的领导。坚持党的领导，就是要支持人民当家作主，实施好依法治国这个党领导人民治理国家的基本方略。"习总书记上述讲话精神为"国家治理体系"的建设确立了一项基本原则，也就是说，不能离开"依法治国"这个基本方略而毫无目标地谈论"国家治理体系现代化"。二是习总书记指出，"党委政法委要明确职能定位，善于运用法治思维和法治方式领导政法工作，在推进国家治理体系和治理能力现代化中发挥重要作用"。上述讲话精神强调了"法治思维和法治方式"在推进国家治理体系和治理能力现代化中具有非常重要的作用。三是习总书记在讲话中强调："坚持系统治理、依法治理、综合治理、源头治理，发动全社会一起来做好维护社会稳定工作。"上述围绕着"维护社会稳定"而展开的"系统治理""依法治理""综合治理"和"源头治理"的多渠道相结合的治理方式，对于构建具有现代化特征的国家治理体系有着很好的方法论借鉴意义。四是习总书记在讲话中明确要求各级领导干部"要带头依法办事，带头遵守法律，牢固确立法律红线不能触碰、法律底线不能逾越的观念"，上述要求实际上明确了"国家治理体系和治理能力现代化"的"法律底线""法律红线"标准。当前，我国正处于改革开放的深水区、社会转型的关键期，各种利益冲突频繁、社会矛盾凸显。党的十八届三中全会的《中共中央关于全面深化改革若干重大问题的决定》指出：我国改革已进入深水阶段和攻坚阶段，要顶层设计与摸着石头过河相结合，以强烈的使命感，啃硬骨头，突破利益藩篱，勇涉险滩，以推进国家治理体系和治理能力现代化，力争在2020年，形成系统完备、科学规范、运行有效的现代制度体系①。当前我国社会结构分化明显、不同社会群体的利益诉求呈多元化趋势，人民群众在物质生活条件不断得到改善的同时，民主法治意识、政治参与意识、权利义务意识也得以普遍增强，对于社会公平正义的追求越来越强烈，对于更加发挥法治在国家治理和社会管理中的作用也越来越期待。尽管我国社会主义法治建设取得巨大成就，但各级党政机关依法处理政务的能力与民众日益增长的依法治国的需求之间还存在距离。现在比以往任何时候都更加需要发挥法治在国家治理和社会管理中的作用，比以往任何时候都更加需要国家机关、社会组织和全体人民共同参与、共同建设，全面推进社会主义法治国家建设。

专栏　美国法治发展进程

美国作为由移民社区组成的联邦制国家，是在社区法治的基础上，形成了由社区法治到州法治，再至国家法治的独特的法治模式。美利坚民族是由移居北美大陆的不同国家移民相互融合而形成的，没有根深蒂固的封建统治传统。美国在建国以前已实现了移民社区自治，具备了法治雏形。独立战争后，美国于1787年由13个州签署制定了世界上第一部成文宪法——《美利坚合众国宪法》，标志着美国开始走上法治道路。在没有人治传统影响的背景下，美国法治道路更具民主性和创新精神。（1）社区自治——美国法治秩序的社会基础。发现新大陆后，很多人为逃避政治和宗教迫害、寻找致富机会等原因来到这里。作为欧洲移民的后裔，主要是英国移民的后裔，他们在1620年乘"五月花号"船抵达科德角港口之初，便为建立普利茅斯殖民地而订立了自治公约——《五月花号公约》，它表达了独立自主、民主合作、自由

---

① 《中共中央关于全面深化改革若干重大问题的决定》[N]. 新华网, 2013 – 11 – 15.

发展的精神。(2) 法律家精神——美国法治秩序的心理基础。美国的法律非常复杂，在社会中的作用非常大，而且涉及社会生活的方方面面。除各种法律纠纷外，美国人从生到死，从结婚到离婚，从生活到工作，从挣钱到花钱，几乎事事都离不开律师。总统、参议员、众议员、公共机构的负责人，大多数都是律师或法官出身。法律家的精神表现为喜爱秩序和公正，凡事都要讲出个合理合法性，这是维护美国法治的重要心理基础。(3) 法治教育——美国法治秩序的知识基础。在塑造国民的法治文化方面，美国的教育起到了基础性的作用。法治教育是当代美国中小学校中一项重要的教育活动。由法官、律师、法律学校校长、社会教育工作者等人参与，它教育学生认识自己的公民身份和权利义务，引导他们在日常生活、冲突的解决和社会问题的解决中实际地运用法律。总之，历史文化条件的变迁造就了美国社会的特殊民情。大致来说，这些因素包括：在宗教自治思想基础上逐渐形成了村镇民主自治的传统；人们普遍养成了遵守作为社会契约的法律、信守诺言和讲求信誉的习惯；发达的市民社会对于政府权力构成了强有力的制约与平衡；人们较为普遍地接受了权利平等观念，特别是在法律面前平等的观念；在权利受到侵害时，社会成员习惯于运用法律武器进行理性抗争；法律家团体作为社会中举足轻重的中坚阶层，以其独特的精神在维护法治秩序、维护公民权利、制约行政权力方面起了重要的作用，等等。以上所有这些因素共同构成了美国社会崭新而又坚固的法治基础。

专栏　美国反垄断进程

19世纪末20世纪初的美国社会用"垄断"二字来形容最为贴切。如美国烟草公司1900年控制了除雪茄外美国其他烟草产品的50%~60%，标准石油公司（美孚公司）1906年控制了全美国石油精炼业的91%，美国制糖公司在1895年时控制了全国砂糖生产的95%。垄断组织给美国的经济、社会生活乃至政治都带来巨大的负面影响。19世纪末20世纪初美国政府适应当时广大人民反托拉斯的要求，主要针对垄断制定了一系列反托拉斯法案。1890年的《谢尔曼反托拉斯法》、1903年的《埃尔金法》规定铁路应恪守其运费价格，禁止给大公司降低运费并给予回扣；1906年的《赫伯恩法》扩大了《州际贸易法》的范围。在威尔逊任总统期间，1914年10月通过了《克莱顿反托拉斯法》，进一步修正和补充了《谢尔曼反托拉斯法》。罗斯福总统援引反托拉斯法在1902～1904年对北方证券公司，1902年、1905年对斯威夫特、阿穆而、莫里斯牛肉公司等的违法行为进行起诉。在他任期7年内，约有43起对托拉斯的起诉案件。另一方面，1905～1908年，罗斯福多次提出修改《谢尔曼反托拉斯法》的建议。1914年9月，美国国会还通过《联邦贸易委员会法》，设立联邦贸易委员会，"随时收集、编制和调查有关从事商业或其活动影响商业的个人、合伙人、公司的组织经营活动及管理等方面的信息"，举行听证会，并做出停业判决，以此来消除"商业中的不公平竞争"，并向司法部长报告。这两项法案对完善谢尔曼反托拉斯法起到了积极作用，推进了20世纪初美国在反垄断立法方面的历史进程。1950年12月，美国国会通过了《塞勒——凯弗维尔法》，该法案对克莱顿法第7条进行了修正，填补了克莱顿法在资产上的漏洞；并且把违法的标准的范围扩大到"任何地区、任何行业"。通过对美国反垄断立法的历史考察，得出以下结论：(1) 垄断的出现，使美国政府以立法的形式介入经济事务，是美国政府职能扩大的表现，也是经济发展模式的丰富。(2) 美国政府的职能：一是适应群众自上而下的运动，将其与政府政策相结合；二是政府扮演了一个经济监护人的角色。

资料来源：田小惠. 浅析美国反垄断立法的历史演变 [J]. 沧桑，2007 (2).

第二节　财政法治化内涵

一、现代财政制度与法治财政

在国家治理现代化的转型过程中，财政法治化是一个共同的趋势，也是一个普遍的难题。能否对原先在权力体系下占主导地位的行政权力进行有效约束很大程度上决定了国家转型的成败。对于我国而言，由于法治化建设主要依靠政府推动而非自然演进，加之法治传统的缺失，这一问题显得更加复杂，在这一伟大而艰辛的转型过程中，财政法治化理应承担重要的历史使命。因为财政改革不仅仅是经济改革，而且是法治理念和框架下的法律改革、政治改革和社会改革。以财政法治化为抓手，带动整个国家权力谱系法治化，进而走向国家治理的法治化，无疑是一条成本最低、受益最大、共识最大的优选路径。①

专栏　财政定位

财政其定位在今天的提升和拓展，绝非人为的拔高，而是本来就该如此。只不过在以往，由于我们对它的认识不够充分，对它的理解不够深入，以至于本来具有更重要功能、可以也应当发挥更大作用的财政与财税体制，在一定程度上被低估了，甚至被"大材小用"了。从这个意义讲，财政与财税体制在新的历史起点上的定位提升和拓展，纯粹是回归本义之举。这一判断，可以从诸多方面得到印证。第一，国家治理的主体，当然首先是政府。有别于其他方面的政府职能范畴和政府职能部门，财政职能和财税职能部门所具有的一个特殊品质，就是极具"综合性"。审视当今世界的政府职能及其部门设置格局，就会看到，任何政府职能的履行，任何政府部门的运转，都是要用钱去支撑的。这些钱当然来自财政支出。只有财政支出到位之处，才是政府职能履行之地。财政支出又要来自财政收入。只有财政收入的筹措到位，才有财政支出的拨付可能。无论是财政支出的拨付，还是财政收入的筹措，都是财政职能的具体体现，也都是要通过财税职能部门的活动去实现的职能。所以在所有的政府职能和所有的政府职能部门中，财政职能和财税职能部门

---

① 刘剑文. 我国财税法建设的破局之路——困境与路径之审思[J]. 现代法学，2013（5）：65-72.

分别是最为综合的职能和最为综合的职能部门。换言之，只有财政职能可以覆盖所有的政府职能，只有财税职能部门的活动可以牵动所有政府职能部门的活动。也正因为如此，只有财政才能作为国家治理的基础和重要支柱而存在和运转。第二，国家治理的主体，除了政府之外，也包括社会组织和居民个人。有别于其他方面的经济社会活动线索，财政活动是一条最能够把政府、社会组织和居民个人有效地动员起来从而实现多元交互共治的线索。从总体上看，尽管可以有多种纽带将政府、社会组织和居民相连接，但归结起来，无非是"事"和"钱"两个方面。两相比较，"钱"比"事"更扣人心弦，更牵动全局，更关系利益得失，更易于把握和掌控。这些钱的存在和运转，在国家治理领域当然主要表现为财政收入和财政支出。财政收入来自社会组织和居民个人的缴纳，任何社会组织和居民个人，或是作为直接的纳税人，或是作为间接的负税人，都处于财政收入筹措活动的覆盖之中。财政支出用之于对社会组织和居民个人的转移支付和公共服务，任何社会组织和居民个人，或是作为转移支付的接受者而直接领到钱，或是作为公共服务的受益人而直接或间接地享受实际的公共利益，也都处于财政支出拨付活动的覆盖之中。所以，在所有的国家治理活动中，只有财政活动的触角能够延伸至所有社会组织和居民个人，只有财政活动能够牵动所有的消费、投资和储蓄环节以及所有的国家生活领域。正因为如此，也只有财政才能作为国家治理的基础和重要支柱而存在和运转。第三，国家治理要靠一整套制度建设。与国家治理体系其他方面的制度内容有所不同，财税体制往往是起根本性、全局性、长远性作用的。国家兴衰、政权更替，往往与财税体制密切相关，古今中外，概莫能外。我国历史上的几次重大变革，如商鞅、王安石、张居正变法，就是围绕着财税制度的变革而展开的。英国在工业革命中崛起、美国在19世纪末成为强国，都与财税制度的变革直接相关。甚至包括英国的光荣革命、法国大革命和美国的独立战争在内，起因也都在于税权的纷争。现代中国的改革开放事业，从改革开放初期的放权让利到20世纪90年代的制度创新，更是以财税体制改革作为突破口和主线索的。可以说，发生在人类历史上的每一次重大变革，几乎都带有深刻的财政烙印。在所有的有关国家治理的制度安排中，只有财税体制能够伴随着国家治理的方方面面，只有财税体制能够伸展至国家治理领域的枝枝蔓蔓。财税体制与国家治理如影随形，财税体制的变化与国家治理领域的运行亦步亦趋，是迄今可以观察到的国家治理体系演变进程的一条基本线索。正是出于上述的原因，无论是国家政体的设计，还是国家治理体系的建立，都是以财税体制为基础和重要支柱的。

资料来源：高培勇. 论国家治理现代化框架下的财政基础理论建设 [J]. 中国社会科学，2014（12）：102-122.

财政法治是依法治国在财政领域中的具体体现。所谓财政法治化是指将法律法规作为财政各项事业的最高准则，各级财政部门在法律法规的授权范围内开展工作和实施管理，并形成各类社会组织和民众自觉而普遍的守法环境。现代财政的最大特点是体现法治理念。财政制度不仅具有调节经济、组织分配的工具性功能，更是借助财政收入、支出和管理等手段，厘清私人财产和公共财政的边界，推动了财产权利与财政权力的协调和均衡，尤其是保护处于弱势地位的私权利免受公权力的随意侵扰。征税及资金的使用必须获得全国人大同意。国家受人民之托理财，专门的财政管理机构集国家财富管理和政府收支之大权，必须得到有效的监督。征税必须建立在税收立法的前提下，不仅要有税收的实体法，还要有税收征管的专门立法。现代财政主要的调整手段和工具就是法律。法治财政的本质在于对政府财政权的约束。

现代财政制度之所以要与随意性色彩浓重的传统财税体制相区别，将其自身建立在一系列严格的法治规范基础上，最根本的原因就在于，以满足社会公共需要为根本宗旨的财政收支，同全体社会成员的切身利益息息相关。不仅财政收入要来自全体社会成员的贡献，财政支出要用于事关全体社会成员福祉的事项，就是财政收支出现差额而带来的成本和效益，最终仍要落到全体社会成员的身上。在如此广泛的范围之内运作的财政收支，牵动着如此众多社会成员利益的财政收支，当然要建立并遵循严格的法治规范，将财政运行全面纳入法治化轨道。以此为基础，推进民主理财，打造阳光财政、法治财政。现代财政制度以法治规范而不是以行政或长官意志作为财政收支活动的基本行为准则。近代史上著名的英国"光荣革命"，就是确立了"税收法定"原则，使议会得以把财权牢牢掌控在自己手中，并借此逐步确立了议会对政府的全面控制。从收入角度看，表现为"税收法定"原则，不经议会同意，政府不得征税；从支出角度看则体现为政府编制预算要遵循严格的管理规定和相关流程，政府提交的预算报告要经立法机关审查批准方可实施，预算通过后必须严格执行等。在预算执行环节，权力机关、审计机关还要依法对预算执行情况进行跟踪监督。

财政法治化是以法制的形式对财政的基本要素、运行程序和规则以及相关主体权力、权利、义务、责任等作以明确规定，使整个财政活动依法高效、规范、透明运行。从财政的基本内容和主要运行环节来看，财政法治化集中体现在税收征收上的"税收法定"、财政收支管理上的"预算法定"和财政资源分配上的"财政关系法定"。财权不仅包括税权、收费权及发债权，而且包括财政监督管理中的其他诸多相关权力。从横向上看，掌握财权的部门不只是财政部门，而且包括全国人大以及政府其他相关部门等。从纵向上看，财权既包括中央的财权，也包括地方的财权。财政法治要求处理好各种财权关系，各种财权都必须在法律的框架下运行，受法律的约束和规范。同样，保障公民在财政中的知情权、参与权和监督权等权利，也必须在法律的框架下行使。

二、世界主要发达国家财政法治化进程

（一）英国

英国最初的国家财政显示着鲜明的家计财政、王室财政的特点，但和埃及、中国这样的古国相比，英国早期财政已有明显不同。一是国王靠自己生活；二是国家征税必须是为了国家的公共需要，取得代表全国的团体同意，

按照统一标准向所有臣民征收，即要符合公共需要和公众同意两个条件。国王的主要收入是所属王田和向封臣征收的礼金、盾牌钱、协助金、继承金等，另外还有丹麦金、动产税、任意税等。国王的收入名目繁多、规模巨大，但是战争使国王的收入逐渐减少，同时国王又不断地把王领土地分封给新的军功贵族，还赏赐给教会，财政危机不久就出现了。面对长期战乱导致的入不敷出，国王想方设法扩大收入来源。这样一来就遇到了习惯法的障碍。原始的习惯法要求"国王靠自己生活"。国王要向全体臣民新增税收，必须是出于公共的需要，得到议政机构的同意。国王常常把战争等同于维护共同利益，但遭到贵族的反对。到约翰王时，他将世俗贵族的代役税提高了16倍，提高封建继承税，对不能及时如数缴纳者，对其没收封地或处以重罚。对王领范围的剥削也不断加剧，虽然王领的土地面积在减少，但地租收入却在增加。约翰王还想方设法从教会掠夺财富。种种举措终于引发了各阶层的反抗。在联合压力下，1215年约翰王接受了里程碑式的《大宪章》，宣布了国王不可擅自征税的原则，强调除传统捐税贡赋外，任何赋税的征收都必须得到"全国人民的一致同意"。这样一来，原来的习惯法被正式写进了成文法，这为此后议会制度的建立和人民通过议会同国王斗争提供了明确的法律依据。《大宪章》的意义不仅在于确立了"王在法下"的原则，限制了王权，从法律上确立了国家征税必须因公共需要并经过人民同意的原则，同时也将国王和王权纳入了宪法的框架之下，为国王和王权提供了合法性的理论，形成了相互制约的共生结构，铺垫了延续至今的英国政治秩序基石。但是《大宪章》的颁布只是限制了王权，并没有真正解决英国持续的财政危机。历代国王曾经先后30多次重新颁布《大宪章》，一次次确认议会的税收同意权。

1640年，查理一世为了筹集军费，召开停止了11年的议会，但是这届议会只存在三周就被解散了。解散议会的行为激起了各阶层人民的反抗，查理一世被迫重开议会。新议会不仅没有满足国王的筹款需求，反而要求取消所有未经议会批准的税收。查理一世企图逮捕议会领袖，但是伦敦的市民和工人联合起来保卫议会和议会领袖。情急之下查理一世逃出伦敦，召集军队，讨伐议会。议会也组织军队对抗国王。议会最终击败王军,逮捕了查理一世。1649 年查理一世被推上了断头台。议会取得胜利后,虽在英国一度建立起共和国,但克伦威尔很快就借着军权驱散议会,实行军事独裁。新兴的资产阶级和新贵族瓜分了革命成果,颁布了保护工商业的法律,但对于下层阶层的利益不屑一顾,照常征收什一税和消费税。克伦威尔又发起了对爱尔兰、苏格兰、荷兰、法国、西班牙的战争,并把沉重的战争负担加在劳动人民身上。于是贵族、资产阶级和广大下层民众都渴望建立一个能保卫自己利益的强有力的统一政府。

1660 年,斯图亚特王朝复辟。但这并非意味着历史车轮倒转,因为不仅有王权的复辟,还有议会及议会体制的回归。但是,查理二世和詹姆斯二世还是企图复辟旧的秩序。为防止其复辟,1688 年,英国各派邀请荷兰执政威廉来英国做国王。1689 年,威廉与妻子玛丽同时登上英国王位,即威廉三世和玛丽二世。由于避免了大规模的流血和牺牲,史称"光荣革命"。光荣革命的成果落实到法律上,颁布了《权利法案》。这一《权利法案》再次确立议会高于王权,不经议会同意不得征收赋税的原则。光荣革命使政权合法性、宪政、契约论等思想得到了很大的发展和传播,树立了政府合法性来自被统治者同意的政治基本原则,其影响深远。可以说光荣革命彻底结束了英国王室财政的历史,开始了对现代公共财政体制的打造。政府行政部门必须每年向国会提交年度预算、获得国会批准后再执行的现代意义上的预算制度。从 1760 年起,财政大臣于每个财政年度开始之前向议会提交国家预算以寻求国会拨款开始成为惯例,由此以预算形成了对国王和政府的实质性制约。600 余年的斗争,似乎都是在围绕征税权展开。国王只在需要征税时才召开议会,召开议会的目的也只是为了征收新税。但其背后包含了太多社会的、经济的矛盾和斗争,其间由于对习惯法的捍卫而孕育出的无代表不纳税对未来的社会产生了深刻的影响。财政压力打开了改革的大门,各项社会的、经济的变革,又推动财政制度新的应对和改革。

正如马克思所说,光荣革命后的英国不是平静安宁、田园诗意的地方,实际上正在展开极为尖锐的冲突和极为深刻的变革。资本主义经济模式带来了农民失去土地、工人日益贫苦，两极分化严重，工业发展带来了极度污染，伴有黑死病等疾病横行。为应对这些新问题，英国在19世纪相继通过《济贫法》《教育法》《公共卫生法》，政府财政从以支付行政和战争费用为主，逐步向提供若干基本公共服务过渡，公共财政随之趋向完善，更加名副其实。

（二）法国

法国大革命之前，法国人被分为三个等级：教士属于第一等级，贵族属于第二等级，这两个等级的人不但占有全国35%的土地，而且拥有免税权；教士、贵族以外的所有人，包括资产者、城市平民和农民在内的第三等级没有特权，国家的全部税收负担都压在他们身上。其中农民遭受的剥削最重，教会、领主和政府对他们征收涉及生产生活方方面面的税收。大革命前，法国有50万个富有的特权家庭享受不同程度的免税待遇，而大约450万个下层家庭几乎承担了全部税收负担。而且在税种设计上，间接税的征收重点不是奢侈品，而是普通生活必需品。此外，法国实行包税人制度，政府把征税任务承包给一批包税人。在操作征税过程，包税人还要从中获利，这就更加剧了下层民众的经济负担。另外，在路易十四时代形成、路易十五时代定型下来的宫廷贵族集团穷奢极欲的生活方式消耗巨大。同一时期，法国参加了多次欧洲国家王位继承战争和争夺殖民地的战争。参战不但丧失了大量原有的殖民地，还付出了巨额的人财物力，进一步加重了纳税人的负担。

路易十六认识到改革的关键在于消除旧制度下的等级特权，为此他先后启用多位财政总监，力图改革赋税制度。杜尔阁（1774年；1776年）试图以增收减支、整顿机构、重建税务系统、鼓励资本主义经济发展等举措来化解危机。但是在等级制度森严、特权传统深厚的法国，杜尔阁的改革设想遭到特权阶级和既得利益集团的阻挠。他针对教士等级征税、取消封建领主税收利益的改革计划就曾因受到宗教团体的强力抵抗而被迫放弃。在他任上的两年中，几乎每项改革措施都受到因改革导致利益受损者的反对。1776年10

月，瑞士银行家内克尔成为路易十六的财政总管，他力求通过改革削弱教士和贵族等级的特权，提升第三等级的社会地位，并以此作为全体社会成员平等纳税的基础。他的财政改革措施包括：取消部分宫廷闲职，压缩宫廷开支，削减军役税和盐税，加强对包税人的管理等等。1781年其向社会公布了财政预算，这直接暴露出宫廷中奢靡浪费之严重，既引起民众的极大愤慨，也得罪了享受既得利益的权贵。为了息事宁人，内克尔也被迫辞职。1783年，卡隆成为新任财政总监。起初的3年里，为了不重蹈内克尔的覆辙，他一味迎合权贵，通过举债来满足特权阶级的享乐需求。随着债务的积累，发新债变得愈加困难，卡隆只得采取扩大卖官鬻爵范围、出售国有土地等短命政策来勉强维持。1786年，他提出了一揽子改革方案，其中最具挑战意义的一条是开征新的土地税，全国所有的土地所有者一律平等纳税。同时还计划使盐税、印花税的征收范围也覆盖到特权等级，并主张重新实施谷物自由贸易、废除国内关卡关税等一些杜尔阁时代的经济刺激政策。这些同样动摇了既得利益集团。为了避开代表特权阶级利益的巴黎高等法院对改革方案的直接否决，他说服国王召开由社会名流组成的"显贵会议"。会上卡隆提出对法国社会实行彻底改革，所有人一律按收入比例纳税。新上任的财政总监布里埃纳认为除了卡隆的改革措施之外，确实已经没有其他手段能拯救法国的财政，他将卡隆的方案再次提交显贵会议讨论，结果自然是遭到了回绝。1788年5月，巴黎高等法院发布宣言，声称只有三个等级都参加的三级会议才有征税权，路易十六被迫同意在1789年召开三级会议。1789年8月，制宪会议颁布了《人权宣言》。作为资产阶级的纲领性文件，它将"人权天赋，不可转让，不可剥夺；人人生而平等，生命、自由和财产是人的自然权利"以法律的形式固定下来。它宣称："在权利方面，人们生来而且始终是自由平等的。"国家的目的就是"保存自由、财产、安全和反抗压迫"这些自然的和不可动摇的人权，并以人民主权、分权和法治基本原则来制约国家权力，从而奠定了近代宪法的思想基础。1804年，法兰西第一帝国诞生，拿破仑颁布了《民法典》。在法国大革命后，法国的整体不断变换，共和、帝国、再是王朝、再是共和，换来换去，每换一次就修改宪法，一共产生了 12 部宪法。从 1789～1895 年这 90 年中，平均每 7 年就修改一次宪法，到 1958 年的法国第五共和国宪法，法国宪法大修已经 17 次。这还是大修的次数，不算小修次数，连 1958 年宪法也修改多次了。宪法的修来修去，使得宪法的权威性受到质疑。

(三) 美国

1776 年北美 13 块殖民地宣告独立，成立美利坚合众国，缘起于英国殖民者向殖民地人民的随意征税。在 18 世纪后半叶，英国政府在北美殖民地欲开征印花税和糖税，以转嫁在战争中的巨额财政亏空。之前，英国政府在殖民地只征收关税。当时，北美殖民地的民众担心，此例一开，英国政府以后会进一步征收其他税收，于是，便以 13 块殖民地在英国下院无代表参加为由，宣称英国政府无权向殖民地人民征收印花税和糖税，从此便开始了北美殖民地的反英独立战争。美国独立后，在 1781 年制定并颁布了《美利坚合众国宪法》，宪法第 1 条第 7 款、第 8 款、第 10 款便是有关税收（宪）法定的规定及其具体的实施程序。美国宪法第 1 条第 9 款实际上还规定了政府财政收支必须公开透明，同时规定了现代宪政的几项基本原则，如权力分立、权力制衡等。在制定宪法的同时，美国还在参议院、众议院建立财经委员会、筹款委员会。然后，在 1865 年和 1867 年从参众两院的财经委员会分出了拨款委员会，每一笔钱不是财政部拨，而是拨款委员会拨，故美国政府的财政收支权从一开始就掌握在参议院和众议院手中。尽管美国宪法对政府的征税权做了严格的规定，但是美国政府的征税和支出还是没有得到实际上的约束和制衡。到托马斯·杰弗逊任美国第三任总统后，在美国的政治制度中确立了"议会至上"的原则，相应地美国国会在预算监督方面就制定了一些法规试图来规范各政府的征税和支出。但是直到 19 世纪前半叶，美国联邦预算体制允许政府的行政机构直接向国会委员会申请财政拨款。这些行政机构不受总统的控制，甚至无需遵循总的政策纲领。这种状态一直持续到了 20 世纪早期。

说到美国的财政制度的完善，首先要追溯到美国历史上的"进步时代"。

虽然其1789年宪法已确立国会的征税权，但现代意义上的预算制度未能建立。美国政府的预算实际上不过是一堆杂乱无章的事后报销单。就税收和政府财政收入来说，美国各级政府的税种种类很多，政府用想象得出来的名目向民众任意征税。从政府财政支出来说，每一个政府部门都可以自己争取资金，自己掌控开支，美国民众和国会实际上都无法对政府及其各部门的财政支出进行有效的监督和制衡，美国的财政支出爆发了普遍的严重腐败现象。在此背景下，由美国的知识精英威廉·艾伦（William Allen）、亨利·布鲁埃尔（Henry Bruere）和弗里德里克·克利夫兰（Frederick Cleveland）所组成的"ABC三人小组"和他们所在的"纽约市政研究所"，引领了美国纽约市的预算改革运动。以纽约市1908年编制首份现代预算为先导，各州都陆续制定了预算法，联邦也于1921年通过《预算与审计法》，正式确定了代议机关的预算决定权。[①] 1921年制定和颁布的《预算和会计法》的一项最重要的改革是，该法案规定在联邦政府财政部成立预算局（Bureau of Budget Office，BOB）。在财政部成立预算局的同时，1921年的《预算与会计法》又在参众两院则分别成立了两个"预算委员会"（House Committee on the Budget and Senate Committee on the Budget），加上原有"拨款委员会"（Appropriation Committees，ACs）（两院总共有议员535人，但12个ACs共1000多人）和审计总署（General Auditing Office，GAO），后来改为"问责总署"（General Accountability Office）。该法案要求总统代表整个行政部门向国会提交每年的预算，并为其配备了工作机构——预算局（BOB）来行使这些职责。与这一法案相关联的美国国家体制改革的结果是，各个政府行政机构就不再像以前那样绕过总统直接向国会提交预算申请了。该法案主要要求总统代表整个行政部门向国会提交预算，而由预算局来行使这种职责。这项改革实际上确定了总统的统辖政府的预算权，以便制定和执行政策，同时协调各方的行动，极大地提高了行政部门的财政收支的使用效率。到1970年，美国国会制定了《1970年立

[①] 刘剑文.论财政法定原则——一种权力法治化的现代探索[J].法学家，2014（4）：21；韦森.现代大国根基：财税改革与预算管理，http://www.aisixiang.com/data/77301-2.html.

法重新组织法》，该法案重组了总统的行政办公室，并把原财政部所属的预算局（BOB）改名后移交给总统，在1971年成立了总统的行政管理与预算办公室（Office of Management and Budget，OMB），不再隶属财政部，而直接向总统负责。美国行政与预算办公室的职责是，指导各联邦机构制定自己的战略规划与预算，汇总后再制定美国总统每年向国会提交的政府预算请求（Budget Request）。管理和预算办公室（OMB）同时也是总统的会计室。美国总统通过管理和预算办公室（OMB）来审查各联邦政府机构的预算请求，也能对联邦机构的预算请求加以修改。

（四）德国

作为欧洲经济和综合实力最为强大的国家，德国的财政制度有着其自身的特点。德国财政方面的立法权主要归联邦，州最重要的管辖权是执行联邦的法律。德国政府分成三级：联邦政府、州政府和地方乡镇政府，每级政府都设置有相应的财政管理机构并拥有相应的财政管辖权。德国财政体制和财政法律的渊源是《德意志联邦共和国基本法》（以下称《基本法》）。作为德国处理和协调财政问题的依据，《基本法》对各级政府公共开支、税收立法权、税收分配、财政补贴和财政管理都做了明确规定。同时，1967年联邦制定的《促进经济稳定和增长法》也为德国财政体制和财政政策提供了法律基础。德国的财政预算法律体系较为完备，相关的法律既有联邦的《基本法》《经济平衡发展和增长法》，又有联邦及各州的《预算基本原则法》。总体来说，德国财政法律体系是以《基本法》为根本，由《税收通则》《财政平衡法》《促进经济稳定和增长法》以及各州相关法律共同构成。德国各级政府事权划分清楚，一切依据法律。在《基本法》《税收基本法》《财政预算法》中对各级政府的权利与义务、事权与财权做了明确划分。谈到德国政府间财政关系，就不能不提到德国独具特色的财政平衡机制。德国的财政平衡机制是在社会市场经济背景下形成的一种兼有行政分权管理和财税调节等功能的财政体制，它在明确划分各级政府事权和支出范围并赋予各级政府一定税收权限的基础上，通过横向和纵向的财政平衡机制来实现财力布局的纵向与横向平衡，以保证在全国范围内提供大体均衡的公共产品和服务。纵向财政平衡即指上下级政府间的财政转移支付，包括联邦对州和州对地方两个层次。

（五）日本

日本的现代财政制度建立是以1868年的明治维新改革为起点，直接源于之后的地租制度改革。地租改革实现了由实物地租向货币地租的重大转折，从而使政府靠征收用货币交付的地租取得了财政收入的来源。在财政收入集权的前提下，日本建立了较完善的以公共服务均等化为目标的现代财政调整制度。日本拥有一套较为完备的财政制度法律体系，1947年5月实行的新宪法第7章规定了战后以来日本的财政制度法律体系主要框架，财政权利法主要体现为《税法》；财政管理基本法包括《财政法》，其下又包括《会计法》（包含预算决算及会计条例）《国有财产法》《债权管理法》《物品管理法》（含《物品管理实施细则》）《妥善发布管理金法》和各种特别会计法；在财政监督法方面，颁布了《会计检查院法》；在处理中央和地方关系方面，有《地方财政法》。

通过以上论述可以总结出代表性国家财政法治化的经验，那就是首先将法治化写进具有最高法律效力的宪法，以此来提醒世人，财政权是人民赋予的至高无上的权力，是公民权力的让渡，任何人都不能侵犯。其次制定相应的专门法，使得政府的每一项财政权力都由分门别类的、与之相对应的法律条款对其进行规定。这是一个漫长的过程，在实践中会得到反复修改和完善，但最终会使每项权力与之相适应，形成财政法律体系。这一过程使得权力处于法律的包围之中，权力的使用者必须谨慎地运用好手中的权力处理财政权的方方面面。

回顾与总结： 本章从讲述现代国家治理开始，分析了现代国家治理与传统国家治理的区别，二者的不同在于是否运用现代法治作为国家治理的手段。

重点应掌握治理与管理、统治的区别。能够在治理目标、治理手段、治理方式上区分现代国家治理与传统国家治理的不同。而作为国家治理的基础和重要支柱的财政制度，其向现代化的转型也必须运用法治化手段。应理解法治化是现代财政制度构建的必经之路的深刻内涵。

第二章 我国财政法治化进程

本章导读：我国财政法治化进程是一个随着改革开放和市场经济的发展逐步得到健全和完善的过程。本章将我国财政法治化过程划分为无现代财政法治化阶段、财政法治化初期阶段、财政法治化建设展开阶段、财政法治化全面推进阶段，并对这一过程中发生的我国财政法治化的主要标志性事件进行了详细的描述和分析，包括背景、内容以及意义，如1994年《预算法》的颁布通过、1999年10月《会计法》的修订、1999年12月《全国人民代表大会常务委员会关于加强中央预算审查监督的决定》、2014年新《预算法》的修订等，为更好理解我国财政法治化进程，进一步推动我国财政法治化奠定基础。

第一节 我国财政法治化进程

一、无现代财政法治化阶段

改革开放以前即1979年之前，由于我国实行"统收统支"的计划经济体制，所有物品供应的全部权力集中在政府手中，政府对财政权力的使用基本没有禁止范围。国家依靠高度集中的计划指令来筹集、分配和管理财政资金，并且使企业的收支活动、银行的收支活动以及社会经济生活中的主要资金活动纳入计划财政分配的范围。此时的财政收入主要来自国有工业，市场经济没有生存空间，财政收支无法显示对公共产品的偏好，更谈不上对政府提供公共产品行为的有效监督和控制。尽管这个时期也存在一些财政规章制度，但这些财政规章制度都是围绕"统收统支"的计划经济体制而制定的，因此这个时期不可能存在现代意义上的财政法治化。

二、财政法治化初期阶段

改革开放的 1979~1993 年，是我国财政法治化建设的初期阶段。这一阶段，财政改革初始的焦点是如何构建符合市场经济要求的财政收入分配框架。这一阶段财政法治化内容主要围绕两个方面展开：一是财政部内部机构和制度的逐步健全；二是预算管理制度的恢复。

（一）财政部内部机构和制度的初步完善

1. 财政法制工作机构的建立

为适应当时改革开放的新形势，财政部于 1982 年 5 月成立条法司，主要负责汇总、制定财政立法规划、参与研究和拟订全国性主要财政、税收、财务法规和同国外签订有关财政协议的文本草案、组织审查中央各部门草拟的主要法规中涉及财政问题的条款等工作。

2. 清理各种过时的财政规章制度

党的十一届三中全会以后由于改革开放基本国策的实施，我国政治经济形势发生了深刻的变化，原有的各种财政规章制度不能适应改革开放后的新形势。于是财政部于 1984~1986 年清理了多达 2091 件[①]过时的财政规章制度。通过这次清理，基本上摸清了新中国成立以来财政法规条例制定的情况，

---

① 财政部条法司. 走向法治财政——财政法制建设三十年回顾 [J]. 预算管理与会计，2008 (10)：11.

为财政部以后制定新的财政法规条例奠定了基础。

3. 创建财政管理新制度

这个时期财政部依照当时的相关法律和根据党和国家当时的情况制定了一系列方针政策和财政经济任务，先后制定了一批反映当时财政工作需要的财税法规。这些法规涉及预算管理体制和税收体制的改革、会计管理和监督的加强，以及国家与企业利润分配关系的调整等。

4. 纳税人救济权保障制度的初步建立

继1990年1月1日《行政诉讼法》实施后，1991年1月1日《行政复议条例》正式实施，这对保护公民、法人和其他组织的合法权益，强化行政机关内部的层级监督，提高行政管理水平，加强政府的工作，都有重要意义。为配合《行政复议条例》的正式实施，1990年3月，财政部成立了财政部行政复议委员会，主要负责财政行政复议、应诉和赔偿等事项。

（二）预算管理制度的恢复

从改革开放后的第一年即1979年起，预算管理制度开始恢复重建。1979~1993年，由于经济建设与市场化改革同步进行，使得这一时期的财政支出压力陡增，预算平衡不断受到挑战。与此同时，作为财政资金的预算外资金规模不断扩大，使得既有制度无法适应管理的需要。为规范财政资金管理，保证国家财政运行的平稳，必须不断加强预算外资金的管理，不断完善相关制度。

1. 预算报告制度与批准制度的恢复

1979年之前，受"文化大革命"的影响，预算管理制度的运行处于极不正常的状态。1979年6月21日，当时的财政部长张劲夫在全国人大五届二次会议上做《关于1978年国家决算和1979年国家预算草案的报告》。这标志着预算编制和预算报告制度的正式恢复。政府主动地向人大和民众公开财政预算的编制、执行、决算等实际情况，这不仅是预算法治的要求，也是确保政府财政活动受到社会公众以及人大约束和监督的基本要求。

为适应预算审查的需要，1983年3月，第六届全国人大成立全国人大财政经济委员会,这是审查预算报告和预算草案的机构;9月,为适应审计监督的需要,中华人民共和国审计署正式成立。审计署的主要职责包括:向国务院总理提出年度中央预算执行和其他财政收支情况的审计结果报告;受国务院委托向全国人大常委会提出中央预算执行和其他财政收支情况的审计工作报告、审计发现问题的纠正和处理结果报告;向国务院报告对其他事项的审计和专项审计调查情况及结果;等等。

2. 《国家预算管理条例》的发布

1951年颁布的《预算决算暂行条例》暂行40年后的1991年,为了加强国家预算管理,强化国家预算的分配、调控和监督职能,促进经济和社会的稳定发展,国务院发布了《国家预算管理条例》,并于1992年1月1日起施行。该条例对各级人民政府和实行预算管理的各部门、各单位的预算管理都做了规定:条例规定国家预算应当做到收支平衡和国家设立五级预算,同时对中央预算和地方预算做了区分。此外,该条例对于预算编制的时间也做出了规定:各级人民政府、各部门、各单位应在每一预算年度之前按照规定编制预算草案;国家预算按照复式预算编制,分为经常性预算和建设性预算两部分。该条例也对各级预算收入和支出的编制原则、地方预算草案和中央预算草案的审查和批准做出了规定。

3. 注重综合平衡的预算平衡管理和债务管理制度的逐步形成

从世界各国实践来看,各国对财政赤字、债务以及预算平衡都会做出或多或少的法律规定,因此可以说财政平衡是财政法治化的重要内容。"财政收支平衡,并略有结余"被视为财政收支运行上的理想状态。虽然我国没有相关的财政平衡法律规定,但是我国的预算管理在这个阶段特别注意预算平衡和赤字控制。然而我国这个阶段所采用的财政平衡公式中把公债收入作为财政收入看待,所有债务收入都不是赤字,只有财政部向中国人民银行的透支才看作是赤字。这样,这个阶段的部分财政赤字被"隐藏"起来了。这个阶段宏观经济管理更加注重的其实是国民经济的综合平衡,而不是财政平衡。因此宏观经济管理者认为虽然财政赤字不可避免,但只要实现了财政、信贷、物资、外汇的综合平衡，国民经济就会稳定。而在现实中，为了更好地实现预算平衡目标，积极开拓财源、增加财政收入、努力控制支出规模和节约支出成为执行中的常态。此外，为保证财政支出范围和标准不突破，实行严格的财务管理制度，这促进了预算管理工作的展开。

严格的债务管理是实现财政平衡的重要措施。这一阶段，我国的债务管理注重国债年度发行额的控制，债务管理制度逐步形成。每年的债务预算经全国人大审议批准后，国债发行规模一般不得随意扩大和缩小；财政部按照批准的债务预算制定年度发行计划。当年财政赤字加上以前年度发行的到期国债本金构成国债发行规模。国债发行额度控制为每年预算报告批准前的第一季度内国债到期的还本付息额度内。

4. 预算外资金管理的逐步规范

这一时期由于我国财政较为困难，预算外资金规模持续扩大。预算外资金的管理大体经历了从总量调节到制度规范的过程。为解决预算内财力的不足、规范预算外资金管理以及出于计划式宏观调控的需要，国家逐步加强了预算外资金的管理。

预算外资金从新中国成立之初就一直存在，但是开始时规模不大。1979年之后的以放权让利为特征的财税改革直接导致了预算外资金规模的扩大。预算外收入从1978年的347.11亿元增加到1983年的967.68亿元，再到1992年的3854.92亿元，基本呈逐年快速增长的态势。①

大量预算外资金直接影响计划式宏观调控和财政信贷资金综合平衡。为加强预算外资金的管理，搞好信贷综合平衡，提高经济效益，财政部1983年颁发了《预算外资金管理试行办法》。该办法对预算外资金进行了界定：根据当时国家财政制度、财务制度规定不纳入国家预算的，由各地方、各部门、各事业单位自收自支的财政资金，包括地方财政部门管理的各项附加收入和集中的各项资金、地方和事业单位不纳入预算的资金、国营企业及其主管部

---

① 楼继伟等. 新中国50年财政统计［M］. 北京：经济科学出版社，2000：208.

门管理的各种专项资金、地方和中央主管部门所属不纳入预算的企业收入属于预算外资金。财政部要求各地各单位对未经国务院、财政部批准，由各地自行设定的预算外资金项目，进行一次清理整顿，同时加强预算外资金收支计划管理，管好用好预算外资金，特别是控制预算外资金用于基本建设。1986年，国务院又发出《关于加强预算外资金管理的通知》，要求切实加强预算外资金管理，搞好社会财力综合平衡，更好地发挥预算外资金管理在国民经济建设中的作用。尽管国家在不断加强预算外资金的管理，但是预算外资金规模不断扩大的趋势无法避免。

1993年随着《企业财务通则》和《企业会计准则》的推行，继续把国有企业和主管部门收入列入预算外资金显然是不合适的。因为根据《企业财务通则》和《企业会计准则》中的相关规定，国有企业税后留用资金、社会事业单位和社会通过市场取得的不体现政府职能的经营、服务性收入不能列入预算外资金管理，其收入不用上缴财政专户，而是纳入单位财务收支计划，实行收支统一核算，但必须依法纳税。这样，履行或代行政府职能成为判断资金是否属于预算外资金的一个重要标准，它表明我国预算外资金的管理实现了从总量调节到制度规范的转变。

总的来说，这一阶段由于国家计划占主导地位，财政法治化程度非常低，主要体现为财政部内部机构和制度的建立健全以及财政资金管理的规范。

三、财政法治化建设展开阶段

1994年的《关于实行分税制财政管理体制的决定》虽然仅仅是国务院的文件，但是它对于我国构建与市场经济相适应的现代财政管理体制和科学地划分中央与地方财权关系具有非常重要的意义，它前所未有地重新配置了中华人民共和国的财政权力，使得我国财政体制的法治化得到了初步实现；1994年《预算法》的通过使得我国的预算管理由行政法规上升到法律层面。以1994年分税制改革为起点至2013年党的十八届三中全会前夕的这一时期，我国的财政法治化建设进程主要包括财政法治化目标的逐步正式确定、与市场经济相适应的预算管理制度的形成与逐步健全、财经法律体系的初步建立等内容，因此这一时期属于我国财政法治化建设的展开阶段。

（一）建设法治财政目标逐步正式确定

1993年《宪法修正案》规定："国家实行社会主义市场经济。"从此我国建立和发展市场经济有了宪法保障。市场经济是法治经济，它要求一切经济活动都应当纳入法治化轨道，建立在市场经济基础之上的公共财政，必然也应符合法治化要求。因此，市场经济下的公共财政其实就是法治财政。体现在财政上，就是政府的收支活动在法律上要有严格界定，财政收入的方式、数量或财政支出的去向和规模等理财行为都建立在法制的基础上。体现在公共财政上，就是要满足社会公共产品和服务需要，这也就要求管理公共财政必须以法制为依托，实行法制化规范管理，确保政府的公共财政活动符合公众的根本利益。随着我国市场经济目标的确立，相应地，财政体制也应由计划经济财政向市场经济条件下的公共财政转变。1997年9月"依法治国"四个字被写入党的十五大报告，这标志着依法治国成为执政党治理国家的基本方略，被视为开创了一个新时代。1998年12月的全国财政会议上明确提出：要逐步构建公共财政的基本框架。财政部曾任部长项怀诚于2000年在此基础上进一步提出"建立适应社会主义市场经济要求的公共财政框架"。社会转型已内在要求进一步转变政府职能、强化法治理念。1999年宪法修正案正式把"实行依法治国，建设社会主义法治国家"作为治国的基本方略写入宪法。1999年，国务院召开第一次依法行政工作会议，做出《关于全面推进依法行政的决定》。2003年党的十六届三中全会《关于完善社会主义市场经济体制若干问题的决定》，标志着财政法治进入实质阶段；此时，建立社会主义公共财政法治理论，推进财政法治的实质进程，发挥财政的资源配置、满足社会公共需要的作用已是推动社会转型和公共财政制度优化的基本路径。2004年，国务院召开第二次依法行政工作会议，印发《全面推进依法行政实施纲要》

（以下简称《纲要》），确定了建设法治政府的目标，明确了此后10年全面推进依法行政的指导思想和具体目标、基本原则和要求、主要任务和措施。建设法治财政是依法治国的必然要求。财政部在遵循《纲要》基本精神和主要内容的基础上，结合财政部门的具体情况，于2005年4月，制定了《财政部门全面推进依法行政依法理财实施意见》（以下简称《实施意见》），《实施意见》明确提出经过10年左右的时间，基本实现建设法治财政的目标。2011年8月财政部又制定了《关于加快推进财政部门依法行政依法理财的意见》（以下简称《意见》），《意见》提出用5年左右的时间实现以下目标：财政法律制度体系比较完善，级次有较大提升，制度建设质量有显著提高；财政决策更加科学民主，执法行为更加严格、规范、公正和文明，法律制度执行效力显著增强；政务公开力度进一步加大，财政法律制度执行监督进一步强化，监督效能切实增强；财政部门依法行政依法理财的组织领导和保障更加有力，财政干部依法行政依法理财的自觉性、能力和水平进一步提升。以上这两部法规性文件是推进财政法制建设的重要文件，它们对于推进财政部门依法理财、科学理财、民主理财以及财政部门全体干部特别是领导干部转变理财观念、提高执政能力具有重要意义。制定并实施这两部法规文件是财政部门贯彻依法治国基本方略的重要举措，是建立适应社会主义市场经济发展要求的公共财政体制的重要步骤，标志着建设法治财政目标的确定。

（二）与市场经济相适应的预算管理制度的形成与逐步健全

随着社会主义市场经济体制改革目标的提出，建立与市场经济相适应的预算管理制度就显得尤为迫切。1994年《预算法》通过，并于1995年起施行。与此同时，原有的《国家预算管理条例》废除。接着1995年《预算法实施条例》通过，从此预算管理进入有法可依的新阶段。1998年，全国人大预算工作委员会成立，这是一个协助财政经济委员会承担全国人大及其常委会审查预决算方案、审查预算调整方案和监督预算执行方面的具体工作的专门机构。1994年通过的《预算法》使得各级人大及其常委会关于预算、决算的权力明确化、具体化，更具可操作性。预算管理法律体系现初步建立，预算编制程序更加科学规范，预算透明度提高，决算功能进一步发挥。预算管理经历了从部门立法到人大立法的变迁，预算从"政府管理的工具"变为"管理政府的工具"，可以说已取得了一定的成就。

自20世纪90年代中后期起，我国开始进行以支出管理为重点的预算管理制度改革。1999年以后，我国渐次进行了部门预算、国库集中收付、政府采购、工资统发、收支两条线、金财工程、中央决算稳定调节基金、预算超收管理等一系列预算管理改革，使得国家财政预算朝着细化、硬化、透明化和规范化的方向迈进。这些制度的建立和完善为建立公开透明、科学规范、廉洁高效、完整统一的政府预算制度体系从而彻底实现政府预算法治化打下了坚实的基础。

1. 分税制改革和税费改革

1994年财税体制改革建立了以增值税、消费税和营业税为主的间接税体系，与市场经济相适应的税制基本形成，初步形成了规范中央和地方财政关系的分税制财政管理体制框架。除了分税制改革外，1998年又开始推动了"费改税"，清理"三乱"，建立规范的政府收入分配秩序。

2. 预算立法的完成规范了财政行为

预算法是规范政府财政行为的重要法律。1994年通过的预算法使得预算管理由行政法规上升到法律层面，加强了人大对政府预算行为的监督和制约。1995年11月22日国务院又通过《中华人民共和国预算法实施条例》。1994年《预算法》将各级人大及其常委会关于预算、决算的权力明确化、具体化，使之更具可操作性，同时它对规范预算行为，加强预算审查监督，促进国民经济和社会发展发挥作用了重要作用。

3. 预算外资金管理的进一步加强乃至取消，促进了财政秩序规范

预算外资金不纳入严格的财政预算管理范围，这不仅造成财政资金分散，而且导致不少地方在财政预算内保工资都相当困难的同时发生预算外资金开支浪费现象。因此预算外资金的最终取消成为必然。

为进一步加强预算外资金管理，1996年，《国务院关于加强预算外资金管理的决定》（以下简称《决定》）颁布。该《决定》规定：将部分预算外资金纳入财政管理；禁止将预算资金转移到预算外；严格控制预算外资金规模；预算外资金要上缴财政专户，实行收支两条线管理；加强预算外资金收支计划管理；严格预算外资金支出管理，严禁违反规定乱支挪用；等等。养路费、电力建设基金、三峡工程建设基金等13项数额较大的政府性基金（收费）从1996年起被纳入财政预算管理，紧接着这一年财政部印发了《政府性基金预算管理办法》，以此规范政府性基金管理。而地方财政部门按国家规定收取的各项税费附加从1996年起也统一纳入地方财政预算管理，不再作为预算外资金管理。同时1996年《国务院关于加强预算外资金管理的决定》提出要积极创造条件，将应当纳入财政预算管理的预算外资金逐步纳入财政预算管理。这使得"预算外资金"的最终取消成为随后一段时期改革努力的方向。与《国务院关于加强预算外资金管理的决定》配套，财政部1996年颁布了《预算外资金管理实施办法》，重新界定了预算外资金的范围。

2010年6月，财政部发布《关于将按预算外资金管理的收入纳入预算管理的通知》（以下简称《通知》），规定自2011年1月1日起，中央各部门、各单位的全部预算外收入纳入预算管理，收入全额上缴国库，支出通过公共财政预算或政府性基金预算安排。《通知》要求地方财政部门按照国务院规定，自2011年1月1日起将全部预算外收支纳入预算管理。相应地，《政府收支分类科目》得到修订，把全部的预算外收支科目取消。此举意味着预算外资金概念成为历史。

4. 复式预算体系的形成与完善——四本预算形成，促进了公共资金管理的规范

我国从1992年就开始了复式预算的编制方式探索，如将国家预算分为经常预算和建设性预算，但是复式预算的含义发生变化是在1993年。这一年出台的文件《中共中央关于建立社会主义市场经济体制若干问题的决定》明确要求改进和规范复式预算制度，建立政府公共预算和国有资本经营预算，并根据需要建立社会保障预算和其他预算。接着1994年通过的预算法要求各级政府预算按照复式预算编制。1995年的预算法实施条例又进一步将复式预算分为政府公共预算、国有资产经营预算、社会保障预算和其他预算。随后1998年国务院印发的财政部"三定"方案要求改进预算制度，强化预算约束，逐步建立起政府公共预算、政府性基金预算、国有资本金预算和社会保障预算制度。

（1）政府公共预算管理。1998年我国正式提出构建公共财政框架，自1999年起，我国开始了政府预算的公共化改革。2000年部分中央部门开始试点部门预算编制。在试行部门预算改革后，我国展开了国库集中收付、政府采购、收支两条线和政府收支分类，实施金财工程等项改革，财政支出结构不断向满足公共服务均等化倾斜。"十一五"时期，我国政府公共预算改革从综合预算的提出到"全口径预算管理"概念的推广、从财政预算专户管理到国库集中收付制度向基层推进、从政府收支分类改革的全面实施到政府资产管理规范的启动等一系列预算改革措施大大推进了我国预算的完整性、规范化以及公开性。大量的预算外资金纳入了预算管理；散落于行政部门的预算权不断集中；完全行政主导型预算模式正在弱化，公众以及权力机构对预算的影响力越来越显著。由此，我国形成了比较完备的政府公共预算制度。

（2）政府性基金预算管理。早在1996年，财政部会同有关部门清理整顿基金，逐步改革原先的预算外资金管理制度，将预算外管理的基金纳入财政预算管理。2006年12月26日国务院发布的《关于规范国有土地使用权出让收支管理的通知》规定从2007年1月1日起，国有土地出让收支全部纳入地方基金预算，实行彻底的"收支两条线"管理。2008年，彩票收益金等纳入基金预算管理。2010年6月1日财政部发出的《关于将按预算外资金管理的收入纳入预算管理的通知》规定从2011年1月1日起，交通运输部集中的航道维护收入纳入政府性基金预算管理。2010年9月10日，为了加强政府性基金管理，财政部发出的《关于印发政府性基金管理暂行办法的通知》要求政府性基金收支纳入政府性基金预算管理，并对预算管理做了全面的规定。

（3）国有资本经营预算的编制。2003年，《中共中央关于完善社会主义市场经济体制若干问题的决定》首次明确了"国有资本经营预算"的提法，

"国有资产经营预算"和"国有资本金预算"的提法从此不再采用。2005年，《中共中央关于制定国民经济和社会发展第十一个五年规划的建议》提出"加快建立国有资本经营预算制度"。2007年，《国务院关于试行国有资本经营预算的意见》规定"中央本级国有资本经营预算从2008年起试行，地方试行国有资本经营预算的时间、范围和步骤由各省（自治区、直辖市）及计划单列市人民政府决定"。2008年10月，十一届全国人大常务委员会第五次会议通过的《中华人民共和国企业国有资产法》要求"建立健全国有资本经营预算制度，对取得的国有资本收入及其支出实行预算管理。"2010年，中央国有资本经营预算首次提交全国人大审议。2010年5月17日财政部发布的《关于推动地方试编国有资本经营预算工作的意见》为地方试编国有资本经营预算工作提供了统一的规范。2012年，财政部首次汇总编制地方国有资本经营预算并上报全国人大。

（4）社会保险基金预算管理。社会保险基金预算是根据国家社会保险和预算管理法规建立、反映各项社会保险基金收支的年度计划。2010年国务院试行社会保险基金预算。2013年，财政部首次向全国人大报送社会保险基金预算。社会保险基金预算管理进入新阶段。至此，我国形成了包括一般预算、政府性基金预算、国有资本经营预算和社会保险基金预算在内的四本预算体系。

5. 部门预算改革的推行促进了预算制度的现代化

部门预算改革在我国预算改革史上具有重要意义。部门预算改革要求按部门编制预算，一个部门一本预算。部门预算的编制要求部门所有收支都按统一的编报程序、编报格式、编报内容和编报时间编制成一本预算。部门预算能全面反映该部门或单位各项资金的来源、使用方向和具体使用内容。2000年，教育部、农业部、科技部、劳动和社会保障部4个部门作为部门预算试点单位，开始向立法机关提供部门预算。2006年为了规范部门预算改革，完善部门预算编制方法，明确预算编制规程，推进地方部门预算改革，财政部颁发了《财政部关于完善和推进地方部门预算改革的意见》。

国库集中收付制度的确立是部门预算改革在预算执行上迈出的重要步伐。2001年，中央财政启动国库集中收付制度改革，建立以国库单一账户为基础、资金缴拨以国库集中收付为主要形式的国库管理制度。2006年4月，国库集中支付改革扩大到全部中央部门。2005年底，36个省、自治区、直辖市和计划单列市也已全部实施了改革。截至2012年底，中央166个部门及所属1.5万多个基层预算单位，全国36个省（自治区、直辖市和计划单列市）、51万多个地方预算单位实行了国库集中支付制度改革。绝大多数中央部门及所属1万多个中央基层预算单位，全国36个省（自治区、直辖市和计划单列市）38万多个地方预算单位实行了公务卡制度改革。

部门预算改革中，对预算编制、执行、调整的时间安排，具体职责，职责权限等进行了明确；部门和财政部、人大、审计及财政部内部各部门司、主体司和预算司在部门预算测算和审核中的职责和工作程序也都进行了明确。

部门预算改革要求按部门编制预算，为预算监督提供必要的制度保障，因此部门预算改革及配套制度改革推动了预算制度的现代化进程。

6. 政府收支分类改革的推行为提高预算透明度、强化预算监督创造条件

形成于计划经济年代的政府收支分类方法存在收支涵盖范围偏窄、体系设置不全、分类标准繁杂、口径不一致等问题。为了适应财政管理需要，更加完整、准确地反映政府收支活动，提高预算透明度、强化预算监督，财政部早在1999年就开始启动政府收支分类改革。改革先行在科技部、水利部、交通部、中纪委、国家中医药管理局、环保总局6个中央部门以及河北省、天津市、湖北省、湖南省、海南省5个省市按《政府收支分类改革方案》模拟试点。2005年12月，国务院通过《政府收支分类改革方案》，并决定在编制2007年预算时正式实施。

7. 从合规管理走向绩效管理

预算管理除了合规管理外，还包括绩效管理。绩效管理突破传统的合规管理，将绩效目标作为管理的重要内容。预算绩效管理是政府绩效管理的重要组成部分，是一种以支出为导向的预算管理模式。绩效管理是贯穿整个预算管理过程的,与预算编制、预算执行、预算监督一起成为预算管理的有机组成部分。

2005年,为规范和加强中央部门预算绩效考评工作,提高预算资金的使用效率,体现政府公共服务目标,财政部制定了《中央部门预算支出绩效考评管理办法(试行)》,并首先在财政部确定试点的中央部门实施。2009年财政部预算司下成立专门负责预算绩效管理工作的机构——预算绩效管理处。2011年4月,为推进预算绩效管理工作,规范财政支出绩效评价行为,建立科学、合理的绩效评价管理体系,提高财政资金使用效益,财政部重新修订了《财政支出绩效评价管理暂行办法》。2011年3月国务院成立政府绩效管理工作部际联席会议,指导和推动政府绩效管理工作。2011年7月,财政部《关于推进预算绩效管理的指导意见》发布,对绩效管理的主要内容包括绩效目标管理、绩效运行跟踪监控管理、绩效评价实施管理和绩效评价结果反馈和应用管理做了规定,并对绩效管理工作做了部署。

(三) 财经法律体系的初步建立

1. 税收法律制度体系的完善

全国人大及其常委会积极推动税收方面的立法工作,从而促进税收法定原则的贯彻落实:全国人大及其常委会1980年制定了个人所得税法,并根据实际情况先后进行了六次修改;1980年和1981年先后制定了中外合资经营企业所得税法、外国企业所得税法,1991年制定外商投资企业和外国企业所得税法取代上述两部法律,2007年制定了企业所得税法,统一内外资企业所得税;2011年制定了车船税法;同时,为加强税收征收管理,1992年还专门制定了税收征收管理法。

改革开放初期,考虑到税收制度的建立、完善和面临的错综复杂的情况,同时缺少相关经验,全国人大及其常委会遵循税收法定原则,依据宪法第89条关于全国人大及其常委会可以授予国务院其他职权的规定,于1985年出台《全国人民代表大会关于授权国务院在经济体制改革和对外开放方面可以制定暂行的规定或者条例的决定》，授权国务院对于有关经济体制改革和对外开放方面的问题，包括税收方面的问题，必要时可以根据宪法，在同有关法律和全国人民代表大会及其常务委员会的有关决定的基本原则不相抵触的前提下，制定暂行的规定或者条例。国务院根据有关授权决定颁布实施了一系列的税收暂行条例。2016年5月1日全面推行"营改增"试点后，我国的营业税退出历史舞台。至此，剩下目前的17个税种，其中除个人所得税、企业所得税、车船税由法律规定征收外，增值税、消费税、资源税、城镇土地使用税、土地增值税、房产税、城市维护建设税、车辆购置税、印花税、契税、耕地占用税、烟叶税、船舶吨税、关税（海关法只规定征收关税，但具体税收要素由条例规定）14个税种由国务院制定的有关暂行条例规定征收。这些税收暂行条例适应了改革开放的需要，与几部税法一道构建了适应社会主义市场经济需要的税收制度，为保障改革开放和社会主义市场经济体制的建立发挥了重要作用。

然而要彻底贯彻落实税收法定原则，就必须将现行税收条例上升为法律，实现所有税种的设立、征收、管理等均由法律来规范。

2. 《预算法》和《预算法实施条例》的通过

1994年通过的《预算法》把各级人大及其常委会关于预算、决算的权力进行了具体的明确，使之更具可操作性。再加上1995年通过的《预算法实施条例》，我国的预算管理从此进入到有法可依的阶段，标志着预算管理法律体系的初步建立，使得预算编制程序更加科学规范、预算透明度得到提高以及决算功能得到进一步发挥。预算管理经历了从部门立法到人大立法的变迁，预算从"政府管理的工具"变为"管理政府的工具"，可以说已取得了一定的成就。

3. 《审计法》的颁布及后来的修改

1994年我国颁布了《中华人民共和国审计法》，2006年又对该法进行了修改，这使得我国建立了较为符合经济发展要求的审计制度。该法第2条第2款明确了审计监督的对象和范围。《审计法》严格意义上说是一部"财政审计法"，因为审计机关的财政审计的内容包括预算编制、财政收入、财政支出等方面的审计。通过财政审计，有利于促进财政部门和财政资金各使用主体依法理财、依法用财，并不断提高理财和用财水平，促进财政资金使用效益的提高。而经济责任的审计则有利于从源头上预防和治理腐败。

4.《中华人民共和国会计法》的修订

1999年10月31日全国人大常委会通过修订的《中华人民共和国会计法》，并于2000年7月起施行。在修订的《会计法》颁布实施前，我国当时的财政监督处罚主要依据1987年颁布实施的《国务院关于违反财政法规处罚的暂行规定》，但这个规定主要针对违反财政法规等违纪违规行为，因此财政部门在许多违反原《会计法》的行为方面，往往因缺少法律武器而显得束手无策，对一些违法违规行为难以采取有效措施予以处理纠正，进而追究责任人的责任，最终导致常常出现只查不究、只查不处等现象，在一定程度上制约了财政监督的功能。1999年《会计法》的修订通过为财政监督工作提供了有力的法律武器，极大地促进了财政监督工作，并使财政监督工作规范有序有章可循。然后《企业财务会计报告条例》《企业会计制度》和《财政部门实施会计监督办法》等法规的相继发布，为加大会计监督力度提供了充分的执法依据。

5. 政府采购法律制度的建立

1999年4月，财政部制定发布《政府采购管理暂行办法》；《中华人民共和国政府采购法》于2002年6月经全国人民代表大会常务委员会通过，并于2003年1月1日正式实施。这部法律的颁布实施，有力地推动了政府采购的深入进行，为建立与国际接轨的政府采购制度奠定了基础。接着财政部相继出台《政府采购货物和服务招标投标管理办法》《政府采购信息公告管理办法》《政府采购供应商投诉处理办法》《政府采购代理机构资格认定办法》《政府采购评审专家管理办法》《集中采购机构监督考核管理办法》等配套规章和规范性制度，初步建立了以政府采购法为统领的政府采购法律制度体系。

6. 财政监督法律制度的初步建立和健全

国务院 2004 年 11 月颁布的《财政违法行为处罚处分条例》将涉及财政资金收支活动的单位和个人全都纳入调整范围，把财政违法行为的主体、客体和法律责任做了进一步的明确，从而弥补了财政监督立法的不足，为执法机关对财政违法行为的处理、处罚、处分提供了法律依据，强化了执法手段。条例的颁布使得财政监督的执法地位和执法手段得到强化，标志着财政监督事业在法治化进程中向前迈出重要的一步。

7. 基础性财政规章制度的相继建立

为健全财政制度和规范财政管理行为，财政部相继颁布或修订发布了一批财政基础性规章制度，主要包括《企业财务通则》《金融企业财务规则》《企业会计准则——基本准则》《行政单位国有资产管理暂行办法》《事业单位国有资产管理暂行办法》《财政部信访工作办法》《国家农业综合开发资金和项目管理办法》《财政机关行政处罚听证实施办法》等。此外，财政部于 1997 年发布了《财政总预算会计制度》《行政单位会计制度》《事业单位会计准则》和《事业单位会计制度》。

（四）财政支出公共性提高

1998 年党的十五届五中全会的决议《中共中央关于制定国民经济和社会发展第十个五年计划的建议》明确提出了要"逐步建立适应社会主义市场经济要求的公共财政框架"。按照公共财政的要求，财政支出的投资、科研、教育范围都应依法确定。除了那些涉及军事、国防、外交、公检法司、社会保障等事关国家安全和社会稳定等方面的支出外，事关国计民生的公益性投资、基础设施和支柱产业、重点建设项目、基础研究、重大科研项目、基础教育、国家急需的高等教育科目等都必须纳入财政支出范围。由此，为实现我国财政逐步由生产建设型向公共型转变，有关法律法规对支农支出、教育支出、科技支出比例或增长幅度等做出明确规定，这使得各级财政一般都将支农支出、教育支出、科技支出作为法定支出来安排。1978 年我国财政支出总额为

1122.09 亿元，其中经济建设费为 718.98 亿元，占整个财政支出的比重为 64.1%；这个比重到了 1994 年下降为 41.3%，2000 年为 36.2%，2005 年为 27.5%，[①] 基本呈逐年下降趋势。我国政府在经济建设领域，特别是竞争性经济领域的财政支出逐步减少，而在教育、卫生、社会保障等公共服务事业方面的财政投入比重越来越大，财政支出的公共性不断提高。财政支出公共性的实现是财政支出法定原则实现的必要步骤，因为越是符合公共利益或意志的财政支出越是容易成为法定支出的安排。

（五）财政监督逐步规范

1983 年我国成立了独立审计机构——审计署，1994 年财政部又成立了财政监督司。1994 年《预算法》于 1995 年 1 月开始生效后不久，国务院颁布了《预算法实施条例》《中央预算执行情况审计监督办法》。1999 年 6 月，审计署在九届人大常委会第十次会议上所作的《关于 1998 年中央预算执行情况和其他财政收支的审计工作报告》以及全国人大常委会在审议 1998 年中央财政决算和中央财政审计报告中，指出中央预算管理存在的问题，并要求严格执行预算法和及时批复预算。1999 年 12 月全国人大常委会又通过了《关于加强中央预算审查监督的决定》，要求细化预算编制，加强对中央预算的审查监督；在此基础上，地方各级人大常委会纷纷出台地方性预算审查监督法规。2004 年 11 月，国务院颁布了《财政违法行为处罚处分条例》，将涉及财政资金收支活动的单位和个人均纳入其适用范围，进一步明确财政违法行为的主体、客体和法律责任。该条例的发布弥补了财政监督立法的不足，为执法机关对财政违法行为的处理、处罚、处分提供了法律依据，强化了执法手段。随后，财政部制定了《财政检查工作办法》，进一步规范了执法程序。《财政违法行为处罚处分条例》和《财政检查工作办法》等行政法规和规章的颁布实施，加强了财政内部监督。2006 年 9 月全国人大常委会颁布了《监督法》，专门对人大常委会加强

[①] 依据 1979~2006 年《中国统计年鉴》数据计算而得。

预算审查监督的程序、内容和方式等做出规定。至此，我国财政监督制度的三个组成部分：人大监督、审计监督和财政内部监督已初步具备。

四、财政法治化全面推进阶段

从党的十八届三中全会首次明确提出要深化财税体制改革、建立现代财政制度，到2014年6月《深化财税体制改革总体方案》的通过和8月31日新《预算法》的通过，到党的十八届四中全会将"财政税收"作为"加强重点领域立法"的一项任务，再到2015年3月15日十二届全国人大三次会议新《立法法》的通过，这些无一不是表明我国已经进入到全面推进财政法治化建设的阶段。

（一）"深化财税体制改革、建立现代财政制度"的首次明确提出

党的十八届三中全会《中共中央关于全面深化改革若干重大问题的决定》将财政提升到国家治理层面，提出"财政是国家治理的基础和重要支柱"，且首次明确提出要深化财税体制改革、建立现代财政制度。现代财政制度的最大特点就是法治财政。法治财政体现的法治理念是：征税取得纳税人的同意，使用需要经过预算，即经过纳税人的同意，收支公开透明；与此相对应，需要建立责任政府、透明政府、法治政府。这样的财政制度是法治中国建设的关键环节。因为现代财政彰显了权力制衡、税负公平、人权保障、民主参与等公共价值。现代财政的主要调整手段和工具是法律。现代财政制度要通过法治思维和法治方法来调整财政关系。所以这次财税体制改革的目标其实就是要通过法治手段来推进和保障财税体制改革，从而建立法治化的现代财税制度。建立法治财政，不仅是全面推进依法治国的必然要求，也是提高治理能力、解决当前诸多问题、推动国家治理现代化的迫切需要。

（二）《深化财税体制改革总体方案》的通过

2014年6月30日中央政治局会议审议通过了《深化财税体制改革总体方

案》。方案提出 3 个方面的重点改革：一是改进预算管理制度，强化预算约束、规范政府行为、实现有效监督，加快建立全面规范、公开透明的现代预算制度；二是深化税收制度改革，优化税制结构、完善税收功能、稳定宏观税负、推进依法治税，建立有利于科学发展、社会公平、市场统一的税收制度体系，充分发挥税收筹集财政收入、调节分配、促进结构优化的职能作用；三是调整中央和地方政府间财政关系，在保持中央和地方收入格局大体稳定的前提下，进一步理顺中央和地方收入划分，合理划分政府间事权和支出责任，促进权力和责任、办事和花钱相统一，建立事权和支出责任相适应的制度。其中建立全面规范、公开透明的现代预算制度是国家治理体系和治理能力现代化的基础和重要标志，是强化预算约束、规范政府行为、实施有效监督，把权力关进制度笼子的重大改革举措。把权力关进制度笼子的关键是彻底实现财政法治化，实现人民对公权的约束。

(三) 新《预算法》的颁布实施使得现代财政制度的建设迈出了非常重要的一步

现代财政制度的建立必须配合以现代预算制度的管理框架来保障落实，2014 年 8 月 31 日新《预算法》的通过使得现代财政制度建设向前迈出了非常重要的一步，有利于国家治理能力的提升。新《预算法》对于强化对政府权力的监督与制约、促进政府信息公开、提升人大的预算审查监督能力、规范地方政府举债行为、防范财政风险等具有重要意义，对全面推进财政法治化建设也具有重大意义。

(四) 财政税收作为重点领域加强立法的提出

党的十八届四中全会通过的《中共中央关于全面推进依法治国若干重大问题的决定》将"财政税收"作为"加强重点领域立法"的一项任务。该《决定》强调"加快建设职能科学、权责法定、执法严明、公开公正、廉洁高效、守法诚信的法治政府"。这说明要加快转变政府职能，推进行政职权配置法治化。

(五) 新《立法法》中税收法定原则的体现

税收法定主义是税收立法的最高原则。该原则要求税法主体的权利、义务必须由法律加以规定，税法的构成要素必须且只能由法律予以明确规定，征纳税主体的权利、义务只能以法律为依据，没有法律依据，任何主体无权决定征税或减免税收。多少年来，尽管我国有所得税法、税收征管法，但是税收税种的设立、税率等确定一直处于政府及部门的规定及其税收征管活动之中，社会上不时会出现某些不确定的说法和预期。2015 年 3 月 15 日，十二届全国人大三次会议通过的新《立法法》。修改后的《立法法》"税收"第 8 条中专门增设一项作为第 6 项，明确"税种的设立、税率的确定和税收征收管理等税收基本制度"只能由法律规定，这其实就是明确细化了"税收法定"原则。虽然修改后的《立法法》第 9 条依然规定"对有关税收的基本制度，如果尚未制定法律的，全国人大及其常委会有权做出决定，授权国务院可以根据实际需要，对其中的部分事项制定行政法规"，但是修改后的《立法法》第 10 条对授权做出具体规定"授权决定应当明确授权的目的、事项、范围、期限以及被授权机关实施授权决定应当遵循的原则等。授权的期限不得超过五年，被授权机关应在授权期满前六个月，向授权机关报告授权实施情况"，这是对"授权"立法做出的规范，使得"授权"不再放任。

第二节　我国财政法治化的主要事件

一、《预算法》

(一) 背景

1951 年颁布的《预算决算暂行条例》经过 40 年的暂行之后，已严重不能适应现实发展需要。于是为了加强国家预算管理，强化国家预算的分配、调控和监督职能，促进经济和社会的稳定发展，国务院1991年发布了《国家预算管理条例》。但这只是行政法规，还没有上升为法律，而且还不是完全与市场经济相适应的预算管理制度。随着社会主义市场经济体制改革目标的提出，建立与市场经济相适应的预算管理制度尤为迫切。

(二) 主要内容

第一，根据预算法及其实施条例，各级政府要按照复式预算编制预算，全民所有制企业的预算包括在国家预算之内。预算法所涉及的企业界定为本级政府财政部门直接发生预算拨款关系的企业。

第二，预算法对全国人大及其常委会和地方各级人大及其常委会、国务院和地方各级政府、国务院财政部门和地方各级财政部门的预算管理职权做了明确规定；对人大及其常委会的包括预算的审查、批准、调整、监督等在内的预算管理职权做了分工。

第三，预算法对预算调整的条件做出了规定。只有增支或减收，破坏原批准的预算平衡或债务增加，才要进行调整。而关于预算外资金的管理，预算法只作原则性规定，但授权国务院另行规定预算外资金管理办法，且赋予各级人大监督预算外资金使用的权力。

第四，预算法将预算区分为中央政府预算和地方政府预算。中央政府预算提交全国人大审查的不再是单一的国家预算。各级人大可以撤销本级政府和下一级人大及其常委会关于预算、决算的不适当的决定、命令和决议，但是全国人大批准的只是中央政府的预算及其执行情况；地方各级政府的预算草案、预算执行情况的报告由同级人大审查批准。

第五，预算法规定国家实行中央和地方分税制，虽然这一点在1994年财税体制改革中得到确认，但这是首次将分税制财政管理体制写入法律。

(三) 意义及不足

1994年制定的《预算法》将各级人大及其常委会关于预算、决算的权力明确化、具体化，使之更具可操作性，同时它对规范预算行为，加强预算审查监督，促进国民经济和社会发展发挥作用起了重要作用。概括而言，主要体现在以下五个方面：第一，分税制财政体制运行较好，调动了中央和地方的积极性，增强了地方聚财、理财的能力；第二，政府各项收支在法律框架内规范运行，政府预算行为得到规范，提前编制预算、细化预算和编制部门预算，各项财政改革顺利推进；第三，人大对预算的审查监督加强，建立了预算审查监督制度，设置了专门的工作机构，大会审批前的针对性审查得到加强，预算执行期间监督的有效性增加；第四，政府预算执行更加规范，各级财政部门及时批复预算，预算执行审计查出的问题减少，更加注重资金使用绩效；第五，审计监督进一步加强，积极开展预算执行和其他财政收支情况的审计，建立了审计查出问题的整改报告制度。

虽然1994年通过了《预算法》，但相关的预算改革并没有开展，《预算法》实际上没有起到应有的作用。真正意义上的预算改革，起始于1999年率先发起的以部门预算改革为核心的预算制度改革，其后的几年，国库集中收付、政府采购、非税收入等配套改革渐次展开，但总体推进比较缓慢，改革较为艰难。同时这部《预算法》由于没有明确界定上下级预算权限，各级财政支出的职能范围缺乏科学清晰的定位，导致政府间"越位"与"缺位"现象普遍；也由于没有严格规定社会公众、立法部门获得信息的权利以及政府部门提供信息的责任和义务，使得预算审查和监督常常流于形式。正是这部预算法存在这么多问题，因此2013年，在上一届两次审议预算法修正案的基础上，全国人大常委会又将《预算法》的修订列入5年立法规划。

二、《中华人民共和国会计法》的修订及《财政部门实施会计监督办法》的颁布

（一）《会计法》修订之前的主要财政监督法规及其缺陷

我国的第一部《会计法》是在1985年1月21日颁布并于当年5月1日

起实施的。在对1985年出台的《会计法》修订之前，我国财政监督处罚主要依据1987年颁布实施的《国务院关于违反财政法规处罚的暂行规定》。随着市场经济的不断发展，该《规定》中不少条款已不能适应市场经济发展的要求，加上由于该规定主要是针对违反财政法规等违纪违规行为，因此财政部门在针对许多违反1985年《会计法》"两则两制"等财务会计制度的行为方面，往往因缺少法律武器而显得束手无策，对一些违法违规行为难以采取有效措施予以处理纠正，进而无法追究责任人的责任，最终导致常常出现只查不究、只查不处等现象，在一定程度上制约了财政监督的功能。

(二)《会计法》修订涉及的主要财政内容及意义

1999年10月31日第九届全国人民代表大会常务委员会第十二次会议通过《中华人民共和国会计法》的修订草案。修订后的《会计法》自2000年7月1日起施行。修订后的《会计法》为财政监督工作提供了有力的法律武器，极大地促进了财政监督工作，并使财政监督工作规范有序、有章可循。

第一，修订后的《会计法》中第32条首次明确规定了财政部门对各单位实施监督的内容，从而使财政部门对各单位的监督于法有据。监督的内容主要包括四个方面：是否依法设置会计账簿，会计凭证、会计账簿、财务会计报告和其他会计资料是否真实、完整，会计核算是否符合《会计法》和国家统一会计制度的规定，从事会计工作的人员是否具备从业资格。第二，修订后的《会计法》明确规定了财政部门对各单位违法行为可实施的行政处罚和罚款标准及幅度，使财政部门在全国会计管理工作中形成权责统一局面。对违反《会计法》的各单位及其责任人员，修订后的《会计法》第42条至第45条中明确规定由财政部门实施责令限期纠正、通报、吊销会计从业资格证书以及对单位或责任人员处以罚款等行政处罚方式，赋予财政部门会计管理权力。而依据原《会计法》中的规定，财政、审计、税务机关或者其他主管部门都可以对违法行为负责处理和追究责任。主管部门设有三个，不仅容易形成职责不清、权限不明、相互推诿的局面。第三，修订后的《会计法》明确规定了财政部门对各单位实施监督检查的原则,为财政监督的有效实施提出了工作规范。三个原则包括:一是依法监督检查的原则。修订后的《会计法》第 33 条规定"财政等部门应当依照有关法律、行政法规规定的职责,对有关单位的会计资料实施监督检查,并且要求在对有关单位的会计资料实施检查后,应当出具检查结论";二是避免重复检查的原则。修订后的《会计法》第 33 条规定"有关监督检查部门已经作出的检查结论能够满足其他监督检查部门履行本部门职责需要的,其他监督检查部门应当加以利用,避免重复检查";三是保密性原则。修订后的《会计法》第 34 条规定"依法对有关单位的会计资料实施监督检查的部门及其工作人员对在检查监督中知悉的国家秘密和商业秘密负有保密义务",而原《会计法》中是没有提到这点的。第四,修订后的《会计法》明确规定了财政等行政部门的工作人员对在实施监督管理过程中的违法行为所应承担的法律责任,有利于增强财政等部门的工作人员的法制观念。例如,修订后的《会计法》第 47 条规定"财政部门有关行政部门的工作人员如在实施监督管理中滥用职权、玩忽职守、徇私舞弊或者泄露国家秘密、商业秘密,构成犯罪的,依法追究刑事责任,尚不构成犯罪的,依法给予行政处分"。这样可以充分保证财政部门及其工作人员依法行政,杜绝滥用职权等违法行为的发生。第五,修订后的《会计法》明确规定的各单位对违反财务会计制度的行为所应承担的法律责任,比原《会计法》更具体、更明确。这样既强化了各单位自觉遵守修订后的《会计法》的意识,又为财政监督工作创造了良好的外部环境。修订后的《会计法》第 42 条至第 45 条关于各单位违反《会计法》后所应承担的法律责任规定不仅包括行政责任,也包括刑事责任,行政责任当中又包括了行政处分和行政处罚两种方式。而原《会计法》只规定各单位违反《会计法》后应给予有关责任人员行政处分(给予行政处分的部门未明确)和承担刑事责任。由此可见修订后的《会计法》所规定的行政责任比原《会计法》增加了行政处罚的方式,使修订后的《会计法》与《税收征收管理法》《公司法》《经济合同法》等法律所规定的法律责任方式趋向一致。

(三)《财政部门实施会计监督办法》的颁布

为规范财政部门会计监督工作,保障财政部门有效实施会计监督,保护公民、法人和其他组织的合法权益,根据《中华人民共和国会计法》《中华人民共和国行政处罚法》《企业财务会计报告条例》等有关法律、行政法规的规定,2001年2月20日财政部颁布了《财政部门实施会计监督办法》。

1. 意义

《财政部门实施会计监督办法》的颁布有利于《会计法》的贯彻实施,树立财政部门的会计监督权威,有利于强化政府部门对会计工作的监管,加大对违法会计行为的惩治力度,进一步明确财政部门监督和管理会计工作的责任和义务。

2. 主要内容

《财政部门实施会计监督办法》对财政部门实施会计监督检查的内容、形式、程序、行政处罚的种类和适用、行政处罚程序及相关事项作出了规定。

(1)会计监督检查的主要内容。第一,对单位依法设置会计账簿情况的检查,包括应当设置会计账簿的单位是否按规定设置会计账簿,单位是否存在账外设账的行为,是否存在伪造、变造会计账簿的行为等;第二,对单位会计资料真实性、完整性的检查,包括经济业务事项是否如实在会计凭证、会计账簿、财务会计报告和其他会计资料上反映,填制的会计凭证、登记的会计账簿、编制的财务会计报告与实际发生的经济业务事项是否相符,财务会计报告的内容是否符合有关法律、行政法规和国家统一的会计制度的规定以及其他会计资料是否真实、完整;第三,对单位会计核算情况的检查,包括采用会计年度、使用记账本位币和会计记录文字是否符合法律、行政法规和国家统一的会计制度的规定,填制或者取得原始凭证、编制记账凭证、登记会计账簿是否符合法律、行政法规和国家统一的会计制度的规定,财务会计报告的编制程序、报送对象和报送期限是否符合法律、行政法规和国家统一的会计制度的规定,会计处理方法的采用和变更是否符合法律、行政法规和国家统一的会计制度的规定，使用的会计软件及其生成的会计资料是否符合法律、行政法规和国家统一的会计制度的规定，是否按照法律、行政法规和国家统一的会计制度的规定建立并实施内部会计监督制度，会计档案的建立、保管和销毁是否符合法律、行政法规和国家统一的会计制度的规定，会计核算是否有其他违法会计行为；第四，对单位会计从业资格制度的执行情况的检查，包括从事会计工作的人员是否持有会计从业资格证书和会计机构负责人（会计主管人员）是否具备法律、行政法规和国家统一的会计制度规定的任职资格。（2）会计监督检查程序。包括制定年度检查计划、组成检查组、下达检查通知、检查组实施检查、听取当事人意见、提交检查报告六个程序。（3）会计监督检查的措施。包括"调用会计资料""先行登记保存""向与被检查单位有经济业务往来的单位查询有关情况""向被检查单位开立账户的金融机构查询有关情况"四种检查措施。（4）会计监督的行政处罚及适用情况。包括警告、罚款和吊销会计从业资格证书；适用情况包括从重处罚情节、从轻处罚情节、一事不再罚原则。（5）会计监督的行政处罚程序。包括立案程序、调查程序、审理程序、处罚决定程序、听证程序、处罚的执行六个方面的程序。

三、《全国人民代表大会常务委员会关于加强中央预算审查监督的决定》

（一）背景

1994~1999年，我国财税体制改革迈出了较大步伐，预算监督也在逐步加强，但是，预算改革比较滞后，预算管理监督比较薄弱。我国当时的预算编制、监督体制基本上还是沿用过去计划经济的办法，不能适应发展社会主义市场经济的要求。预算缺乏必要的透明度，财政行为不够规范，违反财经法纪的现象相当普遍，一些掌管资金分配的部门利用职权挪用财政资金时有发生，腐败现象屡禁不止。为了履行宪法赋予的职责，依法监督，改进预算管理，逐步规范中央预算行为和减少预算的随意性，以求厉行节约、最大限度地发挥财政资金的作用，全国人大常委会做出关于加强中央预算审查监督的决定。

(二) 主要内容

1. 对国务院提交全国人大审查批准的预算草案的内容提出要求

（1）要求细化预算，强调要编制部门预算。虽然由于1994年《预算法》没有对预算草案的内容做出规范，实践中报全国人大审查的预算草案沿用计划经济时代预算草案的模式，收入和支出只列大类，少数列到款；预算建设性拨款只有总数，没有列到项目；预算草案没有分部门编制。这导致人大预算审查监督工作流于形式，还导致预算执行和审计监督工作难以有效开展。为此，《全国人民代表大会常务委员会关于加强中央预算审查监督的决定》（以下简称《决定》）强调要加强和改善预算编制工作。要坚持先有预算，后有支出，严格按预算支出的原则细化预算，提前编制预算。各部门、各单位要按照预算法要求编好部门预算和单位预算。（2）对政府提交人大审查监督的材料提出了具体要求。《决定》要求国务院财政部门要创造条件提交"科目列到类，重要的列到款的预算收支总表和中央政府性基金预算表，中央各预算单位收支表，建设性支出、基金支出的类别表和若干重大的项目表，按类别划分的中央财政返还或补助地方支出表等，以及有关说明"。（3）对预算完整性提出要求。《决定》要求"采取措施将中央预算外资金纳入中央预算；对暂时不能纳入预算的要编制收支计划和决算；预算外资金的收支情况要向全国人大常委会报告"。

2. 对加强预算执行的监督

（1）要求全国人大财政经济委员会和预算工作委员会做好监督中央预算执行的有关工作。（2）要求国务院有关部门及时提交预算执行的有关情况。（3）加强对超收收入的监督。《决定》明确规定"中央预算超收收入可以用于弥补中央财政赤字和其他必要的支出。中央预算执行过程中，需要动用超收收入追加支出时，应当编制超收收入使用方案，由国务院财政部门及时向财政经济委员会和预算工作委员会通报情况，国务院应向全国人民代表大会常务委员会作预计超收收入安排使用情况的报告"。(4) 严禁预算科目之间的资金调剂，防止挪用。由于我国当时预算执行中存在资金调剂过于随意、挪用现象严重的问题，因此《决定》强调"严格控制不同预算科目之间的资金调剂，各部门、各单位的预算支出应当按照预算科目执行。中央预算安排的农业、教育、科技、社会保障预算资金的调减，须经全国人民代表大会常务委员会审查和批准，以后根据需要还可以逐步增加新的项目"。(5) 对中央预算调整方案的审查工作提出要求。由于1994年《预算法》没有对预算调整方案的审查工作做出规定，于是《决定》做了两条具体规定。一是规定中央预算调整方案应当于当年7~9月之间提交全国人民代表大会常务委员会，以便能在每年8月或10月召开的常委会上审查；二是规定国务院财政部门应当及时向财政经济委员会和预算工作委员会通报中央预算调整的情况，在常务委员会举行会议审批中央预算调整方案的一个月前，将中央预算调整方案的初步方案提交财政经济委员会，由财政经济委员会进行初步审查。

3. 对决算的编报、审查提出要求

一是中央决算草案应当按照全国人民代表大会批准的预算所列科目编制，按预算数、调整数或变更数以及实际执行数分别列出，变化较大的要做出说明。二是中央决算草案应在全国人民代表大会常务委员会举行会议审查和批准的一个月前，提交财政经济委员会，由财政经济委员会结合审计工作报告进行初步审查。

4. 对审计工作提出了要求

一是国务院审计部门要按照真实、合法和效益的要求，对中央预算执行情况和部门决算依法进行审计；二是审计出的问题要限时依法纠正、处理；三是国务院应当向全国人民代表大会常务委员会提出对中央预算执行和其他财政收支的审计工作报告，必要时，常务委员会可以对审计工作报告做出

决议。

5. 对备案制度做出规定

备案制度是人大对政府工作进行监督的一个重要手段。《决定》规定"国务院应将全国人民代表大会授权其制定的经济体制改革和对外开放方面有关预算的暂行规定或条例，中央预算与地方预算有关收入和支出项目的划分、地方向中央上解收入、中央对地方返还或者给予补助的具体办法，省、自治区、直辖市政府报送国务院备案的预算的汇总，以及其他应报送的事项，及时报送全国人民代表大会常务委员会备案"。

6. 对预算工作委员会的职责做出规定

预算工作委员会的主要职责包括：一是协助财政经济委员会承担全国人民代表大会及其常务委员会审查预决算、审查预算调整方案和监督预算执行方面的具体工作；二是受常务委员会委员长会议委托，承担有关法律草案的起草工作；三是协助财政经济委员会承担有关法律草案审议方面的具体工作；四是承办有关备案事项的具体工作；五是承办常务委员会、委员长会议交办以及财政经济委员会需要协助办理的其他有关财政预算的具体事项。经委员长会议专项同意，预算工作委员会可以要求政府有关部门和单位提供预算情况，并获取相关信息资料及说明。经委员长会议专项批准，可以对各部门、各预算单位、重大建设项目的预算资金使用和专项资金的使用进行调查，政府有关部门和单位应积极协助、配合。

（三）意义

这是1994年预算法实施以来，全国人大常委会通过的关于加强预算审查监督的一个重要的有关法律问题的决定，有利于全国人大常委会更好地履行宪法和法律所赋予的职责，对于贯彻依法治国基本方略，规范政府预算行为，建设法治财政，维护国家经济安全，促进我国财政民主提高和社会主义法制建设具有重要的意义。

四、《预算法》的修订

（一）背景

1994年《预算法》确定了职权的划分和基本的程序等预算的基本框架，对于规范预算管理，推进依法理财，加强国家宏观调控，发挥了重要作用。但随着我国社会主义市场经济体制和公共财政体制的逐步建立，我国的财政收支规模、结构、财政职能定位等发生了重大变化，特别是2000年开始预算改革以来，推行部门预算、收支两条线、集中支付、政府采购、公开透明等举措，逐步建立政府预算体系，同时社会各方面的期待越来越高，要求预算"硬""全""细"，原预算法难以适应，迫切需要修改完善。而党的十八届三中全会关于财政职能定位的最新论断，全面深化财税体制改革方案的顶层设计与路线图等，都需要1994年《预算法》在立法宗旨、原则、预算管理模式、监督等方面应该有重大突破。因此，修改预算法是规范预算行为，推进预算管理科学化、民主化、法治化的迫切需要，是深化预算制度改革、建立现代财政制度的必然要求，是依法治国、提高国家治理能力的重要保障。

（二）新《预算法》修订的主要内容

1. 突出预算的全面完整性，实现四本预算的全覆盖

现代预算必须是全面的、有清晰分类的、统一的、准确的、严格的、有时效的、有约束力的财政收支计划，它必须经过代议机关批准与授权后方可实施，并公布于众。只有把政府收支最后统一到一本账里，才能确保预算是全面的、统一的、准确的、严格的、有时效的。新《预算法》删除了有关预算外资金的内容，并明确规定政府的全部收入和支出都应当纳入预算。预算包括一般公共预算、政府性基金预算、国有资本经营预算、社会保险基金预算。同时对四本预算功能定位、编制原则及相互关系做出规范。

2. 突出预算公开透明原则，推进预算信息公开

预算公开透明是现代财政制度的基本特征，是实现财政民主和有效财政监督的核心。新《预算法》规定，除涉及国家秘密的事项外，经本级人大或其常委会批准，预算、预算调整、决算执行情况的报告及报表应当在批准后的20日内由政府财政部门向社会公开，并对本级政府财政转移支付的安排、执行情况以及举借债务的情况等重要事项做出说明。各部门预算、决算及报表应当在本级政府财政部门批复后20日内由社会各部门向社会公开，并对其中的机关运行经费的安排、使用情况等重要事项做出说明。

3. 构建预算对政府施政的硬约束机制，凸显预算法治原则

预算是立法机构经过法定程序，通过具有法律约束力的政府年度收支计划，是立法机构控制行政机构施政行为的重要载体。立法机构只有掌握了"管理钱袋子"的权力，才可能对行政机构的施政行为建立硬约束机制，才能有效监督政府的财政行为。新《预算法》规定"在预算执行中，各级政府一般不制定新的增加财政收入或者支出的政策和措施，也不制定减少财政收入的政策和措施；必须做出并需要进行预算调整的，应当在预算调整方案中做出安排"。第37条规定"各级预算支出的编制，应当贯彻厉行节约、勤俭建国的方针，严格控制各部门、各单位的机关运行经费和楼堂馆所等基本建设支出"。

4. 改进预算控制方式，建立跨年度预算平衡机制

原预算法规定预算审查的重点是收支平衡，同时要求预算收入征收部门完成上缴任务。于是在客观上带来预算执行"顺周期"问题，容易导致征收部门在经济增长放缓时，为完成任务收"过头税"，造成经济"雪上加霜"；经济过热时，为不抬高基数搞"藏富于民"，该收不收，造成经济"热上加热"，这既不利于依法征税，也会影响政府"逆周期"调控政策效果。新《预算法》规定各级预算应当根据年度经济社会发展目标、国家宏观调控总体要求和跨年度预算平衡的需要进行编制；为适应经济形势发展变化和宏观调控的需要，新《预算法》强调各级政府应当建立跨年度预算平衡机制。各级政府一般公共预算按照国务院规定可以设置预算稳定调节基金，用于弥补以后年度预算资金的不足。各级政府一般公共预算年度执行中有超收收入的，只能用于重建赤字或者补充预算稳定调节基金。省级一般公共预算年度执行中如果出现短收，通过调入预算稳定调节基金、减少支出等方式仍不能实现收支平衡的，经本级人大及常委会批准，可以增列赤字，报财政部备案，并应当在下一年度预算中予以弥补。

5. 加强地方债务管理，严控债务风险

原预算法规定"地方各级预算按照量入为出、收支平衡的原则编制，不列赤字"。但实际上，地方政府出于发展需要，采取多种方式融资，已经形成较大规模的地方政府债务。这些债务多数未纳入预算管理，脱离中央和同级人大监督，存在一定的风险隐患。新《预算法》仍然规定各级预算按照量入为出、收支平衡的原则编制，但对于地方政府能否发债、发债主体、发债规模、发债用途、发债方式、风险控制、监管机构等问题进行了明确。

6. 完善转移支付制度，推进基本公共服务均等化

1994年分税制改革后我国实行的规范的、公式法的财政转移支付制度对于缩小地区间的财力差距、推进基本公共服务均等化、促进区域经济协调发展起了重要作用。但在执行中存在专项转移支付设置过多、配套资金压力过大、资金下达不及时等问题，为进一步规范和完善转移支付制度，新《预算法》规定：财政转移支付应当规范、公平、公开，以均衡地区间基本财力、由下级政府统筹安排使用的一般性转移支付为主体。建立健全专项转移支付定期评估和退出机制。市场竞争机制能够有效调节的事项不得设立专项转移支付。除按国务院规定应当由上下级政府共同承担的事项外，上级政府在安排专项转移支付时不得要求下级政府承担配套资金。上级政府应当提前下达转移支付预计数，地方各级政府应当将上级政府提前下达的预计数编入本级预算。

7. 强化了预算的绩效原则

新《预算法》第32条规定"预算编制需要参考上一年度预算执行情况、

有关支出绩效评价结果和本年度收支预测,按照规定程序征求各方面意见后进行编制";第56条规定"各级政府、各部门、各单位应当对预算支出情况展开绩效评价"。预算绩效管理工作涵盖了从编制到执行的全过程。

(三) 影响及意义

(1) 新《预算法》的颁布实施,有利于现代财政制度的建设和国家治理能力的提升。一个国家的治理能力在很大程度上取决于它的预算能力。建立现代财政制度的核心是建立现代预算制度。提升国家治理能力,建设现代财政制度,必须从建设现代预算制度入手。因此,新《预算法》的通过,对于建设现代财政制度,提升国家治理能力,在立法层面上提供了充分的法律依据。

(2) 新《预算法》的实施有利于规范政府依法施政,强化对政府权力的监督与制约。党的十八届三中全会明确提出要"把权力关进制度笼子",从而实现对权力运行的制约和监督。以什么为载体来对权力运行进行有效的制约和监督呢?由于政府权力的运行,施政行为的开展离不开预算资金的财力保障,因此管住了政府花钱的行为,控制了政府预算的资金流,也就实现了对政府施政行为的有效控制,可以实现对权力运行的有效制约与监督。

(3) 新《预算法》的实施有利于强化纳税人权利,推进信息公开。预算透明是良好财政治理的关键因素之一,也是实现财政民主和有效财政监督的生命线。新《预算法》将预算信息公开写入法律,有利于强化纳税人权利,为预算信息公开提供充分的法律依据,在政府、社会、公民的国家治理体系中,有利于提升政府执政的公信力。

(4) 新《预算法》的实施有利于提升人大的预算审查监督能力。《预算法》是各级人大审查监督政府预算的基本法律依据,预算审查是人民代表的重要权利。1994年《预算法》的一个突出问题是人大审查内容和审查程序的不完善。而新《预算法》强调了预算的全面完整性,从编制环节就强化四本账本的完整,突出全口径预算管理和绩效管理的理念,有利于人大代表全面审查政府的花钱行为。在人大审查政府预算的内容、程序以及发现问题的惩戒机制建设方面，均有所涉及，有利于推动人大审查政府预算由"形式性审查"向"实质性审查"的转变。

（5）新《预算法》的实施有利于规范政府特别是地方政府举债行为，防范财政风险。新《预算法》增加允许地方政府举借债务的规定，但同时从五个方面做出了限制性规定：一是限制主体，经国务院批准的省级政府可以举借债务；二是限制用途，举借债务只能用于公益性资本支出，不得用于经常性支出；三是限制规模，举借债务的规模由国务院报全国人大或全国人大常委会批准，省级政府在国务院下达的限额内举借的债务，列入本级预算调整方案，报本级人大常委会批准；四是限制方式，举借债务只能采取发行地方政府债券的方式，不得采取其他方式筹措，除法律另有规定外，不得为任何单位和个人的债务以任何方式提供担保；五是控制风险，举借债务应当有偿还计划和稳定的偿还资金来源，国务院建立地方政府债务风险评估和预警机制、应急处置机制以及责任追究制度。这样既坚持了从严控制地方政府债务的原则，又适应了地方经济社会发展的需要，从法律上解决了地方政府债务怎么借、怎么管、怎么还的问题，有利于把地方政府的融资引导到阳光下，建立起规范合理的地方政府举债融资机制；有利于人大和社会监督，防范和化解债务风险。

第三节　我国财政法治化进程的思考与展望

一、思考

财政法治化的具体制度安排的实质是对财政立法，财政执法，国家预算的编制、调整、变更，财政支出，国债，转移支付，税收征收等环节都得有法律规定、制裁措施及纠错机制，权力之间应互相监督、制约，政府权力的行使应尽量法治化、透明化。法治的重要意义在于对政府权力及具体权力的行使做出制度化限制。从我国改革开放近40年财政历史的变迁来看，我国财政法治化进程是一个随着改革开放和市场经济发展逐步得到健全和完善的过程。1994年的分税制改革虽然不是法律且存在许多亟待解决的问题，但它体现了财政管理体制的初步法治化；而1994年《预算法》的颁布则体现了我国财政预算的初步法治化；1999年12月《全国人民代表大会常务委员会关于加强中央预算审查监督的决定》的颁布对于政府预算行为的规范和法治财政的建设具有重要意义；党的十八届三中全会首次明确提出要深化财税体制改革、建立现代财政制度标志全面推进财政法治化建设工作的启动；新《预算法》的实施使得我国财政法治化建设向预算法定迈出了坚实的一步。然而全面的财政法治化包括财政权、财政支出、财政收入、政府债务、财政监督以及财政体制法治化等内容，我国距离全面实现财政法治化还有相当距离，比如缺乏规范财政支出和财政收入的法律、人大对预算的审查和监督以及批准权流于形式等都是没有全面实现财政法治化的表现。

二、展望

全面推进财政法治化建设，把国家的各种财政活动严格限制在法律法规范围内，实现各种财政活动的法治化、规范化和制度化，是贯彻依法治国方略和全面推行依法行政的需要。

由于目前我国财政法律体系还不完善，相关法律规范要么还未出台，要么还停留于原则化、软约束、操作性不强的"半成品"阶段，大量的财政活动，仅以国务院的行政法规作为根据，甚至由效力层次更低的部门规章去规定；财政立法程序不符合公共财政要求、预算公开程度不够、权力意志主导、财政利益分配存在偏向性的现象依然存在。因此，我国全面推进财政法治化建设的任务繁重，未来全面推进财政法治化建设工作重点需要跨过以下障碍：一是财政法治化建设要跨越法律缺位的障碍。税收法定、政府举债法定、人员编制法定、预算法治、监督法治、国有资产和会计工作依法管理、政务信息公开等共同构成完善的财政法规体系，法治财政要求任何一个方面都不应该存在法治"真空"。财政法的健全和完善理论上应包括财政平衡法、财政预算法、财政收入法、财政支出法、财政监督法等法律的出台，需要涵盖财政收入、支出、监督、管理等各个方面。二是财政法治化建设要跨越政府和社会权力结构失衡的障碍。公共财政立法和预算，理应是一个人民参与、社会互动的公共决策过程，要开门立法、预算公开、广纳民意、接受监督。只有这样，制定的财政法规才具有正当性而能得到人民支持。三是财政法治化建设还要跨越政府职能越位的障碍。只有对政府职能和公权的边界进行严格界定，才能避免长官意志、个人好恶主导下耗费财政资源的"乱作为"而增加财政成本，才能避免政府部门分割的利益驱动机制，造成部分政府财政资金包括资产和资源由部门甚至领导人个人垄断，使用方向和范围不受预算约束的不公和腐败现象。财政法治化建设并不局限于财政领域，需要政治体制改革相配套，在法律上"正疆界"，合理界定政府职能范围，既要确保政府尽责所必要的"以财政行政"的经济基础，又要严防政府越位虚耗公款。四是财政法治化建设还要求全社会形成共守正义边界的法治精神。在财政治理上，全社会同样要共同营造出财政法律"超越或卓越的地位"。政府依法聚财、理财、用财是第一要义，公民守法并参与财政正义边界的守护也是法治财政的重要保障，财政法规的威慑力是关键。

回顾与总结：我国财政法治化的发展阶段依次经历无现代财政法治化阶段、财政法治化初期阶段、财政法治化建设展开阶段、全面推进阶段。其中标志我国财政法治化进程的主要事件有1994年《预算法》的颁布通过、1999年10月《会计法》的修订、1999年12月《全国人民代表大会常务委员会关于加强中央预算审查监督的决定》、2014年新《预算法》的修订等。

第三章　财政权力配置法治化

本章导读：通过本章的学习应掌握财政权力配置法治化的意义和内涵，掌握我国财政权力在立法、行政和司法部门配置的现状及不足。第一节从财政分权治理的必要性出发，论述了财政权力配置的含义和必要性。第二节梳理了我国财政权力配置的现行法律规定。这些规定分布在《宪法》《预算法》、国务院制定的行政法规和财政部等部门制定的部门规章。第三节提出了财政权力配置法治化不足和建议。

第一节　财政权力配置的内容

一、财政权力配置的含义

财政权力配置也叫分权型财政权，它是指横向的立法、行政、司法等之间的财权配置和纵向的上下级政府之间的财权配置。

财政权力是一个国家权力的重要组成部分，是国家履行公共事务的基础。之所以要对财政权力配置做出明确的规定并对其行使加以严格的规定，是因为财政权力的配置与制约机制合理化是国家机器正常运转的重要保障。一方面支配财政的权力可以影响到其他部门的日常公务。财政权的规范运用是国家提供公共产品、调控宏观经济、实现公平正义的重要手段。另一方面对财政权的合法配置是防止国家权力过分集中到某一个国家机关的重要内容。如果财政权不能合理分工，那么财政权就有可能成为专制统治的工具。

二、西方财政权力配置的演变

（一）英、法财政权由王权向议会的转移

英、法两国在进入近代之前，在政治体制上差别不大，可以说是起点基本相同。这一起点就是12世纪后期至14世纪初期所建立的等级会议（现代议会的前身）。等级会议常常由君主自己提议，为取得财政上的支持而召开，主要原因在于统治者从自己占有的土地上获得的财政收入，不够支付他应付的款项以及支持他的计划（特别是他的军事计划）的需要。但在等级会议是否能对君主的征税权起到控制的问题上，英国的等级会议在很大程度上控制了君主的征税权，最后走上了立宪主义国家的道路上；而法国的等级会议丧失了控制君主征税的权力，最后走向君主专制主义国家。

（二）财政权的重心由议会向政府的转移

议会掌握财政大权，既是历史形成的结果，也是与当时的自由主义相适应的。对国家财政权的控制，从财政的源头控制好即可，议会担此重任，"掌握人民的钱包"。议会财政权时期，虽然表现为财政议会主义，即重大财政事项必须经过议会审批同意，但其关注财政收入胜于财政支出，议会财政事项的同意权，主要就是征税的同意权，最主要的原则是税收法定主义，与"罪刑法定主义"并列为近代国家的两大法律原则。随着历史的变迁，福利国家的出现以及各国宪法对社会权力的承认，国家的任务与职能才开始大幅度扩张，财政规模空前膨胀，财政作用不再是单纯行政行为的附属物。20世纪之

后，由行政权主导国家基本政策的形成决定的情形十分普遍，称之为"行政国家"现象。相应的，立法权削弱，国会仅担负监控的任务。20世纪七八十年代，福利国家发生了一种制度性、结构性的"财政危机"，即原有的以税收为主要形式的财政收入结构，不能满足财政支出的需要，出现大量赤字，政府开支长期地、大量地依赖债务收入。以布坎南为首的财政学家提出财政立宪主义，主张压缩赤字规模，将预算平衡和相关财政原则写进宪法，以约束政府的权力。这一思想，影响了美国的财政制度的改革和实践，美国等一些国家进行了一系列以平衡预算为手段控制政府规模扩张、约束政府赤字和公债的增长的改革。把财政权在国家各机关以及中央和地方之间进行合理地配置是现代大多数国家宪法的重要内容之一，有的国家如德国、日本的宪法甚至以专章设置。将财政权授予国会、行政部门和法院分别行使并划归中央与地方各级政府分别行使，是宪法的"分权与制衡"精神的体现，确保财政权良好持续发展，保障人民权利。

三、财政权的配置[①]

立法机关的财政权是指对财政法律的专属立法权、对政府财政收支预算法案的审查表决权和对政府财政收支预算法案执行的审查监督权等立法性权力，主要是立法权、决策权、审查权、批准权、监督权。

行政机关（政府）的财政权主要指预算的编制权和预算的执行权。从理论上讲预算编制权应该由代议机关进行行使，但随着不断的实践发展，代议机关实行预算编制的时候存在诸多不便。这主要是因为一些代议机构的技术性和实践性尚不完善，且政府更方便掌握现阶段及将来的财政状况，能够更直接合理地做出有效的预算，同时也更有利于预算编制权最大效率化。因此在现代国家，预算的编制权多归于政府或代议机构与政府共同享有，可以说

[①] 胡芬. 论财政权 [D]. 中国政法大学硕士论文，2007.

政府在预算编制权的行使上扮演着重要角色。预算的执行权由各级政府完成，分为收入和支出两个方面。收入由税、利、债、费构成，支出主要指政府的各项支出活动。

司法机关的财政权是指针对国家机关的财政违宪性审查权和针对所有财政主体的财政违法性裁判权，主要指财政违宪性审批权和财政违法性审批权。

对财政权在立法主体、行政主体和司法主体之间的配置结构是国家财政权力运行的民主政治基础。我国现行法律制度对财政立法、行政和司法三权的配置结构概况如下：立法机关的财政权主要包括财政立法权和财政执法监督权两个层次。行政机关只能根据立法授权进行财政委任立法并依法接受立法监督。立法机关对行政机关的财政执法监督权配置方式有两种：一是各级人大及其常委会监督各级政府财政有关机关遵守、实施宪法、法律及法律性决议的情况；撤销各级政府制定的与宪法、法律相抵的财政法规、规章、决定、命令。二是各级权力机关对国家各级财政机关的财政执法工作实施监督（审查、批准、建议、质询、检查、调查、弹劾），以保证其财政执法的合法性、合理性，使财政执法中发生的违法、不当行为得以及时纠正，从而提高财政执法质量。行政机关的财政权主要包括各级政府及其财政有关部门有权制定、发布财政方面的法规、决议、命令和通知等；有权编制、执行本级政府预算决算；有权对所属各部门和下级人民政府及企事业单位的财政工作进行检查、处罚和复议等监管。司法机关的财政权主要是指法院通过受理财政行政相对人或者人民检察院的诉讼，对财政行政相关主体涉及财政权滥用的违法、犯罪案件进行行政或刑事性裁判的权力。新闻媒体和公众有参与决策权、知情权、监督权等。此外，我国还有准预算机构拥有预算决策权、监督权；预算单位（支出部门）有本部门的预算决策权、编制权、执行权、监督权。

财政权的纵向配置是指财政权在上下级不同政府级次间的配置。下文将对财政权的配置展开详细说明。

(一) 立法机关的财政权

1. 税收立法权

从世界大部分国家的宪法来看，一般都规定了税收法定主义原则，将税收立法赋予立法机关。如日本宪法第 84 条规定："新课征租税或改变现行租税，必须有法律规定或法律规定的条件为依据"。法国《人权宣言》第 14 条则规定："所有公民都有权亲身或由其代表来确定赋税的必要性，自由地加以认可，注意其用途，决定税额、税率、客体、征收方式和时期。"新加坡宪法第 82 条规定："除经法律或根据法律批准外，不得由新加坡或为新加坡之用，征收任何国家税和地方税。"

2. 收费立法权

与课税的法定原则要求不同，收费虽也应遵守法定原则，即费用的取得、使用和持有须在法律的规范内运行，但这种法定原则有别于税收法定原则，税收法定原则强调税在实质和理念上的法律约束，有议会法律保留之要求，而收费只是在形式和制度层面上受到法律的约束即可。具体来说，立法机关应对费的开征从立项、征集到使用的整个程序、费率的成本核算方法、收费的主体资格、收费原则、收费管理与监督等重要事项进行整体立法，将费的开征置于法律的秩序框架下，排除费的任意设定；而具体费的开征由有关行政机关按照法律的规定要求进行。一般来讲，费是政府向公民提供某项公共服务所获取的对价，因此具体费的开征是由政府来进行的，立法机关并无创设具体规费之权，但有可对政府的具体费的开征行使否决和修正的权力。

3. 公债发行立法权

在世界上大多数国家，公债的发行须经议会决议通过，如韩国国会对政府财政行为的监督，其中有一项就是国会的国债同意权，即当政府发行国债，要经过国会的决议和同意。

4. 预算审议权

预算审议权包括审议的主体、范围和程序。不同政体的国家，预算审议权的主体有一些不同。如英国 1911 年的《议会法》第 1 条规定下院独享财政议案的审议权，但在英国内阁制的政体下，内阁享有一定的对议会审议权的制衡权力。而在美国，根据《美国宪法》第 1 条第 9 款第 7 项规定："除根据法律规定的拨款外，不得从国库提取款项。"意味着美国国会独享预算审议权，但对国会审议通过的预算，总统拥有相对否决权进行否决，此时参、众两院均必须以 2/3 的优势才能反否决。尽管英国的内阁和美国的总统享有一定的制衡议会预算审议权的权力，有诸如此类的差异，但议会预算审议权的主体地位是确定无疑的，而且有不断强化的趋势。在我国，中央一级的预算编制权属于国务院，而预算审议权则属于全国人大。在全国人大闭会期间，由全国人大常委会对预算调整方案进行审议；在地方，各级政府拥有预算编制权，本级人大享有预算审议权，在本级人大闭会期间，由本级人大常委会对预算调整方案进行审议。

预算审议权的范围是指立法机关对预算内容是否有增删的修改权力。立法机关是否有增删预算之权，看似不应成问题，但若随意增删预算，则就是对政府的预算编制权构成了侵犯。正因为如此，各国对立法机关预算审议的权限规定不一，大致可分为两类：一类是立法机关享有有限的审议权限，可以否决及删减预算，但增加支出预算或减少国家收入则予以禁止或加以限制；另一类是议会享有完整的审议权限，可以增加或删减政府提出的预算。

预算审议程序是保障和规范预算审议机关依法行使权力的重要依据，是国家财政资金运用有效的重要保障。程序的规范化和有效性直接关涉预算是否能真正起作用。在很多国家如英国、美国、德国等国，预算审议都采用严格的立法程序来进行。以英国为例，英国下院对财政议案的审议过程与其他政府议案的审议过程大致相同，要经过一读、二读、委员会阶段、三读、报告等阶段。不仅如此，预算审议程序还延伸至审议前的预算编制过程中，设立专门机构进行事先初步审查和把关，为议会正式审议提供预算质量的保证。

5. 预算监督权

由于预算法案的性质不同于一般法律，因此预算案得到破坏的可能比较大，因此对政府执行预算的过程必须加以持续监督。具体内容包括：立法机关享有知悉权，有权了解财政资金的运行情况；享有质询权，有权要求政府定期报告政府执行预算的情况和对重大事项的临时报告义务；享有调查权，有权对预算执行过程存在的问题进行调查，并提出意见和建议，督促政府采取相应措施。

(二) 行政机关的财政权

行政机关（政府）财政权在各国宪法中有明确具体的规定，主要有预算编制权和预算执行权。

1. 预算编制权

政府编制预算，应遵循以下要求：（1）完整性原则，即国家预算应包括全部财政收支，反映全部财政活动。完整性原则要求预算完整包括所有可期待的收入和所有预定支出，禁止"暗箱操作"；（2）年度性原则，即国家预算必须按照预算年度编制，不应当把本年度预算以外的财政收入纳入本年度预算之中；（3）依法编制原则，即政府编制预算必须按照法定的程序和方法编制预算；（4）禁止对立法机关与司法机关的预算删减。

2. 预算执行权

政府天然是实施预算的需求者与实施者。政府执行预算应依据议会通过的预算案，既要保证各项税收和其他缴款足额、及时地上交预算，不得截留、占用或者挪用预算收入，也要按照批准的预算案执行支出，不得截留预算收入，也不得挪作他用。从权力内容来看，政府的预算执行权具体包括：税收征管权、收费权、国债发行权、财政支出执行权等。

专栏　预算权的配置

预算权的配置是预算法要解决的基础问题。行政机关和立法机关是预算权配置中张力最大的两个部门，希克在描述美国预算时说道，"预算就是美国政治一个常年不断的战场"。除去行政机关和立法机关的权力分配，公民和利益团体在预算全过程中的权利、行政机关内部预算权力的配置以及立法机关内部权力的配置都是预算权配置需要解决的问题。预算权配置模式的不同折射出迥异的立法理念。以美国为例，美国联邦预算权的配置经历了三个阶段：一是国会主导阶段（1789~1921）：这一阶段被称为古典预算时期。这一时期预算的主要特点是由立法机关主导预算的编制、审查，政府只是被动地执行。由于预算管理的过于集中，美国的预算被辛辣地讽刺为"一堆杂乱无章的事后报账单"。二是总统主导阶段（1921~1974）：依据1921年《预算及会计法》（Budget and Accounting Act）规定，联邦政府预算应由总统负责编制，完成后向国会提出。改变了百余年来由各单位编制预算并直接向国会提出之做法。随之为应对总统编制预算之需要，政府成立了联邦政府预算局（Beaurau of Budget BOB），隶属于财政部之下，负责协助总统进行预算编制。三是国会和总统共同控制阶段：1974年，《国会预算及截留控制法案》（Congressional Budget and Impoundment Control Act）颁布，这部法的实施带来美国社会巨大的变化。第一，国会众参两院分别设立了预算委员会，负责有关整体预算的审议工作，而且相互协调，使立法者能对预算做一全貌的审视，以防预算失去控制。第二，国会预算局（Congressional Budget Office，CBO）应运而生。聘请经济、财政、预算等专业人才，分析行政部门所提出的预算内容，为国会提供预算审议的建议。第三，对总统所拥有的一系列权力进行限制。如行政部门拖延支出的限制、对总统预算扣押权的限制等。这些变化正如著名的管理学者卡恩所言："公共预算不仅仅是配置政府资源的技术工具，它们也是塑造公共生活、国家制度以及两者之间关系的文化建构。"值得一提的是，在1974年以后，美国政府继续颁布了一系列法律，进一步夯实了国会和总统对预算的共同控制权。如1985年的《预算平衡及紧急赤字控制法案》、1990年的《预算强制法》、1993年的《政府绩效预算与成果法案》、2004年的《支出控制法》等。

美国的经验昭示着一个简单而直白的道理：预算权的配置与法治如影相

随,"公共预算从来就不是一个简单的技术问题,而是一个国家重大的政治问题"。虽然国会和总统都参与预算的过程,但是预算最核心的权力还是牢牢掌握在国会手中,总统拥有的只是预算的建议权,除了审批权、监督权专属于国会以外,国会可以全盘否定总统的预算提案。

资料来源:黎江虹. 新《预算法》实施背景下的预算权配置 [J]. 税务研究, 2015 (1): 73-78.

(三) 司法机关的财政权

1. 司法审查权

司法机关的司法审查权体现在财政领域中就是处理公民与有关行政机关之间的财政领域纠纷。一般各国就公民对税捐稽征机关所做出的有关课税处分不服,认为其有违法或不当之情形,规定了公民可提出行政诉讼之救济,由司法机关对公民与税捐稽征机关之间的财政领域纠纷进行司法审查。我国《税收征收管理法》规定"纳税人、扣缴义务人、纳税担保人同税务机关在纳税上发生争议时,必须先依照税务机关的纳税决定缴纳或解缴税款及滞纳金或提供相应的担保,然后可以依法申请复议;对行政复议决定不服的,可以依法向人民法院起诉"。

2. 司宪审查权

司法机关在财政领域中的司宪审查权,主要体现两个领域:一是公民与立法部门之间的财政领域纠纷;二是立法部门与行政机关的财政权纠纷。由于我国大陆法院尚无司宪审查权,以下仅就我国台湾地区和美国的情况进行简要探讨。长期以来,人们通过"无代表不纳税"的法律保留来制约税收,保障公民的财产权,起到了良好的效果。但是,由于税法轮廓的模糊化,税法立法者支出意愿的加强,议会之外制定税法等,都使得税法难免侵犯人民的基本权。因此,税法出现了由立法控制走向司法审查的趋势,税法需以宪法标准予以衡量或具体化。在实行司宪审查权的国家,公民对立法部门制定的税法有不当侵害到其基本权利,可以提起宪法诉讼,由司法机关来对其进行司宪审查,将司宪审查对纳税人权利保护的功能发挥到极致。如我国台湾地区对税法受到的合宪性审查进行研究较多,分实体法上的合宪性审查和程序法上的合宪性审查,前者的审查包括对特定租税客体之负担是否该当,对整体财产之税负是否合理正常;后者就程序上的规定对公民的基本权行使构成不当限制进行审查,如对限制欠税人出境制度合宪性之审查、对税收复查限制之"违宪"审查等。

对于立法部门与行政机关的财政权纠纷可由司法机关进行有限度的司宪审查。如在美国,法院经常要充当国会与总统之间权力的仲裁者,进行权力的合宪性确认。例如,20世纪70年代初,国会和尼克松总统曾就预算重点激烈争执。尼克松总统声称国会无权控制支出和赤字,他拒绝将数十亿美元划入基金,虽然该款项已经依照法律被划拨,尼克松以此想维护自己的重点支出。国会认为总统的行为无异于获取空前的预算权力。国会议员将总统告上法庭,最后大多数所谓的截留决定都被推翻了。当然,由于财政政策的宏观性和泛政治化,法院很多时候对国会与政府之间的财政权限一直持保守与观望态度。

(四) 中央与地方财政权的划分

财政权在中央与地方的纵向分配主要分四个方面,即税收立法权、收费立法权、国债发行权和财政支出权。

1. 税收立法权

按照税收法定原则的要求,对于征税的重要事项均应由国家立法机关以法律规定。因此在世界各国,税收立法权一般集中在中央,地方在确定税基、税率等方面的权力十分有限。如日本,税收立法权集中在中央,仅在税率以及一些小税种是否征收等方面给地方自主选择权;在法国,税收的立法权属于议会,各项税收法律必须得到议会的批准才能颁布实施,税种的设置、纳税人、课税对象以及包括开征税、征收范围和如何分配税收收入等,都由国家统一在税法中予以明确规定,地方必须执行国家的税收政策和法令,但也有一定的机动权力，包括制定地方税收的税率，决定开征必要的捐税和对纳税人采取免税措施。相对来说，在德国和美国等联邦制国家，地方税收立法权要大一些。德国地方有权决定某些地方性税种的开征、停征、减免税收优惠政策等，但一些较大税种的开征或停征及其征税对象、税收分配等都须由联邦会议确定统一立法，联邦拥有优先立法权。美国实行彻底的分税制，联邦政府、州政府和州以下地方政府都有独立的税收立法权，各级议会可在宪法框架下确定自己的税法与税制。

总的来说，税收立法权强调应上收，因为就其对社会经济和国民生活水准的影响而言，税收立法权是课税权中最为重要的一项权力。如果中央没有税收立法权，就无法保证全国税法和税制的统一，也无法进行收入再分配来缩小地方差距、协调地方经济发展。各国也赋予地方一定的税收立法权。不过地方税收立法权的行使范围和方式都受不同程度上的限制：（1）对全国统一开征、税基流动性较大，与稳定国民经济、调整收入再分配或与自然资源有关的地方税种，地方无权进行立法，仅能在中央授权的范围内对税目、税率、起征点等拥有一定的微调权。（2）对作用范围仅限于地方，对全国统一市场没有多大影响的地方小税种，地方立法机关可根据当地具体情况，在本行政区域内开征一些新的地方税种，但不得损害国家整体利益及其他地方公共利益。（3）地方也可以依法对地方性税收采取临时性减免措施。不管地方立法机关是否享有以及享有多大的税率调整权、开征停征权、税收减免权、加征权等，都是要依照法律进行，都要受到法律的规制。

2. 收费立法权

费的具体开征由政府依法进行，立法机关负责对费的开征程序、费率的成本核算方法、收费的主体资格、原则、管理与监督等重要事项进行立法规制。关于收费立法权在中央立法机关与地方立法机关的分配，由于费主要是由地方政府提供公共服务所享有的收入，因此，与税收立法权集中在中央、地方享有十分有限的税收立法权相反，地方立法机关可在不违背基本法律的前提下就费的开征程序、收费标准、收费管理与监督、减轻或免除等进行具体细致的立法规定，并对地方收费事项的范围进行界定，享有较大的收费立法权。

3. 国债发行权

中央立法机关对公债的发行条件、程序和范围等方面进行立法规定后，地方立法机关理应就公债发行进行立法。地方立法机关基本享有比较独立的收费立法自主权，但公债发行立法权却不是各国地方立法机关都享有的，视各国的法律规定而定。一般而言，联邦制国家地方立法机关享有较独立的公债发行立法权，如俄罗斯，民族国家和行政地区的债务形式和发行条件由民族国家和行政地区独立决定，但民族国家和行政地区的债务若不经联邦政府担保，联邦政府对其不承担责任。而单一制国家则享有有限或不享有公债发行立法权。如日本《地方财政法》第5条规定"地方政府的财政支出必须以地方债以外的收入作为财源……仅限于一定的情况下可以以地方债为财源"，地方发债仅限于一定的支出项目，且具体发债还需经过中央政府和本级议会的审批。

4. 财政支出权

在事权以及支出权的划分方面，各国都是以宪法为基础，辅之相应的法律对中央与地方的事权及支出权作出相应的规定。如美国除联邦宪法作出明确规定外，又通过大量的司法判例对中央与地方的事权予以进一步界定。德国《基本法》对联邦与州的权力划分也有明确的规定。日本通过宪法和《地方自治法》，法国通过宪法以及《地方分权法》等一系列法律对中央与地方的事权作出划分。中央与地方事权的划分，决定了它们各自财政支出权的大小。

第二节　我国财政权力配置的现行法律规定

目前，我国虽然还没有制定财政基本法，但有关财政活动的基本原则、各有关国家机关的财政权限等内容在《宪法》《预算法》等法律中均有一些规定。

财政收入方面的法律有：《中华人民共和国企业所得税法》《中华人民共和国车船法》《中华人民共和国个人所得税法》。其他法律规章中有国务院制定的《关于加强预算外资金管理的决定》《增值税暂行条例》《消费税暂行条例》《营业税暂行条例》《进口关税条例》《车船法实施细则》等。此外还有财政部制定的各种税的配套实施细则等财政部规章和规范性文件。

财政支出方面的法律法规有：《中华人民共和国采购法》。国务院制定的《中华人民共和国政府采购条例》、财政部制定的《政府采购货物和服务招标投标管理办法》等。

财政管理是政府为实现其职能，运用一定手段，对财政分配及相关经济活动过程进行的决策、计划、组织、协调等活动。目前，我国财政管理法律制度包括预算管理、税收征收管理、财务管理和会计管理等几方面法律制度。财政管理法律制度有：《预算法》《中华人民共和国税收征管法》《会计法》。国务院制定的有：《税收征管法实施细则》。

财政监督方面的主要有：财政部制定的《财政部门监督办法》《财政监督机构工作暂行规定》《财政检查工作办法》等。

1994年的分税制改革前所未有地重新配置了我国的财政权力。一是中央和地方在事权上的纵向分权，即以事权定支出，在划分事权基础上划分中央和地方的财政支出范围。中央财政承担国家安全、外交、中央国家机关和行政部门运转经费，国民经济结构调整和地区发展协调以及其他全国性宏观调控和中央直接管理事务所需；地方主要承担地方各级行政部门运转经费以及本地区经济、事业发展所需。二是收入权的划分，即以税种定收入，分中央税、地方税和共享税三大类，固定中央和地方收入范围。增值税（中央、地方共享比例分别为50%∶50%）、资源税（海洋石油资源收入归中央，其他资源收入归地方）和证券交易税（中央、地方各享一半）为共享税。从2002年起，企业所得税和个人所得税由地方税变为中央和地方共享税种，这极大地影响了地方政府与企业的关系，不但保证中央财政收入随地方财政收入增长而增长，还使财政收入占 GDP 的比重随地方经济发展而不断提高。三是机构设置。分设中央和地方税务机构，国税、地税分别征管；三级财政征收（中央、省区、县市），四级财政使用（中央、省区、县市、区乡）。中央税为全国统一税；地方税为省区统一税。国税征收中央固定收入和共享收入，地税征收地方固定收入。分设机构不完全是税收权的中央集权，但向上集中成为一项基本原则，保障了中央的收入来源及其至高无上的法律优越地位。如果事权与财权不匹配，则的确会出现"税权逐级上收、事权逐级下放"的局面。四是财政权力的平衡，即实行中央对地方的税收返还和转移支付制度。税收返还以 1993 年为基数，按实施分税制后地方净上划中央的数额（增值税加消费税的 75% 减中央下划收入），确定中央对地方的税收返还基数。从 1994 年起，每年递增返还，按各地区当年上划收入增长率 1∶0.3 系数确定递增率。从 1995 年起，实行"过渡期转移支付办法"，中央财政从收入增量中拿出部分资金，选取对地方财政收支影响较为直接的客观因素与政策因素，并考虑各地的收入努力程度，确定转移支付补助额，重点用于解决地方财政运行中的主要矛盾与突出问题，并适度向民族地区倾斜。税收返还和转移支付制度旨在调节地区间的财力分配，一方面既要保证发达地区组织税收的积极性，另一方面又要将部分收入转移到不发达地区去，以实现财政制度的地区均等化目标。五是过渡期配套措施。主要内容包括保留并适当调整原体制上的解决和补助办法，采取过渡措施解决减免税和开发区优惠问题，核定各地区的资金调度比例，保证地方正常开支，下达两税增长目标确保完成国家预算任务。1993 年 12 月国务院制定了《关于实行分税制财政管理体制的决定》，调整了原有的地方财政包干体制，明确了中央与地方事权划分，界定了各级财政支出范围，统一划分了税种，建立了中央税收和地方税收体系，逐步实施了较为规范的税收返还和财政转移支付制度，健全和强化了预算约束。《关于实行分税制财政管理体制的决定》以行政法规的形式规定了中央与地方的财政关系。

专栏　我国财政权力配置的现行法律规定

一、宪法规定

第五十七条　中华人民共和国全国人民代表大会是最高国家权力机关，它的常设机关是全国人民代表大会常务委员会。

……

第六十二条　全国人民代表大会行使下列职权：

……

（九）审查和批准国民经济和社会发展计划和计划执行情况的报告；

（十）审查和批准国家的预算和预算执行情况的报告；

……

第六十七条　全国人民代表大会常务委员会行使下列职权：

（一）解释宪法，监督宪法的实施；

（二）制定和修改除应当由全国人民代表大会制定的法律以外的其他法律；

（三）在全国人民代表大会闭会期间，对全国人民代表大会制定的法律进行部分补充和修改，但是不得同该法律的基本原则相抵触；

（四）解释法律；

（五）在全国人民代表大会闭会期间，审查和批准国民经济和社会发展计划、国家预算在执行过程中所必须作的部分调整方案；

……

第八十九条　国务院行使下列职权：

（一）根据宪法和法律，规定行政措施，制定行政法规，发布决定和命令；

……

（五）编制和执行国民经济和社会发展计划和国家预算；

……

第九十一条　国务院设立审计机关，对国务院各部门和地方各级政府的财政收支，对国家的财政金融机构和企业事业组织的财务收支，进行审计监督。

……

第九十六条　地方各级人民代表大会是地方国家权力机关。

……

第九十九条　……县级以上的地方各级人民代表大会审查和批准本行政区域内的国民经济和社会发展计划、预算以及它们的执行情况的报告；……

二、法律规定

中华人民共和国预算法（2014年修正）第二章预算管理职权：

第二十条　全国人民代表大会审查中央和地方预算草案及中央和地方预算执行情况的报告；批准中央预算和中央预算执行情况的报告；改变或者撤销全国人民代表大会常务委员会关于预算、决算的不适当的决议。

全国人民代表大会常务委员会监督中央和地方预算的执行；审查和批准中央预算的调整方案；审查和批准中央决算；撤销国务院制定的同宪法、法律相抵触的关于预算、决算的行政法规、决定和命令；撤销省、自治区、直辖市人民代表大会及其常务委员会制定的同宪法、法律和行政法规相抵触的关于预算、决算的地方性法规和决议。

第二十一条　县级以上地方各级人民代表大会审查本级总预算草案及本级总预算执行情况的报告；批准本级预算和本级预算执行情况的报告；改变或者撤销本级人民代表大会常务委员会关于预算、决算的不适当的决议；撤销本级政府关于预算、决算的不适当的决定和命令。

县级以上地方各级人民代表大会常务委员会监督本级总预算的执行；审查和批准本级预算的调整方案；审查和批准本级决算；撤销本级政府和下一级人民代表大会及其常务委员会关于预算、决算的不适当的决定、命令和决议。

乡、民族乡、镇的人民代表大会审查和批准本级预算和本级预算执行情况的报告；监督本级预算的执行；审查和批准本级预算的调整方案；审查和批准本级决算；撤销本级政府关于预算、决算的不适当的决定和命令。

第二十二条

……

设区的市、自治州人民代表大会有关专门委员会对本级预算草案初步方案及上一年预算执行情况、本级预算调整初步方案和本级决算草案进行初步审查，提出初步审查意见，未设立专门委员会的，由本级人民代表大会常务委员会有关工作机构研究提出意见。

县、自治县、不设区的市、市辖区人民代表大会常务委员会对本级预算草案初步方案及上一年预算执行情况进行初步审查，提出初步审查意见。县、自治县、不设区的市、市辖区人民代表大会常务委员会有关工作机构对本级预算调整初步方案和本级决算草案研究提出意见。

……

全国人民代表大会常务委员会和省、自治区、直辖市、设区的市、自治州人民代表大会常务委员会有关工作机构，依照本级人民代表大会常务委员会的决定，协助本级人民代表大会财政经济委员会或者有关专门委员会承担审查预算草案、预算调整方案、决算草案和监督预算执行等方面的具体工作。

……

第二十四条　县级以上地方各级政府编制本级预算、决算草案；向本级人民代表大会作关于本级总预算草案的报告；将下一级政府报送备案的预算汇总后报本级人民代表大会常务委员会备案；组织本级总预算的执行；决定本级预算预备费的动用；编制本级预算的调整方案；监督本级各部门和下级政府的预算执行；改变或者撤销本级各部门和下级政府关于预算、决算的不适当的决定、命令；向本级人民代表大会、本级人民代表大会常务委员会报告本级总预算的执行情况。

乡、民族乡、镇政府编制本级预算、决算草案；向本级人民代表大会作关于本级预算草案的报告；组织本级预算的执行；决定本级预算预备费的动用；编制本级预算的调整方案；向本级人民代表大会报告本级预算的执行情况。

经省、自治区、直辖市政府批准，乡、民族乡、镇本级预算草案、预算调整方案、决算草案，可以由上一级政府代编，并依照本法第二十一条的规定报乡、民族乡、镇的人民代表大会审查和批准。

第二十五条　国务院财政部门具体编制中央预算、决算草案；具体组织中央和地方预算的执行；提出中央预算预备费动用方案；具体编制中央预算的调整方案；定期向国务院报告中央和地方预算的执行情况。

地方各级政府财政部门具体编制本级预算、决算草案；具体组织本级总预算的执行；提出本级预算预备费动用方案；具体编制本级预算的调整方案；定期向本级政府和上一级政府财政部门报告本级总预算的执行情况。

第二十六条　各部门编制本部门预算、决算草案；组织和监督本部门预算的执行；定期向本级政府财政部门报告预算的执行情况。

各单位编制本单位预算、决算草案；按照国家规定上缴预算收入，安排预算支出，并接受国家有关部门的监督。

……

第四章　预算编制

第三十一条　国务院应当及时下达关于编制下一年预算草案的通知。编制预算草案的具体事项由国务院财政部门部署。各级政府、各部门、各单位应当按照国务院规定的时间编制预算草案。

第三十二条　各级预算应当根据年度经济社会发展目标、国家宏观调控总体要求和跨年度预算平衡的需要，参考上一年预算执行情况、有关支出绩效评价结果和本年度收支预测，按照规定程序征求各方面意见后，进行编制。

……

第三十三条　省、自治区、直辖市政府应当按照国务院规定的时间，将本级总预算草案报国务院审核汇总。

……

第四十三条　中央预算由全国人民代表大会审查和批准。

地方各级预算由本级人民代表大会审查和批准。

第四十四条　国务院财政部门应当在每年全国人民代表大会会议举行的四十五日前，将中央预算草案的初步方案提交全国人民代表大会财政经济委员会进行初步审查。

省、自治区、直辖市政府财政部门应当在本级人民代表大会会议举行的三十日前，将本级预算草案的初步方案提交本级人民代表大会有关专门委员会进行初步审查。

……

县、自治县、不设区的市、市辖区政府应当在本级人民代表大会会议举行的三十日前，将本级预算草案的初步方案提交本级人民代表大会常务委员会进行初步审查。

第四十五条　县、自治县、不设区的市、市辖区、乡、民族乡、镇的人民代表大会举行会议审查预算草案前，应当采用多种形式，组织本级人民代表大会代表，听取选民和社会各界的意见。

……

第五章　预算审查和批准

第四十七条　国务院在全国人民代表大会举行会议时，向大会作关于中央和地方预算草案以及中央和地方预算执行情况的报告。

地方各级政府在本级人民代表大会举行会议时，向大会作关于总预算草案和总预算执行情况的报告。

第四十八条　全国人民代表大会和地方各级人民代表大会对预算草案及其报告、预算执行情况的报告重点审查下列内容：

（一）上一年预算执行情况是否符合本级人民代表大会预算决议的要求；

（二）预算安排是否符合本法的规定；

（三）预算安排是否贯彻国民经济和社会发展的方针政策，收支政策是否切实可行；

（四）重点支出和重大投资项目的预算安排是否适当；

（五）预算的编制是否完整，是否符合本法第四十六条的规定；

（六）对下级政府的转移性支出预算是否规范、适当；

（七）预算安排举借的债务是否合法、合理，是否有偿还计划和稳定的偿还资金来源；

（八）与预算有关重要事项的说明是否清晰。

第四十九条　全国人民代表大会财政经济委员会向全国人民代表大会主席团提出关于中央和地方预算草案及中央和地方预算执行情况的审查结果报告。

省、自治区、直辖市、设区的市、自治州人民代表大会有关专门委员会，县、自治县、不设区的市、市辖区人民代表大会常务委员会，向本级人民代表大会主席团提出关于总预算草案及上一年总预算执行情况的审查结果报告。

……

第五十一条　国务院和县级以上地方各级政府对下一级政府依照本法第四十条规定报送备案的预算，认为有同法律、行政法规相抵触或者有其他不适当之处，需要撤销批准预算的决议的，应当提请本级人民代表大会常务委员会审议决定。

第五十二条　各级预算经本级人民代表大会批准后，本级政府财政部门应当在二十日内向本级各部门批复预算。各部门应当在接到本级政府财政部门批复的本部门预算后十五日内向所属各单位批复预算。

……

第六章　预算执行

第五十三条　各级预算由本级政府组织执行，具体工作由本级政府财政部门负责。

各部门、各单位是本部门、本单位的预算执行主体，负责本部门、本单位的预算执行，并对执行结果负责。

第五十四条　预算年度开始后，各级预算草案在本级人民代表大会批准前，可以安排下列支出：

（一）上一年度结转的支出；

（二）参照上一年同期的预算支出数额安排必须支付的本年度部门基本支出、项目支出，以及对下级政府的转移性支出；

（三）法律规定必须履行支付义务的支出，以及用于自然灾害等突发事件处理的支出。

根据前款规定安排支出的情况，应当在预算草案的报告中作出说明；

预算经本级人民代表大会批准后，按照批准的预算执行；

……

第七章　预算调整

第六十七条　经全国人民代表大会批准的中央预算和经地方各级人民代表大会批准的地方各级预算，在执行中出现下列情况之一的，应当进行预算调整：

……

第九章　监督

第八十三条　全国人民代表大会及其常务委员会对中央和地方预算、决算进行监督。

县级以上地方各级人民代表大会及其常务委员会对本级和下级预算、决算进行监督。

乡、民族乡、镇人民代表大会对本级预算、决算进行监督。

三、行政法规

2015 年财政部颁布的规范性文件《关于加强中央部门预算评审工作的通知》《中央部门预算绩效目标管理办法》《关于完善政府预算体系有关问题的通知》等。

财政部规章，《财政部门监督办法》第 3 章第 16 条财政部门依法对下列事项实施监督：

（一）财税法规、政策的执行情况；

（二）预算编制、执行、调整和决算情况；

（三）税收收入、政府非税收入等政府性资金的征收、管理情况；

（四）国库集中收付、预算单位银行账户的管理使用情况；

（五）政府采购法规、政策的执行情况；

（六）行政、事业单位国有资产，金融类、文化企业等国有资产的管理情况；

（七）财务会计制度的执行情况；

（八）外国政府、国际金融组织贷款和赠款的管理情况；

（九）法律法规规定的其他事项。

第三节 我国财政权力配置法治化存在的问题及改进建议

一、现行财政权力配置法治化存在的问题

（一）各级人大的预算审批和监督权不充分

一是虽然现行《预算法》以专章的形式就"预算审查和批准"作了规定，但规定过于简单，五个条文仅涉及各级政府预算草案由谁审批、向谁备案，而对预算审查的程序如预算初审、大会会议审查等缺乏具体规定。二是预算审查的时间过短，如每年全国人民代表大会会期一般在 15 日以内，而预算审查的时间不到一周。在这么短的期间内，权力机关显然无法对具有高度专业性的预算草案进行实质审查。与此同时，预算审查的专业性、技术性、政策性比较强，但全国人大特别是地方人大预算审查人员不足问题较为普遍。三是人大预算草案修正权缺失。现行《预算法》只赋予了全国人大对政府预算草案的审查和批准权，但未赋予人大对政府预算草案的修正权，再加上缺乏单项表决制度，使得人大代表即使对政府预算草案的部分内容不满意，也无法对该部分提出修正案，而最多只能就整个政府预算草案做出反对或者弃权的决定[1]。20 世纪 80 年代，在特定的政治、经济状况下，全国人大及其常

---

[1] 华国庆.全口径预算——政府财政收支行为的立法控制[J].法学论坛，2014（3）.

委会曾两次对国务院进行授权立法，其中，1985年的授权至今仍有效。这在客观上推进了我国的财经体制改革，具有一定的必要性。但是对授权立法使用不当，缺乏有效的制约监督机制，过度的授权立法导致行政权力难受制约，带来了诸多弊端。例如，预算执行公开性较差，每年的预算公开多数是表面化粗略化的公开，缺乏细致和实质公开。在财税法律草案的起草过程中，应发挥全国人大有关部门的牵头作用，避免国务院甚至国务院下放给行政部门起草的现象。部门立法的弊端主要体现在：其一，部门立法难免会涉及本部门的利益和立场，这将造成法律的部门利益化，且法律草案的公正性往往会受到公众的质疑。其二，部门与部门之间缺乏有效的利益协调和统一平台，容易引发部门之间的争执，导致法律难以顺利、高效地通过。

现行《宪法》《预算法》《预算法实施条例》《监督法》等虽涉及预算监督，但由于这些法律有其自身独特的规范对象，对预算监督的职责权限、监督范围和内容、监督程序和步骤等并无详细规定。依据《预算法》《监督法》等规定，中央及地方各级人民代表大会及其常务委员会有权依法对政府预算执行情况进行监督。与其他形式的监督相比，权力机关的预算监督是最高层次的监督。近几年来，我国各级权力机关围绕预算监督进行了不少改革尝试，但基本上还处于程序监督阶段，监督乏力的问题较为普遍。在我国，省级人大和大部分地市级人大建立了财经委员会和预算委员会，搭建了对全口径预算决算审查和监督的机构，但尚有较大比例的区县级人大仍未建立预算委员会，其对预算决算的审查主要通过财经委员会及其预算工作小组来完成。同时，基层人大预算委员会大部分仅有3~5人，且部分工作人员缺乏财政工作经验和财务审计能力，导致其无法对预算决算进行有效的审查和监督[1]。新《预算法》第44条、第48条、第49条的规定只聚焦在赋予人大及其常设机构初步审查权和重点审查权，但对人大是否可以改变预算草案中的实质内容、政府如果不依照人大的意见作出修改该如何处理等问题几乎没有涉及。如果

---

[1] 周克清. 加强人大对全口径预算决算审查和监督 [J]. 财政监督，2014 (15).

人大内部机构设置、技术人员配备、讨论和审核时间、投票表决机制等一系列制度不能予以配套的话,立法机关的监督仍旧会呈现虚化状态。

(二) 准预算部门权力过大

准预算部门如国家发改委,存在一定的预算权力。如资金分配权、项目建议权及审批权、监督权等,这些权力最终落实到一些司局的职责中,具体表现在:固定资产投资司安排中央财政性建设资金,按国务院规定权限,审核重大建设项目;利用外资和境外投资司审核外商投资重大项目、境外资源开发类重大投资项目和大额用汇投资项目;西部开发司提出西部地区重点基础设施建设、生态环境建设、重大项目布局等建议并协调实施;东北振兴司提出老工业基地调整改造、资源型城市可持续发展、重大项目布局等建议并协调实施;农村经济司综合分析农业和农村经济发展情况,提出重大项目布局建议并协调实施;高新技术产业司组织重大产业化示范工程,组织推动技术创新和产学研联合;资源节约与环境保护司组织协调重大节能减排示范工程和新产品、新技术、新设备的推广应用;重大项目稽察特派员办公室组织开展对重大建设项目的稽察,跟踪检查相关行业和地方贯彻执行国家投资政策和规定情况,组织开展对中央财政性建设资金投资安排实施情况的监督和检查。同时,对违规问题,按国家有关规定提出处理意见。国家发改委所辖各司局都在不同程度上、不同范围内拥有着部分公共资金的支配权。以上仅对国家发改委的预算权进行分析,事实上中央各部委都有不同程度的预算权,如农业、科技等部门都有一定程度的资金分配权,故而这些部委可以称为准预算单位,它们与财政部门一起构成了整个预算部门体系。这些准预算部门的存在,造成了预算权的碎片化,使得原本统一于财政部门的预算权分散于或部分分散于该部门,这在不同程度上影响到预算的完整性、准确性和法律性。①

---

① 周劲松. 公共预算权力配置问题研究 [D]. 财政部财政科学研究所博士论文, 2012, P. 118.

(三) 预算缺乏监督和制约机制

目前，我国的预算监督基本上都属于预算体制内部的监督，主要以行政监督为主。从监督权的角度来说，社会各个阶层、各个机构都应该享有对预算的监督权。目前存在着民众参与度相对较低和社会公众及媒体参与的监督实质难以保障的问题。公共预算，取之于民，用之于民，因此保证民众的广泛参与性是十分必要的，这也是宪法赋予公民的权力。

其他预算主体，如预算单位、司法部门却不能拥有对预算的监督权，这是不合理的。允许预算单位、司法部门拥有预算监督权，有利于提高政府部门自我监督的积极性，有利于司法部门更好地行使其监察权、检控权和审判权，有利于提高预算的科学性和合理性。

二、我国财政权力配置法治化的建议

(一) 加强财政法律建设，打造法治财政

面对我国在财政收入、财政支出和财政管理等领域中的诸多立法空白，应当在立法条件成熟之时陆续制定相关的法律，并逐步将已有的行政法规上升为财政法律。完善我国的财政法律体系，应当形成一个以财政基本法为统领、以财政实体法和财政程序法为骨干，包括财政收入法、财政支出法、财政管理法、财政监督法等内容，各组成部分层次分明、结构完整、有机联系的统一整体。

一是积极推动各项财税立法。抓紧开展或推动预算法实施条例及财政转移支付、国有资本经营预算、政府会计、政府债务管理、政府综合财务报告等方面立法工作。二是认真落实税收法定原则的有关要求。目前我国17大税种中，只有3大税种予以立法，其他税种都是由人大授权国务院以办法或者规定的方式颁布，其法律层次较低。所以，应该建议人大收回税收立法权，

以法律的方式对各税种进行规范；加快对各个税种的立法，将尚未制定为法律的税种立法尽快全部上升为法律，争取早日实现"一税一法"。由于立法的人力、物力、财力有限，现阶段我国税种立法应当突出重点、区分先后次序，将《增值税法》《资源税法》《房产税法》等税种法成为抓紧、优先立法的对象。三是加快推进注册会计师法、政府采购法实施条例等其他财政法律法规的立法工作，构建覆盖财税体制、财政收入制度、财政支出制度、财政管理制度的全方位、广覆盖、多层次的财税法律制度体系。

提升财税法律制度的质量。更加强调财税法律制度建设的科学性、民主性、协调性与渐进性；认真落实财政部规范性文件合法性审查制度，及时开展对涉及行政审批等事项的制度文件的清理与规范，提升财税制度整体的协同性与规范性。

（二）强化全国人大的财政权力

1. 由全国人大有关部门牵头财税法律草案的起草

在全国人大发挥统率、主导作用的前提下，充分吸纳财政部、国家税务总局、海关总署等行政部门的专业人士参加法律起草工作，有助于充分发挥相关行政部门在人才、经验等方面的资源优势；还可以由相关领域的专家学者负责或者参与草案的起草，以提高立法的科学性和专业性。

2. 全国人大工作重点向预算监督及审批权的适度转移

一是加强并落实立法机关的预算权，合理分配、平衡处理立法机关与行政机关之间的预算权力关系。全国人大亟须转变观念，要充分认识到，越是加强对政府工作的监督和规范政府权力的行使，越是激励和帮助政府依法行政，并有利于巩固执政党的执政根基。二是赋予人大预算案修正权。预算案修正权，是指有权机关或人员按法定程序对本级政府提交的进入审议程序的预算草案要求进行修改的权利。赋予人大预算案修正权，则可以实现对公共支出的有效控制和监督，也是实现人大预算审查监督由程序审查转向实质审查的重要举措。

尽管我国《预算法》对预算编制做出了明确的规定，但是其规定并未涉及具体操作，属于原则性的规定。所以，需要细化预算编制的法律依据，让每一笔预算编制都有法律的具体规定和约束，让预算编制在法律的规定下大到收支总额、小到每一科目下的资金去向都体现出来。

各级人大及其常委会要强化其在预算审批、预算修正以及预算否决上的权力，以其制衡政府各职能部门的预算编制权。首先，突出预算审批权对预算的决定性作用，所以应该修改预算年度起止时间使其与预算草案批复时间吻合。其次，通过法律赋予人大及常委会预算修正权，并给出预算增减的条件、程序、数额等标准，为了防止预算草案久议不决，可以对预算修正附加一定的程序和实体限制条件，使得预算修正案能得到及时有效的批复。最后，通过法律明确赋予人大及其常委会的预算否决权，并严格规定执行预算否决权的标准、过程以及执行数额，严防预算否决经常发生，导致不稳定性，同时建立联动机制，实行预算草案二次否决。应该强调的是，对于修改后的预算草案，审批机关仍然是人民代表大会，而不能是人大常委会。因为，批准预算时宪法明文授予人大的权利，人大无权转授其常委会行使。通过强化预算审批权、预算修正权、预算否决权构建人大及其常委会的监督权力，形成权力制衡，约束政府各部门的预算行为。

3. 加强立法机关预算审议的专业性[①]

任何一个国家权力机关的代表都普遍存在着因匮乏专门知识而在审议预算时无法提出专业建议的缺陷，那么立法机关常设机构的专业性就显得尤为重要。因此，我国人大不应再成为政府机关人员退居二线的去处，而应成为专业精英云集地，从而更好地履行监督义务。一个比较正确而可行的选择应为：一是成立应有履职保障的专家智囊团；二是人大成立具有评估和审计功能的预算评估机构，可以向市场主体购买该项公共服务，但应有专职人员统筹和监督该项活动；三是重视资讯的储备和运用。信息的可靠性是科学预算

---

① 资料来源：黎江虹. 新《预算法》实施背景下的预算权配置 [J]. 税务研究，2015（1）：73-78.

的必要条件。人大应有专门的信息资讯机构，主动介入预算全过程，为人大代表提供不受外界干扰、已经进行过独立筛选的资讯。

（三）提高行政机关的财政管理法治化水平[①]

1. 推进预算公开工作、强化权力外部监督

财政部将推动扩大公开范围、细化公开内容，不断完善预算公开工作机制，强化对预算公开的监督检查，逐步实施全面规范的预算公开制度。一是要扩大部门预决算公开范围，除涉密信息外，中央和地方所有使用财政资金的部门均应公开本部门预决算。要细化部门预决算公开内容，逐步将部门预决算公开到基本支出和项目支出。二是要细化政府预算公开内容，除涉密信息外，政府预决算支出全部细化公开到功能分类的项级科目，专项转移支付预决算分地区、分项目公开。积极推进财政政策公开。三是要按经济分类公开政府预决算和部门预决算。四是要加大"三公"经费公开力度，细化公开内容，所有财政资金安排的"三公"经费都要公开。

2. 建立部门内控制度，实现权力内部制约

财政部应按照党的十八届四中全会精神要求，秉承分事行权、分岗设权、分级授权的制衡性原则，综合运用不相容岗位分离控制、授权控制、归口管理、流程再造、信息系统管理控制等方法，建立内控制度，将内部控制贯穿于决策、执行、监督、改进和反馈全过程，使任何决策或业务工作都有案可查。结合财政部业务性质与工作特点，对法律风险、政策制定风险、预算编制风险、预算执行风险、公共关系风险、机关运转风险、信息系统管理风险、岗位利益冲突风险8类风险进行识别、评估、分级、应对、监测和报告，建立对风险的事前防范、事中控制、事后监督和纠正的工作流程和机制，对包括财政资金分配使用、国有资产监管、政府采购等重点业务在内的财政部各项工作强化内部控制，防止权力滥用。

[①] 楼继伟. 提升财政管理法治化水平. 中国共产党新闻网，http：//cpc.people.com.cn/n/2015/0109/c87228-26356372.html.

(四) 强化审计机构的监督权

我国的审计机构隶属于行政部门，国际上通用的做法是将审计部门从行政机构中独立出来，使其成为只对国家和民众负责而不受行政部门约束的机构，以保证其预算监督的公平、公正和客观。审计机关依靠其专业技术为立法机关和行政机关在预算管理领域提供建议和服务，地位更超然，从而有效地保证其对预算监督的客观、公正、独立。为了更好地发挥审计机关的专门监督功能，可考虑借鉴国外的一些做法。尽管自1981年以来我国设在国务院下审计署的审计制度已经定型多年，要进行任何改革目前看来都比较困难。但是，随着人大对政府预算管理功能的加强，仍可以考虑同时升格"国家审计署"，即从国家建制上把国家审计署从国务院中独立出来，建立起独立的和超越的"国家审计督察院"，以强化对政府财政和其他政府部门乃至所有国有企业和部门的预算、决算的事后审计、督察和问责。建立一个独立的国家层面的审计督察院的好处是，它不但对财政部和政府各部门的预算资金使用情况能进行审计，而且对人大机构、政协机构、国务院本身乃至总理办公室、司法机构、宣传媒体机构、军队、维稳机构等的预算资金的使用情况也能进行审计。从目前世界上160多个国家和地区审计制度模式来看，世界各国现在有立法型、司法型、独立型和行政型四种审计模式。从我国改革开放后审计制度的演变史来看，在1981年，根据当时中共中央、国务院领导关于建立审计机构的指示，财政部研究后曾提出了建立审计机构的三种设想方案：一是在全国人大常委会领导下设立国家审计院或审计委员会；二是在国务院领导下设立国家审计部或审计总局；三是在财政部领导下设立审计总局。当时经过反复考虑，在1982年我国修改宪法时，最终确定了实行现行的"行政型审计模式"，即在国务院下设立一个国家审计署，并在各省市自治区和县设立作为国家审计署派出机构的审计厅和审计局，依法独立行使审计监督权。根据目前我国财政体制出现的种种问题和近些年政府官员腐败渎职的现象大面积发生而屡治不果的现行国情，我们建议改革我们国家的审计制度，重新考虑从现在的"行政型审计模式"向"立法型、独立型或二者混合型审计模式"过渡。可考虑像英国的国家审计署（National Audit Office，NAO）、美国的问责总署（General Accountability Office，GAO，或译"问责总署"）或日本的国家"会计督察院"那样建立一个完全独立的"中华人民共和国审计督察院"（同时也可考虑在财政部内部也保留或设置一个"审计局"或"审计司"），而审计督察院院长则由国家主席提名，人大和政协大会投票通过而较长时间任职。加强对各级政府预算决算的审计、督察和问责，独立的审计督察院和在人大立法机关中设置一个独立的和功能化的监审委这样的常设委员会，目前看来应该是一项重要的和切实可行的改革。

（五）强化公众的监督权

财政取之于民，用之于民，赋予公众预算监督权是推进预算民主化的重要途径，也是凸显以人为本的必要之举。公众参与预算监督的前提是预算信息的公开，预算信息的公开包含多方面因素，既要公开预算程序与内容，又要公开形成预算的理由以及监督结构，只有在信息公开的条件下，以法律形式赋予公众参与预算监督的权力，才能有效发挥公众的预算监督权。一般来说，公众可以通过听证、座谈会、论证会、表决、民意调查、讨论、列席和旁听、电子政务等方式参与预算监督。其中预算听证是国外公众参与预算监督的基本方式。如在美国，从预算的制定、审议到划拨、执行的各个阶段，国会以及各专门委员会在各自的职能范围内就预算的收入和支出、斥资、国债和预算平衡、投资和管理等广泛的内容进行专题听证。我国1996年颁布的《行政处罚法》正式确立了我国法制的听证制度。听证制度已经为《立法法》所确认。但是，值得注意的是，《立法法》的调整范围是法律、法规和规章，并不包括人大审查和批准预算、预算调整方案和决算的行为。因此，有必要借鉴美国等国家预算听证的经验，结合我国预算听证的实践，在修改《预算法》时，确立预算听证制度，就预算听证范围、主体、程序和效力做出明确规定。党的十八大政治报告政治体制改革第1条明确表明："支持和保障人民,通过人民代表大会行使国家权力,加强对一库两院监督,加强对政府全口径预算决算的审查和监督。"像政府财税体制改革这样事关全社会各方面利益和福利乃至将对未来我国经济增长和长期社会发展带来重大影响的改革,应该充分认真听取中央各部门、地方政府和学界乃至社会各界关于未来财政体制改革的讨论意见,应该经由多方面的研究和论证,而不能听由几个专家和官员所提交的改革方案来决定,至少应该在社会上公开进行讨论。

回顾与总结:本章重点讲述了财政权力配置的法治化问题。财政权力配置分为横向配置与纵向配置,既包括立法机关财政权(收入立法权、预算审查权等)、行政机关财政权(预算编制权、执行权等)和司法机关财政权(财政司法审查权、财政违宪审查权等),也包括中央财政权和地方财政权。最后分析了我国目前财政权力配置法治化存在的问题并对此提出了改进建议。

第四章　财政收入法治化

本章导读：本章首先按立法层级梳理了我国现行财政收入的法律体系，并在此基础上，分别从立法、执法、司法、税收环境和税收监督制约五个层面剖析了我国税收收入法治化存在的问题，从立法层级、非税收入的统一性与系统性、非税收入内涵、非税收入与税收收入的关系以及非税收入的监督五个角度指出我国非税收入法治化的不足之处。通过对美国、德国、日本财政收入法治化的比较与评鉴，指出西方发达国家财政收入立法相对成熟完善、法律位阶较高、法律的制定科学民主，值得借鉴。最后，针对存在的问题，提出推进财政收入法治化的建议。

第一节　我国现行财政收入法律体系

财政收入，是指政府为履行其职能、实施公共政策和提供公共物品与服务需要而筹集的一切资金的总和。依据不同标准，可以对财政收入进行不同的分类。通常西方学者认为财政收入包括强制收入（租税、战争赔款和罚金等）、代价收入（公产与公业收入等）和其他收入（专卖收入、捐献收入等）。本章将根据政府取得收入的方式，将财政收入分为税收收入和非税收入，并按照这两类对现行法律法规和规章进行梳理。

一、税收收入的现行法律体系

税收收入是国家财政收入的主要来源，它主要是政府以无偿的、强制和固定的方式取得的收入。它是现代国家财政收入最重要的收入形式和最主要的收入来源。在我国税收收入按照征税对象可以分为五类税，即流转税、所得税、财产税、资源税和行为税。其中流转税是以商品交换和提供劳务的流转额为征税对象的税收，流转税是我国税收收入的主体税种，占税收收入的60%多，主要的流转税税种有增值税、消费税、关税等。所得税是指以纳税人的所得额为征税对象的税收，国家已经开征的所得税有个人所得税、企业所得税。财产税是指以各种财产（动产和不动产）为征税对象的税收，国家开征的财产税有土地增值税、房产税、契税。资源税是指对开发和利用国家资源而取得级差收入的单位和个人征收的税收，我国的资源税类包括资源税、城镇土地使用税等。行为税是指对某些特定的经济行为开征的税收，其目的是为了贯彻国家政策的需要，我国的行为税类包括印花税、城市维护建设税等。我国财政通过这些税种取得税收收入，这些税种经过立法构成了我国的税收法律体系。

我国现行的税收法律体系，是在宪法的规定下，通过税收法律、法规、规章、规范性文件等专门调整和规范税务机关与纳税人在征纳关系中所涉及的税收财产关系、税收行政关系、税收刑事关系的相对完整的税收法律制度的总称，既包括对各税种加以规定的实体法，也包括对税收征收管理程序加以调整的程序法。按照立法层级的不同，我国对税收收入规定的法律体系主要有宪法中有关税收的规范、税收法律、税收法规、税收规章、税收规范性文件等，具体分散在以下层次中。

（一）宪法中有关税收的规范

宪法对税收的规范包括直接规范和间接规范。《宪法》第 56 条规定："中华人民共和国公民有依照法律纳税的义务"。这是对税收的直接规范，它要求任何符合税收法定原则的应当承担相应纳税义务的公民，均应按照有关税收法律、法规、规章、规范性文件的要求，按期、及时、足额地向国家缴纳应纳税款，以保证国家税收收入的实现，维护国家税收法律的尊严。《宪法》第12条规定："社会主义的公共财产神圣不可侵犯，国家保护社会主义的公共财产，禁止任何组织或者个人用任何形式侵占或者破坏国家的和集体的财产"。由于税收是国家税收法律、法规、规章规定的公共财产，一旦形成或产生就属于国家所有，任何人或者组织拖欠、隐瞒、抗缴或者私自占用，均应视为对国家财产的侵犯，是违反宪法并应受到法律制裁的行为，这是宪法对税收的间接规范。宪法中有关税收的规范无论是直接的，还是间接的，都是统领各种税收法律、法规、规章、规范性文件的总纲，是税收法律体系的核心。

（二）税收法律

税收法律是指享有国家最高权力的全国人民代表大会及其常务委员会依照立法程序制定的税收法律规范。其法律地位和法律效力仅次于宪法，是其他机关制定税收法规、规章的法律依据，其他机关制定的税收法规、规章和规范性文件不得与税收法律相抵触。在我国现行的税收法律体系中，由全国人大常委会通过的税收成文法律有《中华人民共和国税收征收管理法》《中华人民共和国个人所得税法》《中华人民共和国企业所得税法》《中华人民共和国车船税法》《中华人民共和国环境保护税法》。此外，对税收执法行为具有直接规范作用的还有《立法法》《行政处罚法》《国家赔偿法》《行政复议法》《行政诉讼法》《行政许可法》《刑法》等关于税收相关规定，这也是税收法律体系的重要组成部分。

（三）税收法规

税收法规包括两部分：一是指国家最高行政机关国务院制定的行政法规；

二是由地方立法机关制定的地方性法规。税收法规的效力低于税收法律。我国税收法规的形式主要有税收条例、暂行条例、细则以及其他具有规范性内容的税收文件。在现阶段，税收法规是我国税收立法的主要形式，现开征的17个税种，除个人所得税、企业所得税和车船税采用法律形式以外，其余都是行政法规形式。

(四) 税收规章与规范性文件

税收规章是指国家行政机关为执行税收法律、法规而制定的规范性文件，是税收法律、法规的具体化，作用在于使其具有操作性。税收规章包括财政部、国家税务总局、海关总署等颁布的关于税收行政法规的实施细则以及税收法规的行政解释，还包括各地制定的地方税条例实施细则。税收规章的法律效力虽然低于税收法规，但也是广义税收法律体系的组成部分。

税收规范性文件，是指县以上（含本级）税务机关依照法定职权和规定程序制定并公布的，规定纳税人、扣缴义务人及其他税务行政相对人（以下简称"税务行政相对人"）权利、义务，在本辖区内具有普遍约束力并反复适用的文件。国家税务总局制定的税务部门规章，不属于税收规范性文件。

(五) 国际税收条约和国际惯例

国际税收协定主要规定国家与国家或者地区之间的避免重复征税、防止偷逃税、进行国际税收合作等方面的内容，在没有保留条款的情况下，其效力高于国内法。我国对外缔结税收协定的工作，是自1978年实行对外开放政策以后才开始的，截至2015年8月底，我国已对外正式签署100个避免双重征税协定，其中97个协定已生效，和香港、澳门两个特别行政区签署了税收安排，与台湾地区签署了税收协议。我国国内法规定了国际条约和国际惯例的法律效力，如《民法通则》规定："中华人民共和国缔结或者参加的国际条约同中华人民共和国民事法律有不同规定的，适用国际条约的规定，但是中华人民共和国声明保留的除外"。中华人民共和国法律和中华人民共和国缔结或者参加的国际条约没有规定的，可以适用国际惯例。可见国际条约和国际惯例也构成税收法律体系的渊源。

综上所述，我国已初步形成以宪法中的税收条文为统领、以税收实体法和税收程序法等一系列普通法为核心的税收法律体系。该法律体系中仅有3个现行税种由代议机关制定、其余近14个税种由行政机关制定。因此，我国税收法律体系最大的特点是行政机关制定的税收规范性文件成为调节税收关系的主要表现形式，并在数量上占据绝对优势。

二、非税收入现行法律体系

非税收入是由各级人民政府及其所属部门和单位依法利用行政权力、政府信誉、国家资源、国有资产或提供特定公共服务征收、收取、提取、募集的除税收和政府债务收入以外的财政收入，包括行政事业性收费、政府性基金、国有资源有偿使用收入、国有资产有偿使用收入、国有资本经营收入、彩票公益金、罚没收入、以政府名义接受的捐赠收入、主管部门集中收入、政府财政资金产生的利息收入等10类。各类非税收入的取得依据有所不同，行政事业性收费、政府性基金、罚没收入和主管部门集中收入是利用行政权力征收的，具有强制性；国有资源有偿使用收入、国有资产有偿收入、国有资本经营收入是利用国家资源和国有资产所有权取得的，体现了国家作为所有者或出资人的权益；彩票公益金、以政府名义接受的捐赠收入是依托政府信誉募集的，遵循自愿原则。

从中央立法来看，2004年，财政部颁布了《关于加强政府非税收入管理的通知》，建立了政府非税收入的制度体系，通过此文件明确了政府非税收入的概念、范围以及相应的管理原则。与此同时，财政部会同国家发展改革委员会、物价部门发布了《行政事业性收费项目审批管理暂行办法》《行政事业性收费标准管理暂行办法》《国有土地使用权出让收支管理办法》《行政事业性收费和政府性基金年度稽查暂行办法》《行政事业性收费和政府性基金票据管理办法》等相关的非税收入的管理办法，这些法规加强了对国家机关和各行政部门收费行为的监管，规范了收费标准，有效约束了政府非税收入的不规范行为，保护法人、公民和其他组织的合法权益。近几年来，国家为了加强政府非税收入的法律规制，按照非税收入的构成，分类制定相应的管理条例。如2010年颁布的《政府性基金管理暂行办法》，2012年颁布的《财政票据管理办法》《彩票发行销售管理办法》《彩票管理条例实施细则》等，明确每一类非税收入的内涵、外延、特征、审批程序、标准确定、减免权限等问题。我国许多不同类型的法律法规中都散见不少关于非税收入项目的法律法规，例如《土地管理法》里的土地使用权出让金、土地补偿费、耕地开垦费等征收项目；《教育法》中还规定了政府有权征教育附加费；《矿产资源法》等国家的资源性法律在界定管理时，也明确了收费标准和项目设立。由于是不同法律设置的征收项目，而且相互之间没有及时协调，可能会出现重复征收的现象。

从地方立法活动和监管工作来看，各地政府积极响应党中央关于加强推动政府非税收入管理工作的政策，从而纷纷制定了各地的政府非税收入的相应政策。根据当地的实际情况，在非税收入立法规制方面也取得一定成效。2004年，湖南省人大常委会发布了全国第一部规定政府非税收入管理的地方性法规《湖南省非税收入管理条例》。自此之后，内蒙古、甘肃、青海、广西4省区也相继制定了非税收入管理条例，吉林、辽宁、河南、安徽、湖北、陕西、重庆、海南8个省市人民政府出台了非税收入管理办法或暂行办法，部分地市财政部门制定适应于其行政区域的政府非税收入的暂行办法。2011年，全国各地纷纷出台了《国有资产有偿使用收入管理办法》，各地财政和国资部门对国有企业经营收益和资产出租转让收入严格规范管理，确保各项收入应缴尽缴。《湖南省国有资源有偿使用收入管理办法》自2011年10月1日起正式施行，结束了该省国有资源配置由无偿和有偿取得的"双轨制"，确立了国有资源有偿取得、市场化配置的方针。这些法律规制制度为加强政府非税收入的管理奠定了坚实的基础，切实加强了非税收入的征管方式，规范了政府非税收入行为，使得我国的非税收入的法制化得到了一定的进展。

2013年3月，十二届全国人大一次会议第三次全体会议上，国务委员兼国务院秘书长马凯在做题为《关于国务院机构改革和职能转变方案的说明》的报告时，明确指出要减少行政事业性收费，取消不合法、不合理的行政事业性收费和政府性基金项目，降低收费标准，建立健全政府非税收入管理制度。这就表明，国家对政府非税收入法律规范的越来越重视，也会进一步加强对政府非税收入的监管，使得非税收入法律规制更加完善。

第二节　我国财政收入法治化存在的问题

随着社会主义市场经济体制的逐步完善和国家法治进程的加快，我国的财政法制建设不断发展，财政工作的法治化程度及依法行政、依法理财的水平日益提高，已初步形成了与建立社会主义市场经济体制基本相适应的财政法律制度框架。但是，从现代法治国家、法治政府建设以及市场经济发展的要求来看，我们在财政法律法规方面，仍然有许多尚需完善之处。

一、税收收入法治化存在的问题

（一）税收立法

1. 税收法律级次普遍较低

我国税收立法主要以国务院制定的税收行政法规为主，而全国人大及其常委会制定的税收法律为辅，目前尚无省级人大及其常委会开设地方税的立法。如表 4-1 所示，实体法中共涉及 17 个税种，其中企业所得税、个人所得税以及车船税由全国人大及其常委会立法，其余 14 个税种均授权国务院（有关关税的立法体现在两部法律法规中，由全国人大常委会立法的《中华人民共和国海关法》第五章对关税作出规定；根据《中华人民共和国海关法》的有关规定，国务院制定的行政法规《中华人民共和国进出口关税条例》又对税种作出具体规定），以行政法规的形式颁布，行政法规占实体法的 82%。

表 4-1　　　　　　　　　我国税收实体法立法情况

税收归属	税种	级次最高的法律（规）	立法机关	发布日期
中央税	消费税	《消费税暂行条例》	国务院	1993 年 12 月 13 日发布，2008 年 11 月 5 日国务院修订
	关税	《海关法》[①]	全国人大常委会	1987 年 1 月 22 日发布，由全国人民代表大会常务委员会三次修正
	车辆购置税	《车辆购置税暂行条例》	国务院	2000 年 10 月 22 日发布
	船舶吨税	《船舶吨税暂行条例》	国务院	2011 年 12 月 5 日发布
共享税	增值税	《增值税暂行条例》	国务院	1993 年 12 月 13 日发布，2008 年 11 月 5 日国务院修订
	企业所得税	《企业所得税法》	全国人大	2007 年 3 月 16 日发布
	个人所得税	《个人所得税法》	全国人大	1980 年 9 月 10 日发布，先后由全国人大常务委员会六次修正
	资源税	《资源税暂行条例》	国务院	1993 年 12 月 25 日发布，2011 年 9 月 30 日国务院修订
	城市维护建设税	《城市维护建设税暂行条例》	国务院	1985 年 2 月 8 日发布，2011 年 1 月 8 日国务院修订
	印花税[②]	《印花税暂行条例》	国务院	1988 年 8 月 6 日发布，2011 年 1 月 8 日由国务院修订

续表

税收归属	税种	级次最高的法律（规）	立法机关	发布日期
地方税	房产税	《房产税暂行条例》	国务院	1986年9月15日发布
	车船税	《车船税法》	全国人大常委会	2011年2月25日发布
	城镇土地使用税	《城镇土地使用税暂行条例》	国务院	1988年9月27日发布，2006年12月31日国务院修订
	耕地占用税	《耕地占用税暂行条例》	国务院	1987年4月1日发布，2007年12月1日修订
	烟叶税	《烟叶税暂行条例》	国务院	2006年4月28日发布
	契税	《契税暂行条例》	国务院	1997年7月7日发布
	土地增值税	《土地增值税暂行条例》	国务院	1993年12月13日发布

注：①关税立法中，级次最高的是《中华人民共和国海关法》中第五章关于关税的立法。
②印花税中只有证券交易印花税属于中央收入，其他印花税属于地方固定收入。证券交易印花税自开征以来，关于税率、分享制度等规定有过多次调整。
资料来源：根据各税种级次最高的法律（规）整理得来。

2. 地方缺乏税收立法权

从表4-2中各实体法对应的地方权限来看，地方政府经过授权享有非常有限的税收立法权。首先，相对权限较大的授权有制定城市维护建设税和房产税的实施细则，报财政部备案；其次，省级政府可以制定城镇土地使用税和耕地占用税的实施办法；除此之外的其他税种大都体现在制定税法执行环节的一些具体规定，如税率（一定幅度内）、征税范围（一定范围内）、税收减免（一定范围内）、纳税期限和纳税地点（个别特殊情况）的决定权。

表4-2　　　　　　　我国税收实体法中授予地方的权限

税收归属	税种	地方权限①
中央税	消费税	无
	关税	无
	车辆购置税	无
	船舶吨税	无

续表

税收归属	税种	地方权限①
共享税	增值税	省级财政厅（局）和国家税务局应在规定的幅度内，根据实际情况确定本地区适用的起征点，并报财政部、国家税务总局备案；小规模纳税人的具体纳税期限，由主管税务机关根据其应纳税额的大小分别核定
	企业所得税	民族自治地方对地方分享的部分减免权，州、县需经批准
	个人所得税	对有关减征幅度和期限的决定权
	资源税	对未列举纳税人的适用税率的，由省级政府在浮动30%的幅度内核定，并报财政部和国家税务总局备案；成本利润率由省、自治区、直辖市税务机关确定；省、自治区、直辖市税务机关具有纳税地点调整的决定权和一定的减免权
	城市维护建设税	省级政府制定实施细则，送财政部备案
	印花税	深圳市人民政府于1990年6月28日发布《关于对股权转让和个人持有股票收益征税的暂行规定》，开征证券交易印花税；上海市1991年10月10日开征证券交易印花税
地方税	房产税	减除比例决定权；一定范围的减免权；纳税期限的决定权；省级政府制定实施细则，抄送财政部备案
	车船税	确定扣缴义务人解缴税款和滞纳金的具体期限
	城镇土地使用税	计税依据的测量；税额确定权；一定范围的减免权；缴纳期限决定权；省级政府制定实施办法
	耕地占用税	税额决定权；人民政府制定实施办法，财政、税务主管部门将其报送财政部和国家税务总局
	烟叶税	具体纳税期限由主管税务机关核定
	契税	适用税率由省级政府在规定幅度内确定，并报财政部和国家税务总局备案；征收机关的确定权
	土地增值税	由省级政府在5%或10%以内决定房地产开发费用比例；征税范围及征收办法的决定权

注：①此处"地方权限"是指关税、企业所得税、个人所得税、车船税的税法和实施条例以及其他税种的暂行条例和实施细则中明确指出地方人民政府及地方税务局具有的相关权限。

资料来源：根据关税、企业所得税、个人所得税、车船税的税法和实施条例以及其他税种的暂行条例和实施细则整理得来。

3. 税收立法程序不够完善

首先，我国税收立法过程缺少广泛征求意见的程序。我国税收法律立法程序要比税收行政法规立法程序多出两个重要环节，即全国人大常委会法律工作委员会将议案发送国务院各部委、各省级人大征求意见修改，进而提交全国人大或人大常委会审议通过。而目前我国以税收行政法规为主的税收立法现状，更加突出了我国税收立法的行政主导性，明显缺少广泛征求意见的程序。

其次，对公众参与税收立法的法律支撑不足。《宪法》第56条规定"中华人民共和国公民有依照法律纳税的义务"，而没有对税收的开、征、停、减、免以及公平税负等予以规定。

最后，税收立法授权不规范。改革开放以后，全国人大及其常委会对国务院进行过两次与税收立法相关的授权。这两个授权令一直连续实施近30年，第一个授权令已于2009年废止，第二个授权令仍有效。这种长期授权，已经不能适应当前立法环境和经济条件快速变化的要求。税收立法中的其他授权，也普遍缺乏条件约束的授权时间限定等问题。如实施细则的制定权，国务院有的授权给财政部，也有的授权给省级人民政府。

4. 税收立法技术相对落后

首先，税收立法缺乏统一规划，存在立法依据繁多、立法权划分不合理、税收法律体系内部缺乏衔接等问题。我国税收立法依据散见于若干法律或法规中，各部法律所针对的问题以及调整对象有所不同，是税收立法混乱的重要原因，为税收立法实践带来困难。中央税、共享税和地方税立法机构错位，从前文表4-1可知，1个共享税是由全国人大立法、2个税种（包括1个共享税和1个地方税）由全国人大常委会立法，13个税种（包括3个中央税、4个共享税和6个地方税）由国务院立法。此外，现行税收法律体系内部结构失衡，税种间缺乏有效衔接。比如下位法过多且存在越位[①]、重实体法轻程序法、重复课税等问题长期存在。

其次，税收立法预测技术欠缺。税收立法是一个不可逆的过程，对微观

---

① 如我国《个人所得税》于1993年颁布，但2000年国务院以"通知"的形式，规定个人独资企业和合伙企业停征企业所得税，改征个人所得税，实质上构成了对法律的修改，是一种下位法越位的表现。

主体和宏观经济都会带来直接或间接的影响。传统税收预测方法大都采用行政部门主导的通过调查研究的方式形成研究报告进行预测，没有充分发挥现代信息技术的作用，且缺乏广泛听取纳税人意见、专家学者意见的常规机制，容易导致预测偏差。

最后，税收立法表述不规范。税收立法表述方面的问题，表现为法律文件命名不统一、税收法律用词意思容易混淆以及标点等低级错误，比如税收法律的相关配套立法，同样都是由国务院制定，但命名上采用"实施细则""条例"和"实施条例"等多种表述；烟叶税的有关规定涉及"买价""购买金额"和"购买价款"三个术语，分别对应不同的含义和处理办法，导致在税法执行中认识出错。

（二）税收执法

1. 依法组织税收收入面临挑战

在我国经济发展新常态下，随着经济由高速增长转向中高速增长，加之我国目前以间接税为主的税制结构，在经济减速时税收减速更快，税收压力增大。如何在新形势下依法组织税收收入，为经济发展提供支持和保障是税收法治建设必须面对的问题。在实践中，各地税务机关在承担各地人大批准的预算确定的税收任务外，往往还要承担各地政府下达的税收任务。面对巨大的收入任务压力，一些地方出现了"空转""提前征收""延压税款"等违法行为，严重破坏了税收秩序。

2. 税收政策落实需进一步加强

习近平同志指出："一分部署，九分落实。"落实是一切工作的归宿，是一切工作成败的关键，是开展工作的全部意义所在。全面推进税收法治建设应切实加强税收法律、法规和政策的落实。目前，税收政策落实中存在着一些税务部门和税务人员躲避责任"不想落实"、推诿拖沓"不急落实"、打折变通"不全落实"、能力不足"不会落实"、体制不顺"不利落实"等问题。

3. 执法风险防范机制尚未真正建立

当前，国内税务系统普遍存在重事后监督、轻事前防范；重单方面问题整改、轻普遍问题全面规范等情况，导致有些执法问题屡查屡犯、内部执法检查风平浪静、外部检查问题较多的现状，对执法风险的严重后果认识不足、防范机制不够严密。主要表现在：

（1）大多数基层税务机关和干部缺乏对执法风险的清醒认识，对执法风险的认知和防范能力较低。在一定程度上还存在着"权力本位"的思想，对税收执法风险的关注和估量十分不足，认为税务机关是税收执法机关，片面强调组织收入这个中心，轻视乃至忽视税收执法内控。对部分省市税务系统发生的渎职犯罪案件，相当一部分执法人员认为这是工作中难免的失误，不应追究刑事责任，还有的税务干部认为只要不收钱收物，渎职犯罪就与己无关。

（2）有法不依、执法不严。税法赋予的许多执法手段得不到运用或用不彻底。比如对纳税依据明显偏低的企业不进行纳税核定；对达到强制执行措施和税收保全措施条件的纳税人听之任之、使不法分子逃脱法律的惩罚；对偷税行为人为地改变税款所属期限、不按规定处罚或加收滞纳金；对达到移交刑事犯罪标准的案件不按规定进行移交；违规乱审批、乱减免，等等，有的税务干部凭着自己对税法的片面理解执法，却对相应的后果没有充分的认识，无知者无畏；有的干部为了谋一己私利，滥用权力、随意执法、乱执法，知法犯法。

（3）违法不究。执法过错得不到相应的追究，既是对严格执法人员的不公平，也必然造成未严格执法人员的侥幸心理，使执法人员在今后的执法过程中更加有恃无恐、屡查屡犯，其更为严重的后果是：促使更多的人员加入违规违法的行列，导致违规违法行为的普遍性。责任追究落实不到位、不严格，使违规违法的税务人员轻视了自己过错行为的性质和可能引起的后果，导致同样的执法过错行为在今后的执法中得不到根治，在执法人员这种不正常的心态下，执法风险得以延续存在。

(三) 税收司法

税收司法建设是税收法治建设的重要方面。司法是权利救济的最后一道防线，也是最为重要的一道防线。目前，在我国税收司法实践中，司法部门在处理税收案件时受工作机制和专业知识制约，存在着税收案件立案难、结案难等现象，影响对税收违法行为的及时、公正处理。

1. "复议前置"限制权利救济

《税收征收管理法》规定，纳税人、扣缴义务人、纳税担保人同税务机关在纳税上发生争议时，必须先依照税务机关的纳税决定缴纳或者解缴税款及滞纳或者提供相应的担保，然后可以依法申请行政复议；对行政复议决定不服的，可以依法向人民法院起诉。这一复议前置规定成为税务行政复议和诉讼间重要的衔接性规定。虽然复议前置制度可以更好地发挥税务行政复议的专业性优势，尽可能在税务机关内部解决争议，节约司法成本，但其在一定程度上限制了纳税人申请权利救济的渠道，是造成法院受理税务行政诉讼案件少、司法人员缺乏税务诉讼实践经验的主要原因。

2. "行刑衔接"机制不畅

"行刑衔接"是指行政执法和刑事司法相衔接，是检察机关会同行政执法机关、公安机关、行政监察机关实行的旨在防止以罚代刑、有罪不究、降格处理现象发生，及时将行政执法中查办的涉嫌犯罪的案件移送司法机关处理的工作机制。目前我国税法与刑法在制度层面还存在衔接不严密、不科学的问题，在违法行为查办、定性、处理等方面的规定不系统、不统一。税务机关和司法机关对于税收案件取证尺度的把握、刑事案件立案标准的运用、行政处理与司法处理的竞合等问题存在诸多分歧。

税收犯罪案件的侦察、立案、诉讼和审判是专业性很强的司法活动，需要专门化的人才和专业化的队伍。但在实践中，公安机关承担着大量繁重的治安、安全等任务，也负责刑侦、移送和其他工作，难以集中力量专注处理税收刑事案件，检察机关也缺乏处理税收犯罪案件的专业人才和经验，在税收司法监督方面作为有限，税务机关与公安机关、检察机关之间的沟通协调不顺畅、衔接配合不理想等问题较为突出。行刑衔接机制未能有效建立和运行，案件移送困难、移送后久拖不决等问题时有发生，这在一定程度上弱化了国家对税收犯罪行为的打击力度，影响了税法执行的严肃性。

（四）税收环境

税收环境是指存在于税收征管之外，直接或间接地制约和影响税收征管活动整个过程的一切因素的总和。当前，我国在税收环境方面存在以下几个问题：

1. 行政干预现象较为普遍

近年来，我国虽然进行了政府机构改革，明确了各级政府的行政职责，但是，有的地方政府职责不明，仍用行政命令手段干预税务部门行政执法。一是有的地方政府为发展所谓的地方经济，从本位主义出发，采取地方保护主义措施，不顾国家法律规定，随意放宽税收政策，非法减免税；二是有些地方政府为了平衡地方级财政预算，不根据税源实际，随意追加税收计划，使税收部门只好违背税法采取"寅吃卯粮"等"超常规"措施，形成虚假的完成任务；三是有的地方政府为了地方经济的发展，搞所谓的"经济特区""免检企业"，提供所谓的"经济发展软环境"，不允许税务部门进户检查，给税务部门正常执法人为设置了障碍。

2. 社会纳税意识有待提高

党的十八届四中全会提出要坚持法治国家、法治政府、法治社会一体建设。税收法治环境建设是法治社会建设的重要方面，对促进税法遵从、融洽征纳关系、提高税收征管效率具有重要的意义，是全面推进税收法治建设不可或缺的一环。由于历史的、社会的、观念上的一些原因，我国目前社会整体的纳税意识不强，税收违法行为仍相当程度的存在。

3. 社会治税的合力尚未形成

税务机关与其他行政部门间信息共享和执法协作机制不健全，政府部门之间信息封闭，互不共享。由于一些急需获取的涉税信息和执法协助难以得到，税务机关只能另外耗费大量的人力、物力和财力采集同类信息、争取协助，效果往往还不理想。这种各自为战、互不协作的做法，极大地增加了行政成本，降低了管理效率。

(五) 税收执法监督

1. 税收执法监督的主体设置不合理

目前全国的省级国税部门基本成立了专门的督察内审机构，但市地、区县一级还未成立专门机构；地税部门单独成立督察内审机构的不多，基本上还在法治部门。市地以下税务机关没有独立的执法监督部门，由法规部门或监察部门承担执法监督职责，工作力度、深度均受极大制约。尤其在对平级进行监督时，由于民主评议打分、日常工作交往和岗位轮换等机制的存在，监督工作很容易受到人情因素的干扰，力度大打折扣。在基层税务部门，执法监督职责被分散到征管、监察、巡视等部门，监督合力难以形成。

2. 税收执法监督的权威性不够

一方面，普遍存在发现问题后处理与责任落实不到位的现象，很多情况下不了了之，内部各种人情因素干扰较大，执法监督力度明显偏软；另一方面，税收执法监督的结果未得到应有的重视。税务干部发生执法过错也没有与干部绩效评定、年度评比、职务任用等结合起来，未能形成奖优罚劣的执法环境。

3. 税收执法监督的重点不突出

当前，各级税务机关执法监督工作在多数情况下是被动进行的，即根据上级税务机关的要求开展执法检查，根据审计、财政等外部监督部门发现的执法中的问题进行核查整改，等等。检查人员一般是临时抽调，用10多天的时间对被检查单位的各方面执法行为进行全面检查，很难针对一点深入，效果不佳。虽然近些年一些地方也开始就某些重点问题开展日常执法检查，但对执法监督的重点应放在何处仍缺乏足够的意识与分析。客观而言，法规部门人手一直紧张，具体承担执法监督职责的人员更少，完成各项日常工作已占用了大量时间，确实也很难再抽出精力研究如何突出重点加强日常执法监督问题。

二、非税收入法治化存在的问题

非税收入是政府财政收入尤其是地方政府收入的重要组成部分，也是公共财政体系的有机构成。其筹资灵活，能弥补财政收支缺口，在财政收支矛盾较为突出的情况下，非税收入可以成为增强政府调控能力的重要财力。依法征收、纳入财政预算管理、统一国库集中支付的非税收入才能在公共财政体系中发挥作用。

全国人大明确提出了要努力将政府非税收入全面纳入预算管理的目标，国务院也积极推进依法行政，市场经济法治化程度不断增强，基本确立了各级政府的非税收入的基本原则，政府非税收入改革也取得了一定的成效。但是面对各种环境和因素的制约，我们不得不看到我国政府非税收入的法律规制相较于其他发达国家而言，仍然是比较滞后的。目前政府非税收入所面临的管理难题和困境，缺乏相应的完整统一的非税政策法律法规体系。针对我国政府非税收入的现状和立法实践，对政府非税收入加强法治化也面临着极大的考验，主要存在以下几个方面的问题：

（一）非税收入立法

1. 立法层级低，中央立法缺位

目前而言，仅有几个部门规章和几份更低层次的部门文件在支撑。没有政府非税收入相关配套的法律，也没有对政府非税收入进行规范的一般性规章。在立法的缺失下，国民会对政府非税收入的征收的合理性和合法性产生质疑。不但没有政府非税收入方面的法律法规，连一般的规章都很少。由于缺少中央层级的政府部门对政府非税收入的立法规定，各地方政府根据各自地区的情况，相继制定了相应的非税收入的各种各样的管理办法、管理通知。虽然这种方式在一定程度上缓解了中央立法缺位的尴尬局面，但是整个政府非税收入法律依据体系仅仅由地方政府规章来支撑，这种立法模式的约束力是十分有限的。非税收入额增长可以有效缓解政府经费困难的情况，非税收入的主体是政府，然而规范政府非税收入的法律文件也由政府制定，在这种情况下，政府非税收入法律规制的约束作用可想而知必然会大打折扣。

很少有针对政府非税收入行为进行专门立法。在立法层面上，多用原则性、概括性的表述对政府非税收入进行了规制。在实践方面来说，这些法规的实际操作性不强，而且对政府非税收入的监管起不到有效的作用。立法层级不高不仅会显得法律失去了权威性和统一性，还造成了这些法律性文件在实施起来操作性不强，也使得政府非税收入的监管难以得到有效保障。这种情况下会给政府非税收入的征收、管理带来影响。而且各个地方政府出台的相关法律文件数目繁多，相互之间的内容有时候还会出现冲突和难以协调的情况，因此，我国需要一部权威性较高的非税收入的法律规定，对现在的政府规章、政府政策性文件进行统一、指导。

2. 非税收入立法缺乏统一性和系统性

由于对非税收入管理认识不尽一致，有关管理制度是由不同地区和部门分别制定的，导致执行中政策界限不够明确，各地区制定的非税收入管理制度差异较大，难以满足全面规范非税收入管理的要求。2010年9月，财政部印发了《政府性基金管理暂行办法》，对政府性基金的审批、征收、使用、监管等行为进行了规范，但是目前为止尚未对非税收入的其他重要组成部分如罚没收入、国有资源（资产）有偿使用收入等进行全国统一的规定，更没有下发制定"政府非税收入管理办法"这一总领性的文件，这是与政府非税收入的管理现状与现实需求严重脱节的。

另外，现行政策主要是针对不同非税收入类别分别制定的专项性管理办法，没有建立起一套涵盖非税收入管理全过程的、完整的法律法规体系。非税收入审批、征收、缴库、票据、预算、监督等各个环节的管理制度相互独立，没有形成一个相互联系、相互制约的管理程序，非税收入管理缺乏系统性和完整性。

3. 没有厘清非税收入概念的具体内涵

政府非税收入是财政收入的内容之一，在法律性质上应该定位为除税收公债收入之外的财政性资金。非税收入的概念在现行法律规范中并没有清晰完整体现。目前从已经颁布的部门或政府规章、规范性法律文件来看，在对政府非税收入的定义方式，都采用的是具体列举的方法来定义政府非税收入，而缺少概括性和兜底性的条款，这就会让政府非税收入的概念和范围处于一个可变动的状态。法律上外延列举再多，也不可能穷尽全部的政府非税收入的范围和形式。由此可见，对政府非税收入进行概括性的界定是十分有必要的。然而就目前立法现状来看，对政府非税收入进行内涵上的界定，地方政府规章明显无法承担这一重任。

4. 部门规章反向助长了非税收入的无序扩张

目前，我国政府非税收入总体规模在不断扩大，并且呈现出无序膨胀的态势。而政府非税收入由不断迅速发展到管理上混乱的根本原因正是因为在于其取得的依据不清。现行的非税收入的法制环境下，部门规章并没有很好弥补非税收入法律规制制度不足的作用，反而助长了非税收入的无序生长，也为政府部门随意减免、多收超收、坐收坐支以及私设小金库等行为提供了条件。

（二）非税收入执法

1. 政府非税收入的公共决策程序不健全

政府部门在监管过程中因受到了利益驱动的影响，在政府非税收入立项、制定各种收费政策时，难以避免会与自身的利益相联系，形成追求本部门的利益最大化的立法价值取向，"谁收谁用"的管理观念根深蒂固。于是，地方各级政府、各部门"三乱"现象较严重，有的地方已到了巧立名目、规模失控的地步。项目、总量、收费主体、用途等具体情况根本无法准确掌握，从

2000年至2011年全国公共财政非税收入与总收入对比中,我们可以窥知一些端倪,即全国公共财政中非税收入占总收入的比重分别为2000年的6.07%、2001年的6.62%、2002年的6.70%、2003年的7.82%、2004年的8.45%、2005年的9.07%、2006年的10.21%、2007年的11.11%、2008年的11.59%、2009年的13.13%、2010年的11.90%、2011年的13.61%。自2012年以来,我国税收增速下降,而非税收入却增势强劲,据财政部数据显示,全国财政收入同比增长6.9%,其中税收收入增幅仅为2.6%,增幅回落23.3%,而非税收入增幅则高达51.4%。更值得关注的是,近来地方非税收入增长也势头强劲,2011年全国地方非税收入平均增幅达到50.1%,一些个别省份增幅超过70%,有的甚至增长了一倍多。[1]

究其原因,根源在于有授权、无监督。行政收费的设定权应该在人大,但我国常常采用"授权"形式赋予行政收费权,而这种授权一旦作出,由于缺失后续监督,纠错乃至取消授权极为少见。常见六类收费乱象,分别是收费欲望被放纵、收费范围被不恰当放宽、收费时间被延长、收费用途被改变、收费监督被漠视、收费权限被外包。例如,对于收费时间延长的现象,一些高速公路、桥梁设施,在超过收费期限后,依然收费不止。更有一些地方政府在路桥收费期限临近时,无视群众期盼,采取出售转包的办法,一次性收取巨额转包资金后,让接盘者继续收费。非税收入的无序扩张,使得我国财政收入的来源趋于不稳定性、不合理性,从而加重社会、企业、公民的负担。

2. 没有处理好非税收入和税收的关系

近年来,我国政府非税收入的总额过大,无序膨胀,项目繁多。税费关系不合理,影响到了我国的财政收支结构,导致现有的税基受到一定程度的影响,原本应该作为税收的政府非税收入,为了逃避预算管理而采取了非税收入的方式征收,使得预算外资金高于预算内资金,这样分散了我国财力,并且弱化了财政收支的透明性和严肃性。地方政府关于非税收入的法律规章

---

[1] 参见《4月全国财政税收增幅收窄非税收入同比猛增51.4%》,人民网,2012年5月14日。

的纷纷出台，恶化了政出多门、按需取费的弊端。税费改革是实务界提出来解决税务问题的方向。但是税费改革，就是将可以以税收形式获得收入的"收费"改为"税收"。税费改革的实质并不是把所有的收费项目改为税种。而是需要国家进一步清理、整顿收费归属、收费范围、收费项目和标准。

目前大多数非税项目的出现原因主要是中央财政将部分权力放给地方政府以鼓励其发展各项事业，允许各地方政府采取收费方式解决地方财力问题。为了提高税收比例，整顿收费秩序，不少学者认为应该采取"费改税"的模式。而在目前项目繁多的非税收入中，不仅收费的项目和标准不合理，而且最严重的是收费主体错位。实质上目前大多数的收费不能改成税，因为目前的收费主要是地方政府的融资渠道，费改税需要地方政府有立法权，然而我们国家地方并不具有立法权。

所以处理好税费之间关系的基本思路应当是：按照"正税清费"和"分类规范"的原则，推进税费制度改革，对现有收费基金进行清理、整合和规范，压缩收费基金规模，优化财政收入结构，逐步建立以税收为主、收费基金为辅的政府收入分配体系。

（三）非税收入的监督

"财政权力的滥用是权力腐败的经济根源，制约财政权力是依法治权之本。"建立和健全社会主义法治财政制度，主要在于对政府财政权力的监督制度的不断完善。我国政府现在财政管理上出现的贪污腐败、小金库、"三公"消费以及政府财政职能的越位、错位现象，这都说明了我国在政府财政监督管理上存在很多问题，如财政监督机制的不健全、监督体系的不完善等。具体表现在以下几个方面：一是政府非税收入监督的法律体系不完善。市场经济发展过程中政府财政良好的运行离不开建立健全的法制环境做基础，非税收入作为政府财政的重要组成部分，它的有序运行同样离不开相关法律法规的保障。但是目前我国非税收入方面的立法还是比较落后的，造成非税收入的监管缺乏法律法规的制度性保障。现在非税收入的管理多见于政府的红头文件等，使得非税收入的监管缺乏权威性，从而导致监管的效率低下。二是我国还没有建立科学完善的非税收入监督管理体系。从非税收入的监督管理体系上分析，我国非税收入的监督主体主要有：人大对非税收入的监督、政府审计部门和其他相关财政部门的监督、公民监督等。从现实监督情况来分析，我国的非税收入监督基本上是自己监督自己模式，人大的监督由于多方面的原因一直处于对非税收入监督的弱势方面，这种现象必然会带来政府财政行为的越位、错位现象，人大监督权威性的缺失更是为政府腐败提供了温床。三是非税收入的监督内容和方式同样也是问题多多。政府在非税收入监督上经常是重视非税收入预算收入的监督而忽视了支出方面的监督。在监督环节和监督方法上，各类集中性突击性监督多，从法律制度上监控措施少造成了财政监督力度小、质量不高，事后监督多，事前、事中监控少，难以保障对财政运行公平、效率目标的监督。

第三节　财政收入法治化的国际比较与借鉴

发达市场经济国家在财政收入立法及其制度建设上积累了相当多的经验，适当借鉴无疑对完善我国财政收入法治化建设起到指引作用。本章主要介绍美国、德国和日本的财政收入法律制度，并加以分析总结。

一、发达国家财政收入立法实践

（一）美国财政收入法制

美国法律属于普通法系。美国法来源于英国法，又根据美国政治、经济和文化作了较多的改变。美国建国初期就制定了成文的联邦宪法，并构建了庞大的法律体系。同时美国又是一个复合法域国家，各州都有自己的法律和司法体系，在联邦之下，联邦和各州都自成法律体系。联邦除在国防、外交、财经政策、国际贸易和州际商业等方面外，并无统一的立法权；刑法和民商法方面的立法权基本由各州掌握。而各州由于历史传统和现实条件的差异，所制定的法律往往各具特点，差别程度往往是较大的。美国各级政府及财政就是在这种法律体系的规范下运行的。美国与财政收入有关的法律法规主要包括如下几个方面：

1. 在宪法方面

美国宪法是整个财税法规的基础。从分权、限权的角度出发，美国宪法对联邦等各级政府的财政权做出了较为明确的规定。为防止财政权的滥用，这些规定基本坚持了立法、行政、司法互相制衡的原则。一般而言，宪法中与财政直接相关的条款大体涉及如下几个基本方面：政府事权划分条款、税收权能配置条款、财政支出管理条款、政府预算管理条款、政府间财政关系条款、财政监督条款等。就美国联邦政府而言，联邦宪法中对其中部分都做出了原则性的规定。如在关于筹集财政收入的权力方面，美国联邦宪法第1条第8款规定，为"偿付债务并为合众国提供共同防御和基本福利"而筹集资金的权力属于国会拥有。但是，国会并非独掌筹资大权，税收权是在立法、行政之间进行配置的。这不但因为筹集资金需要通过行政体系的操作才能实现，也不但因为公共收入的开支与行政体系的运行有着密切的联系，而且还由于立法、行政两大系统的税权都须在相互制约中加以限制。

2. 在行政法方面

美国行政法属规范主义模式。该模式把行政法视作"控制政府权力的法"。在美国人看来，控制政府权力的最好方法就在于对其行政行为加以法律规范。规范主义模式的要旨，就在于一套规则设置规范政府，保护个人免遭政府侵害，因此个人的权力和自由优于行政便利或行政效率，在制度安排上则注重于行政程序和司法审查机制的设置。因此，美国国会在涉及财政收入方面的法律注重对行政人员权力的限制和控制。如保持政府廉洁的《政府道德法》、规范公务员行为的《联邦贪污对策法》等。

3. 在财政法规方面

在美国联邦宪法之下，美国财政法律体系的纵向构成大致可分为国会颁布的法律、行政规章及法院判例等几个层次的内容。

普通立法上，美国联邦的普通立法是通过国会制定的法律。普通立法层次的财政法律体现在美国法典之中。这一层次的财政法律内容主要有六类：财政预算法律、财政监督法律、税收法律、公共投资立法、社会保障法、政府采购法。

行政规章上，美国国会制定财税法律通常着重对基本思想、主要原则的强调，对实施细则着墨甚少。为加强法律的可操作性，作为执法者的行政部门往往还要对法律做出具体解释，或根据法律制定实施细则，从而形成行政规章。这些行政规章同样具有法律效率。美国财政税收的行政法规主要由财政部颁行。财政部的行政法规，可分为立法性规章和解释性规章，前者主要是根据国会授权，对法律的某些条款做出进一步规定，后者是对法律原有内容的解释。

法院判例上，由于法律和行政规章仍不能覆盖全部可能发生的情况，因此，在实际施行中，会结合各种具体情况形成各种判例。例如，在税收方面，当税务部门与纳税人在一项具体的法典条文解释和适用的问题上有争议时，法院判决就构成了税收司法的依据。财政部辖下的国内收入局，每年都会公布数以百计的税收裁定，这些裁定，就成为税收中执法的依据。地方法规上，除联邦政府外，州和地方政府也具有财政立法的权力。宪法赋予州政府拥有征税权。州政府可以根据本地具体情况建立或废除地方税种，规定地方税率，可以发行地方公债，以及制定职权范围以内的各项经济和财政政策、法规等等，只要这些政策、法规不与上级政府的政策法规相冲突。因此，美国地方政府财政活动在全美财政活动中占有突出重要的地位。

（二）德国财政收入法制

德国属于典型的大陆法系国家，其法律体系与英美普通法系明显不同。

在普通法系国家，判例的地位突出，人们更多地倾向于认为法律是用以解决纠纷的手段，而对法律的社会规范作用和原理关注相对较少，由此所制定的成文法相对较少。而大陆法系国家则不是这样。在这类国家，人们更多地倾向于认为法律不但是解决纠纷的手段，而且还是调整社会关系的规范力量，从而希图运用法律来反映社会的正义，发挥法律的社会规范作用和道德教育作用。为此，只有制定出完备的成文法体系，才有利于发挥法律的社会管理作用。作为典型的大陆法系国家，德国较为重视成文法的制定，制定了大量的成文法，成为其所要追求的法治国家的基础。在财政收入方面的法律主要包括如下几个方面：

1. 在《基本法》方面

《基本法》是德国其他财政法律的根基，也是德国财政体制得以建立的依据。它对德国国家、政府的性质地位以及各级政府的事权、财政支出、税务征管权配置、税收分配、财政补贴和财政管理等都做出了明确规定。《基本法》也是德国税收立法的宪法基础。税收立法权，既包括税种的开征与停征方面的决定权，也包括税目的增减、税率的调整权以及税收的减免权等；既包括对税收的征收管理权，也包括对税法的解释权；既包括税收立法权的分配规定，也包括联邦、州税收征收管理权限的划分以及税收收入的分享规定。《基本法》第105条至第107条的规定，为税权在各级政府间的配置提供了基础。

德国税收在各级政府间的划分也是通过《基本法》明确的。联邦财政措施的重大改变职能通过《基本法》修正案进行，而这一过程是相当的复杂的，需要得到议会2/3的同意。与支出责任的划分一样，德国的税收分割也是比较固定的。德国现行税法确定开征的税种，按照联邦《基本法》第106条和税收体制的规定，有属于本级政府的专享税种和分享比例明确的共享税种，税额大的和税源稳定的税种被列为共享税，其余税种为专享税。

2. 行政法方面

德国行政法不但数量多，而且内容非常具体详尽。德国对各项行政管理活动，都制定了法律。政府各部门的行政权力都通过法律做出了明确的规定。行政机关只能依照法律行使行政权力，否则，即为违法。这批行政法律从另一个角度，构成了规制政府财政运行的"法网"。对公务人员的行为，德国也有法律加以明确的规定。如《联邦政府官员法》《利益法》《回扣法》等。

3. 财政法规方面

从总体构成上说，德国的财政法律体系和其他西方国家一样，也是由宪法以及宪法以下的普通立法和行政法规构成。

在普通立法上。《基本法》之外，在普通立法层次，德国有几方面财政税收法律的地位是较为突出的。如《财政管理法》，根据该法的规定，财政管理局这一机构受联邦财政部和州财政部双重领导，内部分设联邦和州两套工作班子，而局长则既是联邦官员又是州官员，工资由两者各支付一半。在联邦制政体下，这种机构设置是有利于执行和协调全国征收征管政策的。联邦的税收征管机构包括联邦财政部领导下的财政管理总局和关税管理局，负责征收关税和联邦消费税，其他一些联邦税以及地方税种由州、地财政管理总局和财政局负责征收。又如德国的税收基本法即《德国税收通则》，共9篇415条，除第1篇总则、第2篇欠税责任法中的少量规定为实体债务法的内容外（如有关税收的定义、欠税责任关系、税收优惠的目的等章），其他7篇的内容基本上都是关于税收程序问题的固定。《通则》作为指导一切税法原则，包括了对重要概念的解释、对抗辩权和手续的规定、对偷税漏税的处罚等内容。这个通则规范了其他税法的适用性，如果当局税收中有违反的，经法院判决，可以撤销违规做法。为规范税务咨询机构等税务中介组织，方便纳税人承担纳税义务，德国还专门颁布了《税务咨询法》。德国的税收法律是一税一法，每一个税种都有专门的法律。如《所得税法》《团体税法》《遗产和捐赠税法》等。按照基本法规定，只有联邦和州才有制定税法的权力，且绝大多数税法都是联邦制定的。由于德国在国会中设立了由国民直接选举产生的联邦议院和由各州政府委派自己的代表出任的联邦参议院，举凡行政、税收及财政等方面涉及各州权利和权限的有关联邦法律，在联邦议院通过后，必须在联邦参议院也得到多数投票通过才能生效,所以各州对税法的制定有很大的影响。联邦税法的制定权来源于联邦政府或联邦议会,复杂的制定程序决定于制定机关,但所有立法主体都必须参与,一般情况下,联邦议会是最后的审定者。法律经联邦总统签署及公布后即告生效。

在行政规章上。除普通法中的财政税收立法外,再一个层次的法律就是联邦政府以法令、规定等形式体现的各种法律的实施细则、行政规定等。其他还有诸如税收协定、欧盟法律等,对德国财政运行也发挥一定的制约作用。从总体上说,德国的立法权主要集中在联邦,州和地方的立法权不大。德国税收立法决策权也同样相对集中,大多数税种的立法权归于联邦政府,受益权和征收权则分为州和地方两级。基本法规定,联邦拥有对关税和国库专营事业的立法权,对收入的全部或部分应归联邦所得的所有其他税收拥有共同立法权。各州在宪法未赋予联邦以立法权的范围内拥有自己的立法权,各州在得到联邦法律的明确授权下享有一定的立法权。此外,州还可以立法决定州税是否应归地方所有。可见,州的权力较大,它拥有某些州税的立法权及所有州税的征收权。市政府仅限于决定地方税的税率。

(三) 日本财政收入法制

日本现代法律体系属于大陆法系,但同时具有一定的"东方式"的,特别是"日本式"的特征。其财政立法亦是如此。在日本近现代化过程中,近代财政制度与本国的宪法变更息息相关,在新的宪制框架下,日本按新的宪法规定了新的财政法、会计法等财政法律,形成了由"宪法—财政法—会计法—预算决算及会计令"等组成的财政法律体系。伴随着大规模的法制重建,财政制度发生了相应的变化,在总体上体现了从过去王权财政、专制财政向当代财政的转变,建立起了立宪财政制度。

1. 在宪法方面

日本现行宪法关于财政方面的法律条文集中在第7章,该章以财政为标题,专门对财政问题做出了规定。第7章从第83条到第91条,共设9条,涵盖的内容包括财政权行使、公共支出、征税、预算编制、财政决算、财政状况报告制度等。日本宪法对财政收入行为的规范主要包括：在政府行使财政权上，必须以国会的决议为依据。第83条规定："国家财政的权限，必须根据国会的决议行使。"在税收征收权的行使上，必须具有法律依据。第84条规定，"新课租税，或变更现行租税，必须有法律或法律规定之条件作依据。"此规定适用于政府的一切收入，把政府的一切收入都纳入国会议决的范围。

2. 在行政法方面

日本在近代法治化以后开始逐步形成行政与法律的关联关系。从明治维新开始，日本已经有了一些近代意义的行政法律。经过第二次世界大战前后的法律改革，日本的行政法律在实体和程序上都有了较大的变化。第二次世界大战以来颁布了许多行政组织方面的法规，如有关行政许可、行政处罚、行政指导，这些法律为日本行政行为的规范化和行政职权的明确化奠定了基础。这些法律的颁布和施行为财政的运行提高了有效的保障。如对公务员行为限制之法《国家公务员伦理法》。

3. 在财政法规方面

在宪法之下，日本有关财政收入方面的法规主要有：

在普通法律方面，日本有关财政的法律体系主要由财政法、会计检查院法、各种税法、各种专卖法、地方自治财政法等构成。而在财政法中，又包括会计法、关于预算执行职员等的责任的法律、关于合理执行财政补贴预算的法律等数十种法律。涉及财政收入法的有《关于国家债权管理等的法律》由6章41条组成，主要是为规范国家债权的正确行使，在对国债管理机构与程序作出规定的同时，设置了有关国家债权变更、免除等一般准则，并规定了作为国家债权发生原因的基本事项。《债权管理事务处理规则》《岁入征收官事务规程》都分别对相应的财政收入行为做出了规定。在税法方面的法律法规中，《国税通则法》由10章127条组成，主要对开征国税的基本事项与共同事项、税法体系的构成、国税的法律关系、税务行政的公开以及如何有利于国民履行纳税义务做出了规定。而《国税征收法》由10章185条组成，主要通过规定国税的滞纳处分和其他有关征收手续的必需事项，谋求与司法秩序的调整，使民正确履行纳税义务，确保国税征收的正常进行。《法人税法》由5章164条组成，主要对法人税规定纳税义务、课税所得范围、税额计算方法、申报、缴纳及归还等程序以及为确保纳税义务的正确履行所必要的事项。《地方税法》对地方税的税种及租税课征方面做了颇为详细的规定，仅正文达746条之多。

在行政规章方面，在日本，行政指导已正式成为一种社会影响巨大的政府运权现象，几乎覆盖整个行政管理领域。其表现形式众多，不仅有诱导型计划、产业政策不协调恳谈会，还有各种审议会，发布技工贸方面官方的信息，以及具体的指示、告诫、劝告和建议等。日本虽然在政府运行、财政运行方面都制定了相应的法规，作为一个行政主导型的市场经济国家，行政力量对立法、司法过程中的影响、干预非常明显，这形成了和美国、德国明显区别的地方。可以说日本行政权在法制体系中表现出了强势的地位。如在税收征收方面，日本税收立法的突出特点之一，就是税权的上移以及中央对地方税实行严格管理虽让地方政府根据自治原则，有权决定征收何种地方税，但中央政府为了防止地方税和中央税的重复征收，因而对地方税的课税标准控制较严。这种制度在日本被称为"课税否决制度"。它的实施分为两个阶段：第一阶段，根据地方税法列举课征的地方税；第二阶段，地方政府计划在征收地方税法列举税种之外的税收时，必须得到自治大臣的许可。依靠"课税否决制度"，可以限制地方政府擅自开征税种。同时其不仅严格控制地方政府的税种开征全，同时对地方税税率也给予适当限制。

二、三国财政收入法制评鉴

（一）财政收入法律体系较为健全

从上文三国的财政收入法制介绍中，可以看美国、德国、日本等国的财政收入法律体系是比较完备和健全的。从纵向构成上看，一般由宪法、法律、行政法规等组成。如美国就由宪法、法律、行政法规和法院判例等组成。

（1）在宪法中明确规定了财政主要原则和有关权限，他们在宪法中明确规定了财政立法权限、明确划分了政府事权与财权、明确规定了税收法定原则。

（2）制定一系列财政收入法律来规范财政活动。除宪法之外，这些国家的立法机关制定了大量的财政法律，如税收基本法、各税种法律、预算方面的法律、财政支出法律、国有资产管理法律、社会保障法律等，以此来规范财政税收方面的分配活动和宏观调控。在税收方面的表现：一是多数国家对每一个税种都制定一部相应的税法。如德国议会制定的所得税法、法人税法、工资税法、财产税法、销售税法、遗产税法等。同时，各国通过法律对税收的征收管理做出了明确严格的规定。二是有些国家还制定税收基本法或税法通则。例如，德国制定了租税通则，美国还有专门的税收法典。

（3）制定行政性法规补充细化财政收入法律内容。根据法律规定，行政部门要制定行政性法规对财政法律进行细化。如美国财政部制定财政法规对美国税收法典的有关规定进行细化，这些法规要按照所对应的法典章节的顺序汇集成册，并在正式实施前，向社会公布征求意见。同时美国国内收入局要制定税收裁定，对法典和行政法规如何适用于具体情况进行解释。在英美法系国家中，有关财政事项的司法判例也构成法律的一部分。这些判例为以后类似事项的处理提供了法律依据。

（二）立法层次高

这些国家宪法明确规定，财政法律草案必须提交最高立法机关审议批准。财政法律草案只有经过最高立法机关审议批准后，才能签署公布，成为正式法律。宪法对税收做出了严格的原则性规定，即有关税收方面的事项必须制定法律加以规范。行政性法规只是对财政法律的细化补充，其内容不能与财政法律的内容相抵触，更不能脱离财政法律而单独存在。而税务部门的裁定、公函和函复必须与法律和行政法规的内容相一致，否则将会被法院判定为无效。由此可见,以财政法律为主,法律效力较高,是这些国家财政法律体系的一个重要特点。

(三) 立法民主化与科学化

这些国家在财政法案的起草、审议方面还是非常的严格。如美国的税收法案先由众议院对法案严格审查通过后再由参议院对法案审议并表决,若两院有不同意见就要召开两院联席会议进行审议表决。

综上分析,美国、德国、日本等国家在财政收入法律体系的建设上成熟且完善,不仅立法较为全面,法律的位阶也较高,而且法律的制定也能够体现科学立法、民主立法的精神,值得借鉴。

第四节 推进我国财政收入法治化的建议

全面推进财政收入法治建设是一项系统性、长期性的工程,需要社会各方共同的持续努力,也需要将财政收入法治建设放到依法治国和法治国家建设的大局中统筹推进。我国经济发展进入新常态和"四个全面"战略布局都给财政收入法治建设提出了新的要求,财政收入法治建设应当主动适应新形势的新要求,通过全面推进税收立法、税收执法、税收司法和税收法治环境建设以及提高非税收入的法治化水平,为财税改革提供法治保障,更好地发挥财政对经济的促进作用,进一步促进社会公平正义。

一、加强税收法治化建设

(一) 税收立法的改革与完善

1. 回归全国人大税收立法权

税收立法权回归全国人大符合《宪法》和《立法法》的精神,且时机已基本成熟。第一，税收立法回归人大已有一定经验。改革开放近40年立法经验，尤其是近几年提高立法级次的实践为税收立法权回归全国人大积累了一定经验，如全国人民代表大会常务委员会于2011年2月25日发布《车船税法》，取代原由国务院发布的《车船税暂行条例》；国务院于2011年12月5日发布《船舶吨税暂行条例》，取代原由海关总署发布的《海关船舶吨税暂行办法》，立法级次从部门规章提升为行政法规，都体现了税收立法权上移的做法。第二，多年来国家在财税领域改革的推进，以及当前经济社会形势的发展，尤其是财税体制的不断完善，税收立法和经济制度建设不断趋于成熟，公众维权和民主政治意识增强，舆论监督能力的提高，已为税收立法回归人大创造了良好的经济环境、法制环境和人文环境。第三，多年来全国人大及其常委会不断加强自身建设，其人员结构和人员素质得到较大改善和提升，工作机制进一步完善，为税收立法权回归人大提供了重要支撑。

考虑到复杂的历史原因和现实困难，税收立法权回归人大是一个渐进的过程。建议从以下三个方面实施：一是新设税种不再由国务院制定税收暂行条例，必须通过全国人大立法。二是按照"先易后难、稳步推进"的原则，制定税收立法权回归全国人大的路线图和时间表。争取用5年时间，将增值税、消费税等一批主要的税收暂行条例转变为税收法律。三是为了减轻税收立法部门的工作压力，可以委托财税专家组织专门研究团队负责起草具体税种的立法草案，在广泛吸收有关政府部门和公众意见的基础上，形成具有科学性和前瞻性的税收立法议案提交全国人民代表大会相关机构审阅，以加快税收立法回归人大进程。

2. 落实地方税收立法权

在"落实税收法定原则"的指导下，税收立法权回归全国人大的同时，也应加快推进落实地方税收立法权，这与税收立法权回归人大并不矛盾。首先，"落实税收法定主义"中的"法"，应该包括全国人大及其常委会通过立法程序制定的税收法律和地方人大及其常委会制定的地方性税收法规两个方面，但不应该有过多的横向授权立法。其次，不管是前者还是后者都有法可依，前者是依据《宪法》和《立法法》，而后者则依据《立法法》和《地方各级人民代表大会和地方各级人民政府组织法》，只是目前没有严格按照相关法律规定执行，所以要"回归"和"落实"。再次，全国人大和地方人大所立税法不冲突，反而互为补充。全国人大应掌握中央税、共享税以及维护全国统一市场和公平竞争的地方税等主要税法的立法权，而地方人大则是在全国普遍征收的地方税以外，结合本地实际情况，单独开征某些税源分散、具有地方特色税种的权力，并赋予其管辖的地方税税率调整权和税收减免权。

建议以法律授权的形式将少数适合地方立法的税种划分出来，在条件比较好的省、自治区、直辖市尝试由地方人民代表大会行使税收立法权，由地方人大决定开征或者停征，实现统一税法与适度分权、全国市场统合与地方因地制宜的有机结合，也为构建稳定合理的地方税体系提供法律保障。但在赋予地方适度税收立法权的同时应注意以下几点：第一，地方税收立法权的赋权方式。考虑到我国的单一制政体，地方税收立法权应由中央授权，但是，只能由全国人大及其常委会通过决定授权，不宜通过国务院的行政决定进行。第二，地方税收立法权的主体。由于省级人大处于中央与地方权力机关的交汇点，在地方各级权力机关中起主导作用。鉴于此，地方税收立法权只能由地方各级人大及其常委会行使，不宜由地方政府实施，即不宜层层授权。第三，地方税收立法权的约束与监督。为了维护税法体系的统一性，在赋予地方适度税收立法权的同时，必须建立完善的监督约束机制。比如在程序上，地方税收立法不得与中央税收立法相抵触，地方税收立法应报中央备案等；在实体上，不得以地方税收立法之名从事其他任何增加纳税人负担的行为，不得妨碍既有税种的征收效果等。

经过税收立法权回归全国人大以及地方税收立法权的落实，我国税收体系将变化见图 4-1。与前文相比有三个方面的变化：一是我国税收立法应该以税收法律为主，税收行政法规为辅；二是赋予省级人大及其常委会一定的税收立法权，如根据本地区的税源结构，开征适合本地区筹集财政收入和调节经济社会发展的税种的立法权，即普遍开通④⑤两个授权机制（见图 4-1）；

三是还应加强税法执行机构（如财政局、地税局、国税局）对现有税法的信息反馈机制，确保税收立法或税收政策改革的质量，做到税收相关立法事前、事中和事后的监控机制。另外，税收立法的质量以及立法的效果必须得到有效执行才能产生应有的效果，为了配合税收立法的实施，还应充分调动财政部门、地方税务局和国家税务局等相关部门和机构的积极性，做好税源建设和税收征管在国税和地税之间的协调，形成立法与执法为一体的税收法律运行机制，加快税收法制化进程。

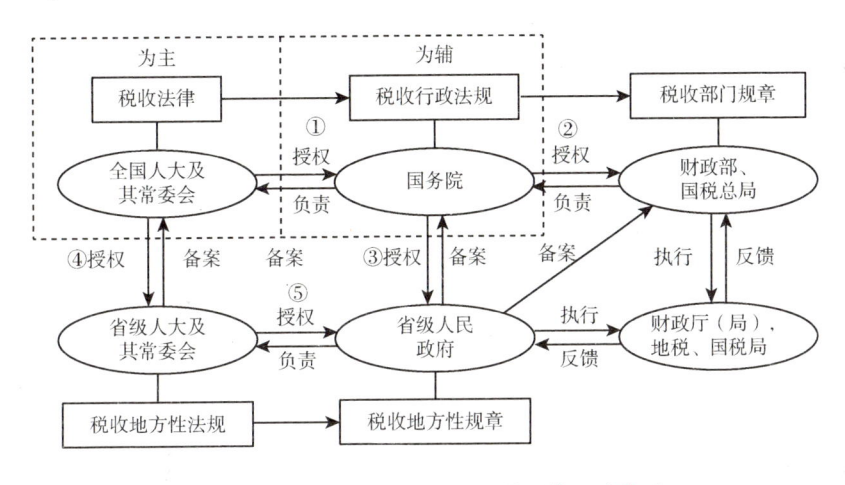

图 4-1　税收立法权调整以后的税收立法体系

3. 完善税收立法程序

首先，提高税收立法程序中民主参与度。一是提高税收立法的透明度。应将税收立法的各个阶段及其阶段性成果向社会公开，立法机关在立法过程中要公布议程，发表记录，准许旁听，以保证公民的知情权。对事关全体人民切身利益、有重大影响的税收立法，立法机构应将立法草案全文在报刊等媒体上加以公布，动员公民开展讨论，立法机构在此基础上收集意见，并建立畅通的信息反馈渠道，及时反馈公民在税收法律制定和实施过程中提出的意见。二是将立法听证制度化且在税收立法过程中对纳税人的保护明确写入相关法律，建议研究制定《纳税人权利保护法》，着重从税收立法程序开始，引入民主参与机制，创新公众参与立法制定过程的形式，对立法机关以及行政执法机关给予一定的制衡机制,克服行政性立法的弊端,确保立法的民主性和科学性,以达到良法善治的目的。

其次,明确和规范税收立法过程中的授权。《立法法》对授权也做了有关规定,如"应当明确授权的目的、范围",但是没有对授权期限以及授权立法的监督考核做出相关要求,无期限的授权和无监督的授权都是不合理的。基于上述关于税收立法权回归全国人大以及落实地方税收立法权问题的分析,在规范税收立法权的授权方面有如下三个方面的建议:一是尽可能减少授权,由全国人大及其常委会或地方人大常委会按照法定程序完成税收立法。二是加强授权监督考核机制的建设。授权必须与完善备案审查制度同步进行,做到授权立法的事前、事中和事后的监督检查。三是对于需要授权的立法,明确授权目的和范围的同时,还应当明确授权期限,一旦到期应考虑终止授权。

4. 改进税收立法技术

首先,重视税收制度的"顶层设计",制定税收立法总体规划。税收立法技术的改进关键要对税收制度或税收立法有一个总体设计,只有这样才能确保税收立法质量,有利于税收立法的顺利执行并达到预期效果。建议建立目标导向型税收立法模式,将各种税收法律有机地统一在税收规划总目标之下,加强税收实体法中各税种立法之间的协调配合,降低税收立法的直接成本和间接成本。

其次,提高税收立法预测的科学性。一是将立法规划目标融入立法预测中。具体可将立法规划的总体目标进行分解,设立包括税源规模、征收漏洞、征税方法等税法执行中的重要对象与环节的立法预测目标体系。二是充分利用现代计量软件和分析方法,加强现代化信息技术和现代预测方法在税收立法预测中的应用,不断改进传统税收立法预测方法,多视角、多方位地进行预测,提高预测的准确性。三是扩大预测主体的范围和参与度。建立开放式的税收法律预测机制,广泛吸纳纳税人、专家学者和相关部门的意见,增加税收立法预测参与的广度和深度。

最后,规范税收立法表述。统一税收法律术语的内涵和外延,增加税收立法行文的严谨性,既要准确简练,也要庄重朴实。同时,也要加强税收立法队伍建设和人员的责任心意识,尤其是税收法律法规的发布单位,应该严格把关,避免用词或标点符号等低级错误。

(二) 税收执法的强化与规范

税收法治的核心是约束和规范税权。全面推进税收法治应当通过合理配置、规范行使、严格监督税权,确保其在法律的框架内行使、有效发挥税收的职能作用。

1. 依法组织税收收入

新修订的《预算法》明确提出,预算经本级人大批准后,按照批准的预算执行。预算收入征收部门和单位必须依照法律、行政法规的规定,及时、足额征收应征的预算收入。因此,在税收法治建设过程中,税务机关应依照法律、法规及时足额组织税收收入,做到依法征收、应收尽收,不收过头税,不得违反法律、法规的规定和超越权限多征、提前征收或者减征、免征、缓征应征税款,强化税收入库管理。各级地方政府也应当按照《预算法》要求,执行本级人大批准的预算,不得向预算收入征收部门和单位下达收入指标。

2. 有效落实税收法律、法规和政策

我国经济发展处于结构调整、发展动力转变的新时期,改革也进入了"深水区"和攻坚阶段,国家在实施"四个全面"战略布局的过程中将通过法律、法规和依法制定的政策统筹推进各项工作。因此,有效落实税收法律、法规和政策就显得尤为重要。在落实税收优惠政策过程中,注重把握精神、抓住重点、科学谋划、落实责任,强化督办,跟踪问效。树立"不落实税收优惠政策也是收过头税"的意识,切实将政策落实到纳税人,提高政策受惠面。

3. 强化税收执法风险防范

税收执法风险防范主要包括风险识别、风险评价、风险处理和风险监控四个阶段,税收执法风险防范在我国整个税收执法内控中是相对薄弱的一环,强化执法风险防范应从以下几方面入手：

（1）强化信息收集反馈。通过对信息收集反馈人员及部门的职责、报告的时间及要求、内容及传递路线进行明确规定，保证信息收集反馈渠道的畅通。同时，结合信息来源渠道确定内外部重点信息采集项目，保障信息收集的完整性和有效性。

（2）强化风险分析评估。按照高危性、多发性的风险查找原则，综合运用座谈讨论、问卷调查、实例分析、对外咨询等分析评估方法，对采集的信息进行认真分析筛选，查找潜在风险，并根据税收执法业务流程，结合以往经验教训，确定重点风险内控项目、重点风险岗位以及关键风险点，明确应采取的控制措施；在执法督察对象的选取上，应借鉴新西兰国内收入局通过建立风险模型来确定审计单位的做法，提升督察对象选取的准确性，确保执法督察开展的有效性。

（3）适时开发税收执法风险管理平台。在具体思路上，可以依托现有的自动化考核系统和税收征管系统，新增执法评估和督察审计等系统，强化各系统间的信息共享、功能整合，形成互为支撑、密切协作的有机整体。同时，将有关政策性、规范性文件，转化成计算机参数上能够设置、数据上能够判别的程序，由计算机进行筛选、判断，并提示初步分析结果，实现对重点税源、纳税人提交的各类涉税数据的综合分析，一方面，可以提升税务执法人员对纳税人提交的各类涉税数据的利用程度，对风险发展趋势进行预警与评估；另一方面，通过开发风险管理平台，为税收管理员提供自身管户情况的"X光机"，有助于税收管理员全面了解自身管户的生产经营情况，掌握管征重点，明晰自己工作的方向，防范执法风险。

（三）税收司法的改革与完善

公正是法治的生命线。司法公正对社会公正具有重要的引领作用，司法不公对社会公正具有致命的破坏作用。在推进税收法治建设的过程中，应着力完善税收争议解决机制，发挥税收司法对税收行政的监督和促进作用。

1. 完善税收争议解决机制

税务行政复议和行政诉讼是税收争议解决的主要渠道。税务行政复议通过在行政机关内部审查具体行政行为的方式，以较小的行政成本最大限度地在行政机关内部纠正错误，弥补漏洞，解决涉税行政争议，化解社会矛盾。税务行政复议在对行政行为进行审查、解决涉税争议等方面与税收司法有相似之处，是一种"准司法"的税务行政活动。从保护弱者、保护相关主体权益的角度说，各国在立法上更注意提高税收诉讼和税收复议的兼容性，为了使相关主体在寻求救济时有更大的选择自由，各国往往尽可能降低税收诉讼对税收复议的依赖性。为更好地保护纳税人权利、促进税收公平，建议取消我国关于纳税争议复议前置的规定。

2. 加强税收司法对行政的监督和促进

（1）加强司法解释和审判案例对税收实践的指导。我国对抽象行政行为实施有限司法审查，新修订的《行政诉讼法》规定，"公民、法人或者其他组织认为行政行为所依据的国务院部门和地方人民政府及其部门制定的规范性文件不合法，在对行政行为提起诉讼时，可以一并请求对该规范性文件进行审查。前款规定的规范性文件不含规章"。从国际经验看，欧洲法院之所以能在税收建设中发挥很大的作用，一个非常重要的原因是其具有解释法律和监督法律统一实施的职权。英国、美国等实行判例法制度的国家，法院不仅享有司法审查权，还享有部分立法权。

司法审查是对行政机关立法权进行监督行之有效的方式，应当完善司法审查制度。法院应充分利用现有的司法审查权力，对规章以下的规范性文件加大审查力度，对于违反法律、法规的规定坚决不予适用，从而推动税法的修改和完善。要进一步强化法院在税收司法审查、司法解释中的作用，适当扩大司法审查范围。

司法审判对税收执法是一种外部监督，也是一种最为经常性的、最权威的监督。应当进一步发挥司法审判的监督作用，通过定期发布税务行政诉讼典型审判案例，指导税收司法和行政实践。

（2）完善税务机关与司法机关的行刑衔接机制。全面推进税收法治建设要完善行刑衔接机制。及时完善税法，解决税法与刑法对同一性质违法行为定性不一致、罪名不统一等问题，增强税法与刑法的协调性。完善制度规则，建立行政机关与司法机关之间的信息共享、案件通报等机制，并通过税警联合办公、多部门联席会议等形式加强部门协调配合，加大刑事案件查办力度。充分发挥检察机关职能作用，强化司法监督，推动行刑衔接工作发展。

（四）税收环境的治理与净化

全面推进税收法治建设应当加强税收法治环境建设，通过优化纳税服务促进税法遵从，通过健全税收保障机制增强社会治税合力。

1. 依法行政，规范政府管税

2001年新的征管法出台后，规定了各级人民政府加强对税收工作的领导，要大力支持税务部门依法行政工作，这对税收法治化建设具有十分重要的作用。为了使各级党政领导支持税收工作，防止各级政府干预正常的税收执法工作，要建立党政领导依法行政责任制。对少数领导继续搞地方保护主义，随意放宽税收政策，干扰税务机关执法的，要坚决查处，追究行政责任。对情节严重，给国家造成重大经济损失的，或者不利于国家宏观经济调控，破坏国家税法行为的，要追究法律责任，从而促进政府行政职能的转变，为税收执法创造一个良好的外部环境。

2. 优化服务，促进税法遵从

在全面推进税收法治建设的过程中应当注重通过优化纳税服务，促进税法实施、化解涉税争议和矛盾。如创建方便、高效的办税环境，推进"一窗式""一站式""一门式"服务、全程服务；拓宽网上办税事项范围，推进网上办税、电话办税、短信办税、自助办税、预约办税，方便纳税人；加强国地税合作、扩大联办事项范围；优化办税流程，推行政务公开，提高办税效率；加大税法宣传力度，通过创新宣传形式、拓宽宣传渠道，提高纳税人的依法纳税意识和知识水平。

3. 合力推动，促进税收保障

建立税收保障机制，有助于打破税务机关与其他部门之间的工作壁垒，进一步推动税务机关与其他部门之间的信息互通、资源共享，加强相互之间的交流与合作，推动治税方式实现从税务机关单一管理型向各部门协同管理型的转变，提高行政管理效率，减低行政管理成本。《税收征收管理法》明确规定，"有关部门和单位应当积极支持、协助税务机关开展税收执法活动，建立、健全涉税信息共享制度"。国家税务总局也发文明确要求税务机关"积极争取地方党委、政府的支持和相关部门的配合协作，努力通过制定地方性法规、政府规章等方式，建立、健全政府牵头的公共信息共享机制，有效获取相关部门的涉税信息，并明确相关部门协税护税的责任和义务"。2015年，国家税务总局首次将425件重大税收违法案件信息推送到国家发展改革委、公安部等20个部门，由相关部门对违法当事人开展联合惩戒。此举对提高纳税人的依法纳税意识、构建纳税诚信体系、促进社会信用体系建设具有重要的意义。

目前，我国已有部分省市制定了税收保障相关的地方法规和地方政府规章，明确了本地政府及其部门在开展涉税信息共享及税收执法协助方面的职责。在实践中，税收保障制度促进了税务机关涉税信息采集力度、税源监控能力和征管质量的提升。应在总结各地税收保障制度制定和实施经验的基础上，建立全国性的税收保障制度机制，明确保障内容、工作要求、实施方式、监督措施等，以强化税源管理，提高税收征管质效。

(五) 完善税收权力的监督和制约机制

监督检查是保障税收执法权力规范有效运行的重要手段，强化执法监督的建议主要是：

1. 强化税收执法监督的规范化管理

将监督工作制度化，并对各环节做出详细的规定，用制度或法律的形式将税收执法监督制度稳定下来。即通过一系列的监督制度，将各种监督的主体、内容、程序予以详细的规定，使之具有便利的操作功能。

2. 依托信息化，继续探索高效的执法监督方式

（1）继续深入推进税收执法责任制。一是构建"五位一体"的税收执法责任制体系。"五位一体"即一套岗责体系、一个执法责任制考核评议追究办法、一套业务考核需求、一套考核指标体系和一套执法考核程序。二是扩大税收执法监控范围覆盖面，将所有税收执法权全部纳入监控考核范围，做到对执法环节的无缝隙监控考核，同时全面、细致地反映所有税收执法活动的执法流程和重点环节。三是加强事前管理，进一步强化执法预警的现代化信息管理，化解执法风险，帮助纳税人规避涉税风险，维护正常税收管理的秩序。四是增加指标动态维护功能，按不同管理时期的管理重点和要求，重点实施考核。五是健全执法责任制考核指标体系。重点探索在执法的实体监控考核方面扩大监控范围，进一步强化执法的刚性，实现对执法流程的全过程监控。六是加大人工考核力度，探索多种形式的人工考核，对计算机不能考核的执法行为和计算机考核真实性进行人工监控，保证执法考核结果的全面性。同时，不断拓宽执法责任制人工考核过错来源线索，将执法检查，财政、审计部门的审计意见，外部评议，巡视中发现的问题及时汇总纳入人工考核，实现执法责任制的人机相结合。

（2）探索信息化执法检查方式。长期以来，执法检查手段缺乏创新，传统的"确定检查内容、组成检查小组、逐项实地抽查"的检查方式受制于人力、物力等因素，导致检查过程流于形式、检查标准不明、过错判定没有统一口径、检查方式落后、信息资源不能充分共享等弊端。在此情况下，改进执法检查方法、加大执法检查力度显得尤其重要和紧迫。可利用完备的税收征管信息系统，试点开发执法检查管理系统，运用信息化手段探索网上执法检查方式，对所有的征管数据海量分析比对，设置不同的参数值，对超过合理参数的数据，以派送单的形式发往被查单位，由被查单位有针对性地提供证明材料。此检查手段可先采取人机结合的方式，随着税收征管信息数据录入的逐渐完备、考核指标的不断完善，逐步扩大自动执法检查的范围，拓展对实体性执法行为检查的深度。在试点单位运行成熟后，分别开发国、地税系统的网上执法检查系统，分期分批在全国税务系统推广应用。

3. 建立有效的监督整改落实机制

应完善执法检查复查制度，明确执法检查人员的连带责任，调动被检查单位与执法检查人员的积极性，促进系统内部执法监督发现问题的全面披露；对于发现问题应从内控机制的角度探求问题产生的根源，并给出专业的指导意见，从而探索建立一个执法过错全面整改的督导机制，实现互动流程的职责化、规范化和制度化，形成良性循环互动，避免同类问题的屡查屡犯。

二、提高非税收入法治化水平

税收收入和政府非税收入都是我国财政收入的重要组成部分，所以，在加强税收法治化的同时，我国也应该加快对政府非税收入管理的法制化。我国政府非税收入现行的法律制度仍然还存在着不少问题和漏洞，需要国家和相关部门通过改革来进一步完善相应的法律制度。虽然到目前为止，我国还尚未制定出统一的《政府非税收入管理条例》，但是国家通过先行制定《政府性资金管理条例》《彩票管理条例》等单行性法规，通过实践和各单行性法规来总结出非税收入的范围、管理权限、监督检查和法律责任等。各地区的非税收入管理规定相继实行，也会促成中央立法的早日出台。地方政府往往对非税收入的依赖比中央政府而言更为迫切。所以，地方政府先行开展了政府非税收入的法律规范，但是到最后终究会实现统一。所以，要完善我国政府非税收入的法律规制制度，就必须树立正确的指导思想，同时也要注重对非税收入具体制度的构建。

（一）合理制定非税收入的管理范围和征收标准

加强政府非税收入的法律规制，就必须在立法上合理制定政府非税收入的管理范围，理清非税收入管理范围并以法律的形式确定下来，才能促进政府非税收入征管部门的有效管理和监督，也体现出政府主管部门管理的规范性和合法性。加强规范和控制政府非税收入的管理范围，让政府非税收入能够更合理和稳定地增长。对于政府非税收入管理范围的认定，应当将体现政府行为或者是凭借了国家资源、国有资产所获取的资金收入应该全部纳入法律监管之中，这样才能真正确保非税收入的应收尽收。而且国家、政府部门、财政部都应该全面清理和整顿那些不合法、不合理的政府非税收入项目。政府非税收入项目在设立之初一般是具有特定的目标性和政策性的，一旦随着时间推移和对应的政策或环境的变化，有些非税收入的项目就已经失去了原有的设立意义，或者是严重地阻碍或制约了市场经济的发展。但不少地方政府在设立了非税收入项目后，就对某些项目"不闻不问"，没有任何变动和调整。这就导致了政府非税收入项目规模臃肿，数目繁多，政府部门和财政部门都难以有效进行管理和监督，并且还造成非税收入项目征收资金的浪费。2013年3月，原国务院秘书长马凯在全国人大会议上就《国务院机构改革和职能转变方案》的报告明确指出：要取消不合法、不合理的非税收入项目以规范政府非税收入的管理。所以，非税收入项目进行合理取消和调整是当下各级政府部门要执行的工作重点之一。要尽快将部分阻碍市场经济发展的不合法、不合理收费予以取消；并且将那些体现政府职责和政府行为的收费应该予以保留，并纳入预算管理中，将其作为政府非税收入来进行严格征管。政府实行非税收入收费公示，并且每年应该出台相应的征收项目目录，例如行政事业性收费项目目录，就很好地罗列出行政事业性收费项目有哪些，使得地方政府在征收税收时具有可操作性。

同时应该科学地界定政府非税收入的征收标准，使非税项目具有合理性和可接受性。许多发达国家对制定科学合理的政府非税收入的征收标准十分重视。他们认为，制定征收标准，应该是按照低于平均成本的边际成本进行收费。国外政府会根据所提供的项目或者服务进行严格地定价，通过反复验算、评估和论证而得出的最终定价。这种定价不仅仅要让社会公众能够接受，还要通过此定价的收取对政府进行弥补补偿。在我国，征收标准的制定，是由我国收费部门提出方案后对价格进行申报,然后通过审计部门进行核算,最后是由国务院或者地方政府部门审批,再向社会公众公布并加以实施。这种非税收入的征收标准没有进行公开,没有公众的参与。这种征收标准一定程度上更体现了政府部门或者事业单位等征收部门的自身利益。所以,明确政府非税收入的收取标准对规范我国政府非税收入是十分有意义的。首先,运用法律法规明确政府非税收入的征收标准就应该低于平均成本,非税收入的设立必须不以营利为目的,不增加公民、企业和其他组织的负担。其次,运用法律法规明确非税收入的征收标准,就应该制定一些让公众参与到非税收入征收标准的制定环节中去。政府在设定收费标准时就应该采用听证会的形式,让更多的公民参与和论证标准的合理性,也让公众充分了解政府非税收入项目的收费标准的整个设立过程。而对政府非税收入的服务成本数据计算,应该让独立的第三方中介机构或者政府部门内部的监管部门来提供。只有这样,才能增加成本核算的真实度和可信度,这样才能增加成本核算数据的可信度,才能更好体现和保证了政府部门对非税收入管理的透明性、公开性。

(二) 规范非税收入项目的设立程序

要加强政府非税收入的法律规制,规范对非税收入的管理,那么就需要对非税收入的项目进行有效监管。通过法律法规明确非税收入项目的设立程序,以避免部分地方政府、单位不合法、不合理设立非税收入项目。这种违法违规项目不仅损害了国家的权威,而且给社会公众带来了更多的经济负担,引起公众的不满,这明显违背了非税收入项目设立的初衷。所以,规范政府非税收入项目的设立程序是十分必要的。

规范对非税收入项目的设立程序,我国应该借鉴发达国家的经验和做法,必须注意以下事项:第一,立项部门应严格依据法定权限设立项目。现行法律、法规、国务院和财政部曾经对各项非税收入的审批权限作了严格的规定。例如政府性基金项目,应当依据法律、行政法规、国务院或者财政部的规定进行设立。行政事业性收费项目的设立，依据《〈行政事业性收费项目审批管理暂行办法〉的通知》规定，只能由省级及以上财政和价格主管部门进行审批。国有资源经营项目的设立，由于国有资源、资产的产权关系的特殊性，其只能由国务院、县及以上人民政府或财政部门依法设立或审批。罚没收入项目，则应该按照《行政处罚法》和其他法律法规进行设立。明确设立和征收各项非税收入项目的权限。政府非税收入项目的设立必须严格遵守法定的权限和程序来进行。第二，立项部门设立项目应具备合理性。项目的设立，必须经过事先充分的评估、调查和论证。在设立项目之初，应该注重增加公众的参与性，例如通过听证等方式，听取民意，使得项目设立更具科学性，同时体现了国家、地方政府在行使职权时"以人为本"的理念。第三，加强非税收入项目设立公示制度。当项目审批通过，国家、政府部门应该对通过的项目进行公示、公开，通过法律、法规、政府性文件做出规定，借助媒体和网络进行宣传，增加信息的透明度，让广大公众知悉和了解，这也有利于征收部门今后对非税收入项目的征收和执行。

（三）改进非税收入的征缴方式

按照"收支两条线"管理规定，非税收入应实行"收缴分离"，即执收单位不直接收款，由缴款人根据执收单位开具的非税收入统一票据或专用票据，直接到财政部门指定的收款银行缴款。执收行为与资金收缴相分离，可以防止资金被截留、挤占、挪用和坐收坐支，确保资金及时足额收缴。按照这项要求，各地已普遍实行了"单位开票、银行代收、财政统管"的收缴分离制度。非税收入法律法规中应进一步明确该项制度。同时，应该考虑各地具体情况、征收方式和实际的差异性，由当地政府部门选择和规定更有利于本地区的征收方式进行征收。在考虑和选择的过程中要充分进行考量，一方面从征收部门角度考虑该征收方式是否有利于足额征收，有利于提高征收效率和降低征收成本；另一方面从缴纳者的角度考虑是否能够方便缴款，以给缴纳者带来便利。

由于政府非税收入的涉及面十分广泛，而且它又具有极强的政策性。国家亟须建立一个方便、高效、科学的征收方式，可以有效提高政府部门的征收效率，也方便政府部门的管理，同时也可以减少缴纳者的缴纳环节，减轻缴纳者的负担。所以，国家或地方政府应该秉承有利于征收以及方便缴款的原则，对不同的非税收入就应该采取不同的征收方式。一是针对行政事业性收费、政府性基金，这类性质的非税收入数额一般比较大、来源相对稳定，那么就可以采取由政府非税收入管理部门统一进行征收，例如设置政府非税收入征收大厅。采取这种固定的方式进行征收，可以方便今后的管理和统计，由征收大厅将数额全部上缴。二是少部分政府非税收入可以由财政部门委托税务部门代为征收。三是针对罚没收入，可以委托由各个银行代收，在各个银行或者规模比较大的商业银行、国有银行设立代收网点，由缴纳者就近缴纳罚款，然后由代收点将资金统一汇到特定的财政专户。

同时，在非税收入征收过程中，除了改进非税收入的征收方式外，还要严格加强对各个征收方式中的财政票据的管理。无论采取哪种收缴方式，都应该在缴费者缴纳费用后给予相应的收缴票据，严禁无票收费和白条收费的现象。同时健全相应的财政票据的监管网络，结合2012年10月11日出台的《财政票据管理办法》严格贯彻到每一个征缴方式上，真正实现能以票管费的目标。

(四) 明确非税收入的征收主体及其职责

多年以来，由于政府非税收入一直由政府具体的行政管理部门执收，通过非税收入征收管理系统缴入财政后，又由征收部门向财政部门申请使用。这种"自征自用"的方式造成征收部门形成了自己就是非税收入的征收主体，非税收入应归本单位所有的错误思想。根据我国财政部发布的文件明确规定，政府非税收入的征收主体应该是各级财政部门。所以，我们应以立法的形式将非税收入的征收主体确立下来。非税收入是政府部门在履行政府职能过程中依法向社会公众征收的政府性资金收入，是政府财政收入的重要来源之一。

政府非税收入的本质属性是国家财政性资金，而不是各个政府部门和单位所自有的资金，从此属性来看，政府非税收入征管主体只能是财政部门，政府非税收入必须全部纳入财政管理中去。为了规范和加强政府非税收入的管理，各级政府亟需明确财政机关是政府非税收入的主管部门，应该因地制宜，合理利用当地资源和有利条件，在财政机关的内部设立专门的非税收入管理机构，并配备专业能力强的工作人员，对政府所有的非税收入纳入统一监督、管理和使用的有机管理制度中去。从目前情况来看，全国大部分地方政府相继建立了非税收入管理机构。各市（州）、县（市、区）也相继成立或更名了非税收入管理机构。例如，湖南省、云南省财政厅均成立了副厅级的非税收入征收管理局专司非税收入征收管理。

因此，在政府法律规制中，对政府非税收入的征管主体通过法律来进一步加以明确，是十分有必要的。通过立法来明确政府非税收入的征管主体，可以进一步地强化和规范政府非税收入的征收管理行为，同时也促进了政府非税收入法律体系的完善。明确规定对政府非税收入的管理部门应当是政府的财政部门，由财政部门做好政府非税收入的监督、管理工作。由于地域不同，国内各省市的经济状况也不一样，可以根据各自区域情况以地方法规形式来明确征收主体的法律地位和主要职责。

（五）加强非税收入的监督管理和相关法律责任

目前，政府非税收入管理中违规现象仍然很突出。征管部门没有经过法定程序而私自设立政府非税收入项目，征管部门或部门成员擅自隐藏或挪用政府非税收入的不规范的现象时常发生。其实造成这些不规范的现象滋生的主要原因是政府监管不力，对政府部门或者部门员工的违法违规行为没有进行严肃的查处，或者是处罚力度较弱。在市场经济下，政府部门作为理性经济人，非税收入的违法成本过低，在巨大的利益和低廉的违法成本相较之下，政府往往会更倾向于去追逐利益。所以，要做好政府非税收入的法律规制，就必须做好对政府非税收入中各个环节的严格监督，合理规范和构建政府非税收入的监管制度，就必须建立多级监督模式。多级监督模式就包含了中央监督、财政部门监督、征收和使用单位内部监督以及社会监督等，从而形成一个自上而下，不同层级的全方位和完整的政府非税收入的监督管理制度。加强和规范财政部门对非税收入的稽查和监督，制定政府非税收入的违法违规的处罚和责任追究等方面的法律制度，以强化监管部门的稽查职能，着重打击查处重大违法违规案件，打击偷逃政府非税收入的违法行为，避免国家财产的不必要的流失，从而保证国家财政收入的完整性。公众以其知情权利和言论自由权参与国家政治活动，并监督公共权力的运行，而把两者结合起来离不开新闻媒体，依靠的是舆论监督。舆论监督是国家确保公共权力正当行使的重要保障。所以，对征收部门乱征收、乱罚款、乱使用、少征或者不征收、随意减免政府非税收入的违法违纪现象，必须依法进行严格查处，并且应通过公共媒体进行曝光。除此之外，要规范监督还要建立定期上报的制度，将该阶段该部门对政府非税收入的征收、管理、支出使用情况向人大报告，接受人大的监督。此外，各个监管部门应该联合起来，审计部门要将政府非税收入的收支情况纳入监管范围。物价部门对政府非税收入的项目收费范围、收费标准进行评估和监督；要充分发挥社会监督作用，定期向社会公布行政事业收费和政府性基金项目目录，接受社会监督。针对非税收入征收、使用和管理中各种违法违规问题，按照《财政违法行为处罚处分条例》的有关规定，进一步明确相应的法律责任和处理处罚措施。

通过完善政府非税收入中相关法律法规，明确规定政府非税收入监管的征管对象、范围内容，明确制定征管主体和客体的权利和义务。完善政府非税收入监管成员关于违法案件的调查取证的程序以及明确监管人员的法律责任，使财政对非税收入监管和检查做到有明确的法律依据。此外，现阶段由于没有相应的法律法规予以明确，政府非税收入监管部门针对那些违反政府非税收入管理制度的行为，并没有直接的处罚权，只能借助财政监督检查部门才能进行处罚。这样不科学的设定，增加了监督检查的环节，并且一定程度上降低了征收部门的违法成本，这样一来就难以树立管理部门的权威性和威慑性。所以在非税收入法律规制中应该赋予政府非税收入管理部门直接的处罚权，这样才能树立政府非税收入管理部门的权威，更有效地打击违法违纪行为，更好地督促广大征收部门或者部门成员严格遵守相应的法律法规，履行各自应尽的义务和职责，更好地维护正常的财经秩序。使"所有权属国家，使用权归政府，管理权在财政"的非税收入管理理念逐步深入人心，为依法规范非税收入管理，理顺政府收入分配关系，增强财政统筹能力，打下良好的基础。

（六）改革与完善政府奖惩机制

建立非税收入征收管理奖惩机制，将政府非税收入征管纳入各级执收执罚部门政绩考核。通过考核制约和增强征收部门责任感，自觉规范征收行为，防止收入流失，努力提高非税收入管理水平。奖惩机制从建立约束、激励及二者协调机制着手，实现政府非税收入管理的均衡、协调发展。政府可从非税收入取得的总规模上进行设计，对执收执罚单位或部门进行量化考核基础上，对完成预算的政府非税收入部门，除给予一定的征收成本补偿外，还要给予适当的奖励。一是制定政府非税收入减免管理办法和非税收入超收奖励办法，充分调动收支脱钩后执收部门和单位的积极性，促进非税收入总量做大；二是健全约束与激励制衡机制。为促进激励机制的有效发挥，给予征收主体以利益驱动，调动其积极性。同时，还应充分考虑激励机制所产生的负面效应，需要构建一个对征收主体权力、行政自由度等的约束体系，形成一个稳定而又严格的约束机制。健全约束机制和激励机制的制衡机制，从机制上避开二者的冲突，实现二者平衡。

回顾与总结：本章按政府取得收入的方式，将财政收入分为税收收入和非税收入。税收收入法治体现的是税收法定原则，是指由一定的社会政治经济条件决定的法治精神和法治原则所确立的税收法律制度及其运行机制、秩序和状态的总和。公正与平等是税收法治的基本要求，它要求税收法律调整

第四章
财政收入法治化

和适用对象、范围具有普遍性。税收权力制约是税收法治的核心。税收行政权最容易发生问题的往往是行政执法环节，如执法行为不规范、执法中的随意裁量、以罚代法、以言代法等。维护税法权威，推进税收法治的核心同样在于对税收权力特别是行政权力的制约。税收法治是实体价值和形式价值的统一。它要求税收立法科学完备，税收执法严密规范，税收司法客观公正，税收服务优质高效，纳税主体依法纳税、诚信纳税，它是税收立法、执法、司法和税收服务所构成的税收法律制度体系。

政府非税收入的概念是从传统的预算外资金的形式慢慢转变而来的。随着我国市场经济的深入改革和公共财政框架体系的逐步构建，政府非税收入这一概念得以产生和发展。非税收入代替了原本的预算外资金这一提法，不仅仅是概念的交替，而是从管理内容、征收形式、征收范围等方面都有了新的突破。我国非税收入法律规制相对滞后，以及相关立法和监管制度的缺失。政府非税收入的监管缺乏一套统一而完整的法律规范。由于当前政府非税收入在设立项目、征管和使用安排体现出了较大的随意性，没有相应的具体而完善的法律规定，并且缺乏行之有效的监督约束的法律规制。这些必然造成了我国政府非税收入的管理混乱和国家政府部门对非税收入的违法行为处罚不到位。所以，要对政府非税收入法律规制进行完善和改革，就意味着面临着极大的考验。

本章针对存在的问题，在借鉴国外财政收入法律体系经验的基础上，建议我国应当构建财政收入法律体系。一是制定税收基本法。将除个人所得税法、企业所得税法和车船税法以外的其余14个税种的行政法规上升为法律，对已制定法律严格执行，适时修改。二是制定非税收入管理法，将非税收入的管理要纳入法制化的轨道。三是完善税收征管法。同财政实体法的分类相对应，完善规范收入程序的《税收征管法》或将其改为《财政收入征管法》。通过本章的学习要了解国内外财政收入的相关法律规定，结合实际分析我国目前财政法治化存在的问题，把握今后财政法治化的改革方向。

第五章　财政支出法治化

本章导读："取之于民，用之于民"是财税领域的基本法则，为财政收入的"归处"提供了方向性指引，但如何做才是"用之于民"呢？要用于哪些"民"？要经过怎样的程序才可以用呢？如何解决好这些问题，一个自然的方法是通过法律去规范和约束。只有通过法律的形式预先确定支出相关事项，实现财政支出的法治化，才能保障支出符合公共利益，才能在既定的轨道上高效运行。作为财政体系的重要组成部分，财政支出的法治化对于提升国家治理能力、实现依法治国意义重大。

新中国成立 60 多年特别是改革开放之后近 40 年，我国财政支出法治化有了长足进步，在政府投资、政府购买、社会保障及财政补贴等领域初步建立了完善的法律体系，构建了相对成熟高效的法律执行机制，培养了一批批专业人才，为我国现代财税制度的成熟与发展起到了巨大的推动作用。但是随着经济社会形势的不断变化，某些特定支出领域的法律建设也出现了某些不足，包括不同立法部门法律内容冲突、立法重复建设、部分领域空白等，一定程度上不利于经济社会的进步和发展。为了从整体上分析财政支出领域的法律问题，本章对财政支出相关的法律进行了系统梳理，在此基础上总结了其中存在的问题，并提出了改进建议，以供读者参阅。

第五章 财政支出法治化

第一节 我国财政支出的现有法律规定

以支出是否对应直接的劳务、商品及其他资本品为标准,财政支出分为购买性支出和转移性支出①。购买性支出指政府用于在市场上购买所需商品与劳务的支出。这类公共支出形成的货币流,直接对市场提出购买要求,形成相应的购买商品或劳务活动。依据商品、劳务的不同性质,又可以将购买性支出细化为投资性支出和消费性支出。转移性支出指的是政府无偿向居民和企业、事业以及其他单位供给财政资金,是指政府按照一定方式,把一部分财政资金无偿地、单方面转移给居民和其他收益者的支出。本章以政府投资、政府购买、转移性支出为重点分析对象,探究我国财政支出法治化领域的现状,在分析问题的基础上,提出了一些建议。同时,鉴于新《预算法》更多体现对财政支出的过程控制,而本章更加关注财政支出具体事项的内容控制,因此对新《预算法》的讨论相对较少。

一、对政府投资的法律规定

政府投资指的是政府为了实现其职能,满足社会公共需要,实现经济和社会发展战略,投入资金用以转化为实物资产的行为和过程。政府投资,与私人投资或者说社会投资最大的不同点在于政府用于投资的资源,包括经济资源、行政资源等理论上属于全体国民,来源于税收等政府性收入。因此,政府投资必须依据公共意志决策,依照公共目的行动,接受公共监督,这是政府投资的经济学逻辑,也是政府投资相关法律存在的法理基础。

关于政府投资,我国相关的法律建设相对较慢,在 2004 年之前,并无专

---

① 邓子基,林志远. 财政学 [M]. 北京:清华大学出版社,2012:52.

门的法律（即全国人大及其常委会制定）或行政法规。2004年7月国务院发布了《国务院关于投资体制改革的决定》，决定包括深化投资体制改革的指导思想和目标、转变政府管理职能，确立企业的投资主体地位、完善政府投资体制，规范政府投资行为、加强和改善投资的宏观调控、加强和改善投资的监督管理等五部分内容，提出了"完善政府投资体制、规范政府投资行为，合理界定政府投资范围、健全政府投资项目决策机制、规范政府投资资金管理"。该决定是政府投资领域第一部专门的高级别法律文件，对于规范政府投资行为、促进投资领域深化改革等方面意义重大。自该决定后，各种层次、不同效力的政府文件井喷式发展，国务院各部门制定了其专业领域内相关的部门规章，各地方政府出台了大量的地方性法规、地方政府规章及地方规范性文件。以各部委为例，《国务院关于投资体制改革的决定》之后2个月，财政部即印发了《关于切实加强政府投资项目代建制财政财务管理有关问题的指导意见》用以规范各级政府投资项目的财务管理工作，同月，国家发展改革委印发了《国家发展改革委员会核报国务院核准或审批的固定资产投资项目目录（试行）的通知》进行政府投资项目指导，北京市政府也在当年11月出台了《北京市发展和改革委员会关于政府投资管理的暂行规定》，以指导辖区内的政府投资行为。《国务院关于投资体制改革的决定》作为政府投资领域的第一部权威性法律文件，对于政府投资相关法律建设具有里程碑意义，开启了我国政府投资领域法律建设的步伐。随之而来的一系列各种层次的规章、法规，对于促进政府投资规范运行，合理政府投资范围发挥了重大作用。

《国务院关于投资体制改革的决定》出台4年后，2008年美国次贷危机爆发，以美国为首的各国政府都期望通过推行积极的财政政策力图恢复经济。为应对经济增速放缓的可能，我国政府推出了4万亿元经济刺激计划——中央政府拟于2009年、2010年的两年内投资1.18万亿元，带动地方政府和社会投资共约4万亿元。在推出4万亿元计划的同时，中央政府要求加强投资管理和制度完善，加速了各地、各级政府投资立法的进程。各项法规涉及政府投资的方方面面，包括项目管理、审计监督、代建制问题、招投标管理、资金使用、审批制度、预算概算、评价方法以及融资管理等。这一时期的政府投资法律建设以地方性法规为主体，内容主要关注在具体投资项目的审批、管理等具体的执行上，这与当时政府大规模投资的时代背景是相符的，也有效指导了各地的投资项目，对于遏制我国经济下滑、发挥我国经济在世界经济中的重要地位提供了制度保障。

党的十八大以来，尤其是党的十八届三中全会之后，新一届政府反复强调加快政府职能转变，大力简政放权，继续深化各领域体制改革，进一步激发市场和社会活力，实现政府与市场各司其职，最大程度发挥二者良性互动作用。这就对政府投资法律建设提出了新的迫切要求，新的相关法律不仅要解决政府投资怎么做的问题，还要回答政府投资到底该不该做的问题。2010年国务院法制办公室决定，将国家发展改革委报送国务院审议的《政府投资条例（征求意见稿）》及其说明全文公布，征求社会各界意见。然而该意见稿由于各方分歧较大，因此未取得实质性进展。目前《政府投资条例》的立法工作依然在进行中，旨在加强政府投资管理、规范政府投资行为的行政法规，由国家发改委负责起草。主要目标包括界定政府投资范围、健全投资决策机制、加强投资项目建设实施管理、严格责任追究等政府投资管理的基本制度。

二、对政府购买的法律规定

政府购买指的是政府付出财政资金的同时，得到了相应的商品和劳务，并运用它们来实现政府的职能，直接表现为政府购买商品和服务的活动，体现的是政府的市场性再分配活动。政府购买的目的是为了开展日常政务活动或为公众提供公共服务的需要，是在财政的监督下，以法定的方式、方法和程序（按国际规定一般应以竞争性招标采购为主要方式），利用国家财政性资金和政府借款，从市场上为政府部门或所属公共部门购买商品、工程及服务的行为。与上述政府投资相比，政府购买侧重的是政府的消费职能，但二者在资金来源上相同，即都来源于财政资金，因此也需要相应的法律去约束与规范。

我国的政府购买法律建设大致可以分为三个过程，即 1995~2003 年的基础建设过程、2003~2012 年的法律完善过程、2012 年之后的全新发展过程。具体的介绍如下。

（一）基础建设过程

1995~2004 年，我国政府购买无论是在实践上，还是在理论上都属于初期建设过程。1995 年政府购买开始在上海市开展试点，1996 年，财政部提出政府采购制度作为我国财政支出改革的方向，1997 年初，在深圳市对行政事业单位所需物资通过公开招标方式进行采购，1998 年 10 月，深圳市人大颁布了《深圳经济特区政府采购条例》，成为我国第一部政府采购的地方性法规。1999 年 4 月，财政部颁布了《政府采购管理暂行办法》，明确我国政府采购试点的框架体系，是我国第一部有关政府采购的全国性部门规章。截至 2000 年 6 月，全国绝大部分地区都颁布了地区性的政府采购管理办法。这项工作起步虽晚，但得到了各级政府的重视，特别是财政部门的高度重视，试点工作有序推进，规章制度不断完善，很快构建了全国性政府采购制度体系。特别是 2003 年正式实施《中华人民共和国政府采购法》，标志着我国政府采购步入依法实施的时代。

（二）法律完善过程

2003 年《政府采购法》正式开始实施，以此为分水岭，此后政府购买进入了一个高速发展时期。2002 年的政府采购规模还只有 1009.6 亿元，2011 年就已经超过了 1 万亿元，2012 年达到 13977.7 亿元，11 年间增长了 13 倍；基本形成了以集中采购为主、以分散采购为辅的采购模式，2003 年集中采购占采购总额的 79%，其中政府集中采购占 62%，部门集中采购占 17%，分散采购只占 21%。2011 年集中采购占采购总额的 86%，政府集中采购占 66%，部门集中采购占 20%，分散采购下降到 14%。集中采购模式始终占据着主导的位置，以集中采购为主、分散采购为辅的采购模式一直在有序地运行着。公开招标成为最主要的招标方式，2002年，公开招标规模485亿元，占采购总规模的48%，此后不断上升，2012年，公开招标规模突破1万亿元，达到11713.3亿元，占采购总规模的83.8%；货物类比重呈现不断下降的态势，工程类比重不断上升，服务类比重稳中有升；2002～2012年11年来共节约8500多亿元，平均每年的资金节约率超过了11%；政策功能效果显著，"十一五"期间节能环保产品的采购金额达到2726亿元。2011年全国节能、节水产品政府采购金额为910.6亿元，全国环保产品采购金额为739.8亿元。2012年全国节能、节水产品采购规模1280.7亿元，全国环保产品采购规模939.6亿元，相比2011年都有较大的增长幅度[①]。与此同时，财政部先后制定了《政府采购货物和服务招标投标管理办法》《政府采购评审专家管理办法》《政府采购代理机构资格认定办法》等配套规章和规范性制度30多个，初步建立了以《政府采购法》为统领的政府采购法律制度体系。

（三）全新发展过程

党的十八届三中全会通过的《中共中央关于全面深化改革若干重大问题的决定》提出要推广政府购买服务，标志着政府购买进入了全新建设过程。在政府职能转变、经济体制转轨和社会加快转型的大背景下，政府购买服务已成为处理政府与市场、政府与社会关系，推进国家治理体系和治理能力现代化的重要改革举措，被赋予了新的历史使命。同时政府购买的内容也发生了重要变化，政府购买更多侧重于服务的购买，而非以前的工程性、货物类购买，服务的主要类型更侧重于公共服务，而不是一般的政府自身消费的服务。

2013年9月，国务院办公厅制定印发《国务院办公厅关于政府向社会力量购买服务的指导意见》，提出要大力推进政府购买服务工作。随后，财政部

[①] 陈铁城. 当前我国政府采购中存在的问题与对策 [J]. 行政事业资产与财务, 2014 (2): 30-31.

制定印发一系列文件，逐步完善政府购买服务的各项规定。2014年底，财政部、民政部、国家工商总局三部委联合印发《政府购买服务管理办法（暂行）》，详细规定了政府购买服务的定义和范围、购买主体和承接主体、购买内容及指导目录、购买方式及程序、预算及财务管理、绩效和监督管理等内容，至此，政府购买服务的制度框架基本成形。财政部、民政部、中国残疾人联合会、环保部、文化部纷纷制定印发了《关于做好政府购买养老服务工作的通知》《政府购买残疾人服务试点工作实施方案》《关于做好政府购买环境公共服务的指导意见》等文件，为政府购买服务在各个领域的铺开奠定了基础。依据我国政府采购网标讯信息的统计，2013年以后，民政部的购买服务项目共15个，金额约2323万元；科技部15个购买服务项目金额突破390万元；环境保护部的这一数据为：中标（成交）项目30个，总金额约1.1亿元；教育部累计统计购买159个服务项目，采购金额1.3亿元。在地方，政府购买服务立法工作也在大力开展，包括北京、四川、福建、贵州在内的18个省、自治区、直辖市制定了实施意见或管理办法，地市一级的政府也对政府购买服务出台相关管理办法。此外，全国各地针对预算、采购程序等具体事宜也制定了各项规定。

三、对转移性支出（企业、个人）的法律规定

转移性支出指政府无偿向居民和企业、事业以及其他单位供给财政资金，是指政府按照一定方式，把一部分财政资金无偿地、单方面转移给居民和其他收益者的支出，主要由社会保障支出和财政补贴构成，是一种政府的非市场型再分配活动。在财政支出总额中，转移性支出所占的比重越大，财政活动对收入分配的直接影响就越大，体现了公共财政的效率、公平和稳定三大职能。

社会保障支出和财政补贴支出是转移性支出的两大支柱，二者在内容上相对独立，因此相关的法律体系也不同。下文细述。

(一) 社会保障支出相关法律

社会保障支出是指政府通过财政向由于各种原因而导致暂时或永久性丧失劳动能力、失去工作机会或生活面临困难的社会成员提供基本生活保障的支出。社会保障支出的原则是公平地对待每个国民并确保其基本生活权益，政府要通过再分配保护困难群体利益，缩小贫富差距，促进经济发展。在我国，社会保障支出主要包括如下四个方面的内容：(1) 社会保险：社会保险是现代社会保障的核心内容，是一国居民的基本保障，即保障劳动者在失去劳动能力、失去工资收入之后仍然能够享有基本的生活保障，社会保险的项目在不同国家有所不同，在我国社会保险的主要项目有老年保险、失业保险(待业保险)、医疗保险、疾病保险、生育保险、工伤保险、伤残保险；实施社会保险的主要目的：一是为了防止个人在现在与将来的安排上因选择不当而造成贫困，如退休养老问题；二是防范某些不可预见的风险，如事故、疾病等；三是减少由于市场经济的不确定性而产生的风险和困难，如失业等。(2) 社会救助：社会救济是对贫困者和遭受不可抗拒的"自然"风险（如自然灾害、丧失劳动能力而又无人抚养、战争等）的不幸者所提供的无偿的物质援助，主要包括贫困救济、灾害救济和特殊救济等。社会救济一般以保障救助对象的最低生活为标准。(3) 社会福利：社会福利是指国家和社会通过各种福利事业、福利设施、福利服务为社会成员提供基本生活保障，并使其基本生活状况不断得到改善的社会政策和制度的总称。它是社会保障的高级阶段。(4) 社会优抚：社会优抚是国家按规定对法定的优抚对象，如现役军人及其家属、退休和退伍军人、烈属等，为保证其一定的生活水平而提供的资助和服务。

1951年颁布的《中华人民共和国劳动保险条例》是新中国第一部系统的社会保障立法，对暂时或长期丧失劳动能力的职工以及生、老、病、死、残等情况都有具体规定，成为当时社会保障法规的基本框架，并为今后社会保障法律体系的形成奠定了基础。"文革"时期社会保障立法受到严重冲击和破坏。改革开放后，我国的社会保障法律体系建设得以发展，20世纪90年代，先后制定了《中华人民共和国残疾人保障法》《关于企业养老保险制度改革的决定》《中华人民共和国劳动法》《关于在全国建立城市最低生活保障制度的通知》《关于建立统一的企业职工基本养老保险制度的决定》《事业保险条例》等一系列法律法规，把社会保障制度列为构筑社会主义市场经济体制的重要组成部分。进入21世纪以来，我国已初步建立起了一个社会保障法制的框架体系，陆续颁布了一些与社会保障相关的法律法规，诸如《社会保险费征缴暂行条例》《城市居民最低生活保障条例》《失业保险条例》《工伤保险条例》《就业促进法》《城镇企业职工基本养老保险关系转移接续暂行办法》等。2010年，全国人大常委会表决通过了《社会保险法》，这是社会保障法律体系建设的里程碑事件，它以立法的形式对社会保障支出进行了规范和约束。党的十八大更是提出公平正义是中国特色社会主义的内在要求，逐步建立以权利公平、机会公平、规则公平为主要内容的社会保障体系的目标。作为社会保障体系重要组成部分的社会保障法律体系建设进入了新时期发展阶段。

(二) 财政补贴支出相关法律

财政补贴是指国家财政为了实现特定的政治经济和社会目标，向企业或个人提供的一种补偿。财政补贴按主体划分，可以分为中央财政补贴和地方财政补贴，中央财政补贴列入中央财政预算。中央财政负责对中央所属国有企业由于政策原因发生的亏损予以补贴，同时对一部分主要农副产品和工业品的销售价格低于购价或成本价的部分予以补贴。地方财政补贴列入地方财政预算。地方财政负责对地方所属的国有企业由于政策原因而发生的亏损予以补贴，也对一部分农副产品销售价格低于购价的部分予以补贴。以经济性质为标准，可分为价格补贴、财政贴息、企业亏损补贴及其他专项补贴等。其中，价格补贴是指政府为了稳定人民生活，由财政向企业或居民支付的、与人民生活必需品和农业生产资料的市场价格政策有关的补贴。按产品类别不同划分，价格补贴具体包括粮油价格补贴、平抑物价补贴和其他价格补贴等。财政贴息是指政府财政对使用某些规定用途的银行贷款的企业，就其支付的贷款利息提供的补贴，即财政代企业向银行支付一部分利息。企业亏损补贴是指政府为使国有企业能按政府政策或计划生产经营一些社会需要的，但因客观原因导致产品亏损而拨付给企业的财政补贴。导致企业政策性亏损的原因，主要是由于产品计划价格水平偏低，不足以抵补产品的生产成本。此外，企业的技术设备落后和供销条件不利等因素，也是造成企业亏损的重要原因。企业亏损补贴按企业经营性质不同划分，可分为国内企业亏损补贴和外贸企业亏损补贴。其他专项补贴指的是为实现特定目的而对特定行为进行的补贴，如节能减排补贴、技术更新改造补贴等。

目前，我国财政补贴五花八门，从中央政府到地方政府，从财政部门到建设部门，存在着各种形式的补贴政策，因此也对应着各种层次、不同效力的法律文件。以我国的民用航空业为例，我国民用航空局以部门规章形式确认的补贴形式有10项，包括通用航空专项资金补贴、国际航线专项补贴、支线航空专项补贴、中小机场亏损补贴、民航基础设施建设贷款贴息、航空货运亏损补贴、民航节能减排专项补贴、航空科技、安全奖励补贴、民航机场建设资本金补贴等，以其他形式存在的补贴包括雪灾机场除冰专项补贴等。其他类似政府部门同样存在着自己的补贴权限。涉及补贴的法律法规，多以各部门、各层级政府的专有文件形式为载体，形成了一个内部的从制定规则到执行规则再到监督规则的法律闭环。这种形式的法律生态环境对于规则制定部门来说，效率最高，行事也最方便，但也正是由于缺少了统一的更高层级的法律制约与规范，各项补贴支出的补贴效果在某种程度上不如预想的那样理想，同时，此种闭合的法律环境也容易造成各主管部门的行政垄断，形成部门利益、部门壁垒，进而造成部门之间的不协调甚至冲突，一定情况下也容易滋生寻租行为。

第二节　我国财政支出法治化存在的问题

无论是在政府投资、政府购买，还是在转移性支出上，我国的相关法律建设均取得了良好进展，基本实现了各项支出有法可依的局面，财政支出法治化进程稳步推进。然而，在立法、执法和司法上，我国的财政支出法治化还存在着一定的问题。

一、立法存在不足

（一）财政支出统领性法律缺失

财政支出名目繁多，资金量巨大，涉及的公共部门庞杂，具体的权限分配、程序架构也难以统一划分，因此财政法治化是一项艰巨复杂的系统工程，需要进行全面布局，总体设计，也需要从统一的法律高度出发为各项具体的支出工作确定基准和原则，譬如如何界定财政投资的原则、范围，如何实现政府投资与政府购买的有机结合，从而实现公共资金的利用效率最大化及公共利益的效用最大化等。

《预算法》为财政支出程序提供了原则性的规范和指导，更多体现的是对财政支出的过程控制，对于财政支出具体内容（如财政支出范围、央地政府支出责任划分、支出绩效等）的控制则相对较少。大量涉及财政支出具体事项的法律以单行法、专门法的形式存在，如政府投资领域有各部委、各层级政府的规章，政府购买领域，除了《政府采购法》之外，还有大量的专门性文件。单行法、专门法的优势在于在特定领域的执行效率较高，法律运行成本较低，但缺点也是明显的，即容易各自为战，缺乏统筹，从而影响支出效率。解决类似问题的关键在于制定一部规定财政支出基本事项的纲领性法律，如借鉴国外经验，制定"财政收支法"，规范财政支出的内容控制提供指引。

(二) 部分法律内容重复、冲突

法律内容的冲突是上述因素的综合反映。正是因为缺乏了统领性法律，才造成多部门、多层次立法，在立法层级不断下移的情况下，必然会出现各式各样的法律重复、冲突。在财政补贴领域，各部委对同一领域会出现同时给政策、给补贴的情况。以节能减排为例，国家发改委规定"加大资金支持力度，加快实施重点工程。安排中央预算内资金和财政节能减排专项资金支持节能改造、节能技术产业化示范、合同能源管理、节能监察机构能力建设项目。继续实施节能产品惠民工程，推广高效节能产品。支持北京市、重庆市、深圳市等18个城市开展节能减排财政政策综合示范"。我国民用航空局也规定"民航节能技术改造类；民航管理节能类；节能产品及新能源应用类；新能源及节能地面保障车辆购置及改造类；航路优化项目建设类；机场废弃物、污水处理及中水回用设施改造类；民航节能减排标准，统计、监测、考核体系建设类；民航节能减排基础性、战略性课题研究类共8类30个项目可申请民航节能减排专项资金项目补贴"。在政府投资领域，《政府采购法》第2条规定了政府采购的资金标准，要使用财政性资金依法采购，而《招标投标法》规定的资金标准是使用国有资金或者国家融资的工程项目必须进行招标，两法的资金标准不一致；《政府采购法》第13条规定："各级人民政府财政部门是负责政府采购监督管理的部门。"《招标投标法》第7条规定："有关行政监督部门依法对招标投标活动实施监督。"存在监管部门不一致的情况，导致政府采购活动监管混乱；货物服务采购由财政部门监管，工程采购由有关的行政主管部门监管，工程采购基本上游离于政府采购范围之外。

(三) 特定领域法律空白

迄今出台的财政支出领域法律更多的是对支出权限、范围、具体程序等方面的指导，在支出绩效、支出责任等方面规范较少。如《预算法》第10章对法律责任的规定，只对责任人员追究行政责任，《审计法》虽然规定了毁损审计资料和侵占财产的法律责任，但没有规定擅自扩大支出范围、提高支出标准等违规行为的法律责任，《财政违法行为处罚处分条例》虽然明确和细化了财政支出违法行为的行政责任，但在对支出效率的监督约束上并未着力太多，导致财政支出领域仍然存在大量不合规、低效行为。除了上述法律层级较高的规范外，其他层级较低的法律文件相关责任认定上更为语焉不详。如《马鞍山市政府投资建设项目审计监督办法》法律责任的规定有第21、22、25、26条，其中第22条规定，"被审计单位违反本办法规定，未按照要求申报审计并提供有关资料，或者提供的资料不真实、不完整的，由审计机关责令改正、通报批评；拒不改正的，依法追究法律责任"，但是具体何种形式的法律责任并未明确指出，相对而言，震慑力不足。

此外，在保障民众财政支出知情权、提高财政透明度、加大财政支出信息公开，以及保证民众在财政支出方面的监督权利等方面，相关的法律建设仍处于起步阶段，相应的法律规范缺口较大。

二、执法依然有待规范

(一) 财政支出考核相对机械化

公共部门在支出财政资金时往往存在"重执行，轻监管"的思想，即对一项支出事前、事中的执行程序重视程度很高，而对事后的监管、监督责任重视不足。这源于对财政支出法治化理念的薄弱，也源于相关考核机制的不健全。以预算为例，上级部门考核预算执行时，更多的是对预算资金使用规模的考核，对预算资金使用效率和效果则倾向于采用原则性规定。这种相对机械化的考核思路，必然会导致财政支出法律执行扭曲化，进而导致资金的效率不足，效果有限。

(二) 财政支出的调整存在不规范

经人大审批之后的预算按功能分类细化到项，按经济性质分类细化到款，因此在执行的过程中也应当被严格遵守。但是现行的关于预算调整的规定则过于宽泛，这意味着对于一个预算单位来说只要总的支出金额不发生变化，具体的资金在内部类款（项）之间的调整不属于预算调整，也就不需要人大进行审批。诚然，这种规定给执行部门留下了足够的自由裁量权，有利于政府更好地便宜行事，进而更好地执行支出工作，但这却会带来至少三方面的严重后果。首先是支出不合法律规定，经调整之后的支出没有得到人大的授权，因此有合法性问题；其次是公共产品的质量和数量可能会受到危害，已审批好的预算是对应着具体的公共产品供应的，擅自改变支出用途，可能会造成特定公共产品质量次、数量缺；最后是这种不受法律控制的调整给寻租、贪腐等行为留下了宽裕的活动空间。

三、司法监督不完善

(一) 监督机制、机构设置不够科学，监督效果有限

财政支出法治化的重要组成部分是监督机制机构的完善。就财政支出而言，监督分为部门内部监督与审计、人大外部监督。部门内部监督指的是支出单位设置的对财政支出一整套程序，包括支出资金的规模、投向、具体程序、资金使用的效率效果是否符合相关的法律规定。但是，目前这种内部监督机构面临的主要问题是独立性较弱，由于同属于一个领导层级管辖下，在

某些情况下需要服从整体利益。同时，此类监督机构相对于其他业务部门，处于弱势地位的可能性也较大。外部监督，在支出之前，由同级人民代表大会依据《预算法》实行批准监督权，但是鉴于我国的实际情况，人大对预算的审核往往难以发挥应有的作用。造成这一现象的主要原因有两点：首先，预算审议时间短。预算草案一般会送交人大讨论，但是由于预算内容庞大而复杂，短时间人大很难做出评判；其次，预算的专业性较强，人大对预算草案的审核能力暂时不足；审计机构外部监督主要依靠《审计法》《人大常委会监督法》等，但是由于审计机构缺乏相应的责任追究权力，因此对违法者违法应该承担什么样的责任以及如何启动司法程序等都难以采取有震慑力的措施，因此，审计监督发挥效果同样有限。

（二）责任追究机制相对不完善

支出责任追究的法律依据目前以《预算法》《审计法》《财政违法行为处罚处分条例》为主，这些法律本身关于相关责任追究的规定不够完善，规定笼统、缺乏可操作性，没有对监管主体、监管程序、监管的方式和方法等作明确具体的规定，部分规定也跟不上经济社会发展的步伐。因此，在实际法律执行时也存在困难，同时在财政支出责任上抽查式、运动式的监督为主，并且未形成有力的财政支出责任追究机制，因此难以达到理想效果。以审计为例，目前我国的审计机关职责主要功能在于查账、反馈问题，对于违法违规行为及相关人员的处罚层面力量较小。

第三节　财政支出法治化的国际经验

在财政支出法治化领域，不少发达国家形成了一套完善的法律文本体系及成熟高效的法律执行机构。本节选取美国、日本、法国和瑞典作为代表，简要介绍了这些国家在财政支出法治化方面的相关情况。

一、美国

美国由议会、财政机关和审计机关共同对财政收支进行监督,议会享有最高的财政监督权,审计机关隶属于议会来行使财政监督权。

(一) 国会掌控预算审批权

美国国会的审批预算支出过程被明确划分为授权和拨款两个阶段:第一,授权委员会的预算监督。预算案被分别提交国会后,先由两院的预算委员会起草一项共同决议,为拨款、开支、节余或者赤字等规定目标总额,然后,收支目标被分配到各个立法委员会,由他们考虑在规定的范围内向政府有关部门提供资金事宜。各委员会先通过听证的方式,对相应的政府部门预算进行详细的调查,然后起草授权议案,同意为某一部门的活动授予相应的款项,授权议案经两院通过后成为正式的授权法案。第二,拨款委员的预算监督。美国国会中的 13 个小组委员会享有拨款委员会的支出控制权,这些小组委员会通过逐条审议相应的部门预算,提出不同的拨款方式并起草拨款议案,这些议案经拨款委员会审查和讨论后,由众议院提出一项综合性的"拨款法案",经两院全体会议审议后在财政年度开始以前通过。通过授权和拨款两大阶段,国会对预算的审批进行全面的监督。同时,国会的预算监督具有严格的程序界限,并详细规定国会行使监督权的程序制度,其中包括听证制度、辩论制度等。

(二) 联邦政府负责预算执行

联邦政府预算编制由 OMB(管理和预算办公室)和联邦财政部共同负责,其中预算支出的编制主要由 OMB 负责,联邦财政部、经济顾问委员会(CEA)和国民经济委员会参与编制。OMB 通过专职技术人员编制政府预算,联邦财政部委托会计公司对各用款部门的专项预算支出项目执行情况及项目竣工情况进行审计。出具审计报告并形成预算支出执行情况附件上报国会，作为国会批准预算的重要依据。在预算支出编制过程中，美国将专业分工和制衡机制引入编制工作以期提高预算编制的科学性和严肃性。此外，美国联邦政府预算编制工作具有较高的透明度，通过《联邦政府阳光法案》等法律对信息广泛披露加以规定。

（三）审计机关司职财政监督

为了加强对预算执行结果的监督，美国国会向各个行政部门派驻监察代表，对所驻部门实施国会授权项目的情况和预算执行结果进行监督，全面、经常地检查政府使用国会拨款的效益。监察代表每半年向国会送交一份监察报告，列举所驻部门工作中严重的舞弊、浪费、低效和滥用职权问题，并提出改进意见。发现异常情况，监察代表随时向国会提交特别报告。

同时，审计总署对决算进行审计。在美国，审计总署独立于总统和行政机构。由于一系列涉及审计总署功能职责的修正案的通过，审计总署从过去仅对国家机构的财务进行审查扩大到对所有财政预算开支进行审查、对国家决算进行审计。审计总署有权审计联邦财政预算执行结果，有权审查联邦各部门和公共机构的内部财务、收入和支出状况及其合法性、合理性、经济效果。总审计长根据国会的需要，还可以组织对某些部门、特殊项目进行特别审计、检查、质疑。审计总署的审计师们也常常作为证人出席国会的监督听证会。众参两院的委员会更是经常因专业所需向审计总署借用审计师为其全日制地开展工作。为了强化审计总署协助国会对决算进行审计的功能，国会通过立法赋予审计总署主动进行审计的职权。审计总署可以定期检查政府各部门管理和使用国会拨款的结果，可以就联邦资金使用状况和效率发表独立评论，向国会报告预算执行结果和决算审计情况。

二、法国

法国议会只对国家财政实施宏观监管，具有司法性质的审计机关对财政监督具有较大的职权，财政部门设有执行财政监管的专门机构。

（一）各层级议会拥有支出审批权

在法国，每一级政权都有自治的政府和议会，各级议会负责对本级政府预算进行监督。各级预算是相对独立的，他们有各自的收入和支出。预算的编制和审查是各级财政部门和议会的一项重要工作。法国议会把审议、批准和监督财政预算当作监督政府和行政权力的重要手段。议会对预算的审查非常严格和细致，直接审查到部门、单位，对政府的每一项财政政策都要进行激烈的辩论，提出质疑，财政部门作出解释。议会除靠自己的专门委员会审查外，还委托审计法院对预算执行，特别是对政府部门和事业单位的经费开支进行审计监督。

（二）财政部门进行日常财政收支

法国财政部门在财政收支管理过程中负有重要的监督职责，并通过财务监督官、公共会计、财政总监和税务稽查等体系付诸实施，贯穿于预算收支的全过程，在财政支出管理中发挥着重要作用。第一，财务监察官的监督。财务监察官主要检查企业的经济财务活动是否按国家法律和政府的政策进行，经营是否合理和有利。通过检查分析各项计划、财务账目，发现问题，提出建议，推动企业改进工作，并向经济和财政部报告。第二，公共会计对公共支出拨付进行监督。公共会计是管理国家财政公共支出拨款账目的会计。其重要职责之一是具体负责公共支出的支付工作，并在为用款单位提供服务的同时承担拨款前的财政审查职责。公共会计负责拨付和监督的支出主要包括：公务员的工资、行政机构运转费用和公共投资性开支。第三，财政总监是经济和财政部的"技术专家"。该机构由经济和财政部长直接领导，其职权范围很广，对一切公共会计，无论国家和地方，包括税务局、海关、公共机构、国有企业、接受国家补贴和借款的私营企业，以及所有执行国家预算的单位和部门，都有权进行监督。第四，国家监察署对国有企业进行监督管理。其主要任务是从财政角度对企业决策活动进行日常监控。第五，税务机关对纳税人进行税务稽查。

（三）审计法院专责高层次事后监督

法国的审计法院正式成立于1807年，是国家最高的经济监督机关。法国宪法赋予审计法院的职责是协助议会和政府监督财政法的执行。审计法院（含地方审计法庭）既独立于议会又独立于政府，属于司法范畴，议会和政府都不能干预，所以具有较大的独立性和公正性。审计法院的基本任务是审计检查国家机关、公共机构和国有企业的账目和管理；地方政府、地方公共机构的账目和管理由地方审计法庭负责审计。审计法院的工作职责为：一是审查国家决算。审计法院每年都要对财政部提交的国家预算执行结果的总账目进行审核，并发表账目核准通告，然后将该通告连同对预算年度执行结果的评价和对预算执行的意见一起送交议会。二是对公共会计进行法律监督。三是监督公共开支决策人。审计法院有权对非选举产生的支出决策人进行检查，若发现有违规行为，审计法院通过检察长向财政预算纪律法院提起诉讼，追究经济或刑事责任。对经选举产生的决策人一般通过审计账目来提出建议。对涉及违法的，通过检察长向刑事法院提出诉讼。四是监督国有企业遵守有关财政法规。如发现问题，通过检察长通报企业主管部门部长，对有关负责人通过检察长提起诉讼，追究经济或刑事责任。审计法院和地方审计法庭的审计检查都是事后进行，一般向前追溯4~5年。其年度审计计划抄送财政部，但财政监察总署查过的案子审计法院一般不再审计。

三、日本

日本与美国类似，国会、政府、审计机关分别各司其职；但是与美国不同的是日本的审计机关，即会计检察院具有独立地位，它隶属于天皇，既不属于国会，也不属于政府内阁，与其他司法机构平等专司国家财政预决算编制、会计财务检察。

（一）国会批准预算

日本的预算监督在财政支出监督中居于十分重要的地位。首先，只有国会批准了预算才能进行财政支出。其次，通过预算确定财政支出的规模和结构。日本法律规定，预算一经批准，政府部门必须严格执行，如果因为特殊情况需要进行调整，政府只能在细目之间进行调整，而部门和项目之间的调整需要经过国会审批。可见，政府在预算执行过程中对财政支出的调整权限十分有限。最后，预算是审计部门和财政管理部门管理财政支出的基础和主要依据之一。日本国会对预算支出的管理重点是审查政府预算是否符合本国宪法的原则规定。在审批财政支出时，日本国会无权作出增加财政支出和扩大支出规模的决定，但是可以作出减少支出或压缩支出规模的决定。国会对财政支出的管理是建立在审计监督和财政管理的基础上的，一方面，国会根据报告原则，要求政府财政部门经常向国会报告财政状况，并以此为基础审议财政支出情况；另一方面，日本国会审议的预算和决算草案均是经过审计部门审计过的，审计部门提出的问题或建议是重点审议的内容。

（二）财务省负责预算执行

日本国会批准预算之后财务省负责执行。财务省对预算支出的管理主要体现在预算的编制和执行上。在编制预算过程中，财务省通过制定预算编制基本方针和审定政府各部门的预算要求以及通过汇编预算草案来管理、控制财政支出。对各部门提出的要求，财务省可根据有关规定进行审核，对于不符合基本方针和法律规定的，可进行调整。另外，内阁总务厅直属机构——行政监察委员会，还对各部门是否正确使用预算资金进行监督。

（三）会计检察院对预算进行审计监督

日本财政支出的审计工作由日本会计检察院负责。日本会计检察院独立于政府，但又不由日本国会直接管理。日本会计检察院依据宪法规定设立，实行会计检察官负责制。会计检察官由内阁总理提名，国会批准。会计检察官具有相对独立性，可以保证审计工作的公正。会计检察院主要审计中央财政收支和国有资产经营，而财政支出审计是其最主要的工作。日本会计检察院对于财政支出实行全面的审计，包括预算草案的审计和决算的审计。对于预算草案的审计主要是对财政支出的方向和效率进行审计。

四、各国经验总结

上述三个国家中，美国属于英美法系的代表，法国属于大陆法系的代表，日本作为儒家文化圈国家之一，在治国理念和体系上与我国存在一定相似。综观上述三国财政支出法治，存在以下两个共同点：

1. 立法机关对预算的审查是财政支出法治化的前提

无论是以议会还是国会的身份出现，立法机关对预算进行审查都是一种合法性赋予的过程，经过立法机关的审查，预算有了"准法律"的概念，财政支出的法治化也有了合法性源头。

值得强调的是，立法机关对预算的审查应当是一种实质性的审查，是由一系列的制度、安排保障下的立法权力的充分实现，否则，一旦立法机关的权力受限，随之产生的预算，以及之后的财政支出也会存在一定的合法性瑕疵。

2. 独立的监督机构是财政支出法治化的保障

美国的审计总署、法国的审计法院以及日本的会计检察院都有一个共同的特征，即高度独立。这种独立是相对于财政支出执行主体的，具体体现在机构的隶属、人员的任命以及活动经费的来源等。只有首先实现了高度独立，才有可能使财政支出在法治化轨道上高效运行。

第四节 推动我国财政支出法治化的建议

一、推进法律建设

(一) 以"财政宪法"明确政府权责,界定政府职责范围

在财政立法之前,必须在政府与市场前划定各自的"管辖范围",在此基础上再去搭建法律体系。政府在一国的经济生态中属于强势主体,如果没有明确的限制,就会出现严重且自我强化的后果,正如"大象闯进了瓷器店",因此必须在事前给政府确定范围界限,将政府的支出权限从法律上限定在一定界限,一旦越线,即为违法。类似财政宪法的概念即是对这一法律功能的精准描述。台湾大学的葛克昌教授认为财政宪法是这样一种概念,即"用以确保公共事务之不同主体的活动基础,并作为全部经济社会事务之根本"[①]。按照这一逻辑,财政宪法首要解决与回答的问题就是政府的活动范围应该划定在怎样的一个合理范围,如何确定这一范围。一旦确定了这一范围,那么政府的财政支出活动也必须严格在此间进行。至于如何确定政府与市场的界限,没有统一的答案,国外各国的实践提供了宝贵经验,但是在引入我国进行实际操作时,必须结合我国特定的历史、文化、习俗背景,及当前我国所处的经济、社会、政治现实情况做综合研判。

(二) 加强顶层设计,构建财政支出法律体系

针对上文所言的我国财政支出法律相关的问题,有针对地解决现存问题,搭建完整的法律体系,可以从以下两点出发:

---

① 葛克昌. 税法基本问题:财政宪法篇 [M]. 北京:北京大学出版社,2004:61.

1. 确立统筹地位的《财政基本法》或《财政支出法》

《财政基本法》或《财政支出法》是确定和调整财政活动基本事项的法律规范，处于财政法律制度体系的指导地位，是制定其他财政法律法规的基础和原则。尽快构建此种类别的法律，为各部门、各层级政府制定其他专门性法律法规提供纲领性参考。《财政基本法》或《财政支出法》可以参考财政宪法定位，内容涉及如国家之财政权，包括中央与地方权限划分、国家预算及其总体平衡义务、税法基本体制以及中央银行之职权（包括财政事项，如追求整体经济之平衡）、中央与地方权限划分及税收制度等，也可以对有关国家财政权之基本体制，各公共部门立法权、行政权、司法权等分配做出规范，有选择性地制约或限制低等级效力法律文件的出台，从而避免法律建设的重复化、碎片化。

从世界范围看，大部分市场经济国家已形成从《宪法》到《财政基本法》，再到各专项财政法律在内的较为完备的财政法律体系。其中，《财政基本法》主要秉承《宪法》的立法宗旨和基本要求，对各项财政专项法律的内容规定基本原则，提供引导性的法条，具有不可替代的基础意义。韩国《国家财政法》于2007年1月1日开始实施，其立法目的在于对全国财政的相关事项进行规定，包括国家预算、基金的管理，决算，国家债务等，目的是建立一个有效的、绩效导向的和透明的财政管理框架，实现财政的稳健运行。日本《财政法》是日本的财政基本法，其制定于1947年，后经常修订，最新版本于2014年12月修订，其在总则的第1条中确定了本法属于财政基本法的地位，指出中央政府的预算以及各种财政问题均须依据本法规定处理。

2. 搭建成熟完善统一的专门法体系

（1）尽快出台《政府投资法（条例）》。

我国目前政府投资的决策、资金管理、监督以及问责程序的相关规定是由一系列的政策而不是法律来进行调节的，核心的综合性的法律与法规对政府投资体制的构建具有深远的影响，通过制定《政府投资法（条例）》对政府投资的行为、受益人权益的保障以及救济途径的规定，能够使政府投资制度逐渐系统化，最终形成一个体系，从而确保政府投资定位准确、决策科学、管理规范。国家发改委2010年发布了《政府投资条例（征求意见稿）》，目前《政府投资条例》正式稿正在立法进程之中，加快该条例的出台对于从整体规范政府投资将会产生积极影响。

（2）健全政府购买法律体系。

首先应当衔接好《政府采购法》与《招标投标法》的关系，如修改《招标投标法》中关于工程招标与《政府采购法》相关条款不一致的地方，工程招标既要适用《招标投标法》，也要适用《政府采购法》相关条款的规定，构建以《政府采购法》为主体的政府采购法律体系，将政府工程招标采购从《招标投标法》中独立出来，纳入《政府采购法》中；同时将《招标投标法》从政府采购法律体系中调整出去，构建以《政府采购法》为唯一核心的政府采购法律体系。其次，完善《政府采购法》，明确界定财政性资金、本国货物等重要概念、清晰定义采购限额标准、规范政府采购方式；最后，加快推进政府购买公共服务领域立法工作，并以此为契机探索政府购买领域统一法律的建设，为最终出台《政府购买基本法》积累经验和创造条件。

（3）制定《政府转移支付法》，规范转移性支出。

立法重点应该包括合理划分部门间事权分配，明确各层级政府之间的事权和支出责任；优化转移支付结构，在充分考察其前期转移支付资金使用效益的情形下，合理确定转移支付数额，发挥转移支付的激励作用，提高资金利用效率；统一财政转移支付审批和监督主体，合理安排转移支付审批程序，避免多头审批、多头监管和"跑部向钱"，提高转移性支付资金的利用效率。

（4）弥补财政支出监督立法缺失。

由于不同财政支出项目有其自身的特点，财政支出监督的法律规定散见于宪法、法律、行政法规和部门规章中，通过各项法律法规的修改和完善，实现财政支出监督主体、监督程序、监督方式、法律责任方面的统一，构建一套完整的适合我国实际的财政支出监督体系。同时，也可以根据情况适时出台财政支出监督专项法律。

二、严格法律执行

（一）严格《预算法》执行，落实人大权力

2014年8月31日第十二届全国人民代表大会常务委员会第十次会议表决通过了《全国人大常委会关于修改〈预算法〉的决定》，于2015年1月1日起施行，其中第21条规定："县级以上地方各级人民代表大会审查本级总预算草案及本级总预算执行情况的报告；批准本级预算和本级预算执行情况的报告；改变或者撤销本级人民代表大会常务委员会关于预算、决算的不适当的决议；撤销本级政府关于预算、决算的不适当的决定和命令。县级以上地方各级人民代表大会常务委员会监督本级总预算的执行；审查和批准本级预算的调整方案；审查和批准本级决算；撤销本级政府和下一级人民代表大会及其常务委员会关于预算、决算的不适当的决定、命令和决议。乡、民族乡、镇的人民代表大会审查和批准本级预算和本级预算执行情况的报告；监督本级预算的执行；审查和批准本级预算的调整方案；审查和批准本级决算；撤销本级政府关于预算、决算的不适当的决定和命令"。该条以法令的形式明确了各级人民代表大会的分工与职责，为财政支出法治化进程中各方权限确定了框架。在今后的法律执行进程中，应当逐步从各方面坐实各级人大的权力，确保人大在预算方面发挥应有的作用。这是法律的基本要求，也是财政支出法治化进程中关键、有效的一环。

（二）完善机构设置，明确职能，合理分工

在保障财政支出法治化方面，人大的作用更多的是发挥财政支出事前把关的作用，同时兼具部分事后监督功能，事中管控，即在财政支出的过程中，支出权限、流程、执行等细节操作方面，则更多地需要依赖常设化的内部机构去完成。内部监督机构设置时，既要最大限度保持其独立性，也要赋予其更多的

实际权力，避免机构形式化、空心化、边缘化。譬如类似内部审计监督之类的机构，可以适当特设管理层级，使其直接隶属于适当的、相对高层级的直属领导之下，同时在职能上，提高其在检查、核查乃至处罚上面的话语权。

(三) 完善责任追究机制

应当建立常态化、严肃化的财政支出责任追究机制，及时查处相关违法支出活动，追究违法支出人员的责任。在这方面一个高效运转的国家审计制度及其执行发挥着不可替代的作用。国家审计是由国家审计机关所实施的审计，是一种法定审计，被审计单位不得拒绝。审计机关作出的审计决定，被审计单位和有关人员必须执行。审计决定涉及其他有关单位的，这些单位应当协助执行。我国目前的国家审计工作稳步前进，但是在责任追究方面还存在有待改善的地方。国家审计作为"公共卫士"，作为推动完善国家治理的"免疫系统"，是财政支出法制化进程的重要鞭策力。在建立审计制度常态化、定时化，提高审计的权威性、独立性的同时，赋予审计机关在支出责任追究方面更大的强制力，使国家审计逐步从单纯的查账转化为集检查、处分、整改等多方面权力为一身的综合性制度体系，发挥其在财政支出方面的作用。

目前，我国经济正处于新常态，随之而来的经济、社会等领域的新的结构性变化，具体到财税领域，"新常态"包括财政收入的增速下滑、财政支出规模的持续膨胀、支出结构的改变等。2015 年 8 月全国财政收入增速重回低迷，同比增长为 3.5%，明显低于 7 月的 9.1%，同时低于上半年 6.6% 的同比增速。其中，中央财政收入同比增速为 4.8%，增幅比上月回落 6 个百分点；地方财政收入同比增速为 2.3%，增幅比上月回落 5.2 个百分点。8 月财政支出同比增长 24.2%，高于 7 月 22.4% 和上半年 10.6% 的同比增速。其中，中央财政支出明显发力，同比增长 30.2%；地方财政支出同比增速为 23.1%，增速比上月回升 5.4 个百分点。①

---

① 《8 月财政数据点评：财政收入增速重回低迷　财政稳增长持续加码》，华融证券，2015 年 9 月 15 日。

这种情况下，通过财政支出法治化优化支出结构，提高支出效率，显得尤为重要。财政支出法治化进程是一个系统工程，需要顶层设计、全局谋划、稳步推进。要以大力推进支出法治化观念为基石，推动《财政基本法》的创立，同时在对政府投资、政府购买、社保支出及财政补贴相关法律统一梳理的基础上，查缺补漏、汰旧布新、废立结合，构建完善、高效、分工又配合的成熟财政支出法律体系，在法律的执行落地上加大权责明确、责任追究力度，确保法律各项规定落到实处。并且在扎实推进财政各项支出法律建设与执行的过程中，不断地探索政府职能转变这一历史性任务，为合理界定政府与市场边界，最大程度发挥二者的协同作用，实现资源最优配置提供宝贵的实践探索。

回顾与总结：财政支出的法治化是财税基本原则的内在逻辑，是现代财政管理体制的必然要求，也是建设法治中国的应有之义。伴随着我国经济步入新常态，财政收入与支出也呈现出了新的特点，其中最突出的即是财政收入增速的趋势性放缓及财政支出的刚性扩大。通过财政支出的法治化建设，提高支出效益，改善资金效率，成为这种新特点下不得不面临和解决的迫切问题。

我国财政支出领域的法治化进程取得了长足进步，但是也出现了与经济社会发展不相适应的地方。本章第一节以政府购买、政府投资、转移性支出为例，详细介绍了相关的法律建设现状，第二节针对现状总结出了我国财政支出法治化领域的不足，包括法律建设方面存在着支出法治化意识不足、部分部门立法层次低、立法水平差、特定领域法律建设空白等，法律执行方面支出的考核、监督机制运行不畅等。为了更好地促进我国的财政支出法治化建设，第三节简要介绍了美国、法国、日本等国的经验。在此基础上，第四节给出了构建我国法治化财政支出的意见和建议，供阅读者参考。

财政支出的法治化涉及立法、执法、司法的方方面面，是一个系统工程，也是一个循序渐进逐步完善的过程，需要统一规划，分步实施。我国正处在

第五章 财政支出法治化

经济社会由高速成长转入平稳改善的新的发展通道中，财政支出的法治化建设需要在面临这一重要既定事实的前提下，在理论研究和国外经验的指导下，走出一条符合我国国情的特色化道路。我们相信，在党中央、国务院的正确领导下，在各界人士的共同努力下，对这一道路的探索是无往不利的，也是必然可以达成的。

第六章　财政体制法治化

本章导读：党的十八届三中全会明确提出要深化财税体制改革，建立现代财政制度。而法治化是现代财政的重要特征之一，财政体制法治化更是推进财政法治化建设的核心和突破口。本章概述了我国现行财政体制的法律制度框架，分别从分税制改革、转移支付制度以及政府预算管理三个方面对我国财政体制法治化进程进行审视，分析存在的问题，并横向比较发达国家财政体制的法律实践，通过梳理美国、英国、日本以及德国的政府间事权与财权划分、转移支付制度规定、政府预算机制等法律制度，得出财政体制法治化须财政体制法定与权力制衡的启示。最后，基于我国财政体制法治化存在的问题和对国外相关经验的借鉴，提出推进我国财政体制法治化进程的对策，即深化分税制改革、对转移支付制度进行法治矫正以及规范政府预算管理制度。

第一节　我国现行财政体制的法律制度框架

新中国成立以来，财政体制随着经济社会发展和政府职能转变，历经多次调整，大体上经历了从"统收统支"高度集中的财税体制，到"分灶吃饭"的包干制，再到"分税制"的历史沿革。我国现行的财税体制，是对1994年分税制财政体制框架的保持与完善。分税制以后，相继出台了一系列法律、法规、规章及其他规范性文件，对政府间责任划分与支出分配、收入划分、转移支付以及政府预算管理等财政制度进行调整与完善。目前为止，我国对财政体制的规定主要集中于以下一些法律、法规、规章中。这些法律、法规、规章的规定形成了现阶段我国财政体制的法律制度依据。

一、政府间事权与支出责任的划分

政府间事权与支出责任的划分既涉及各级政府职能范围的界定，也关系到其行使职能的财力保障程度，是政府间财政关系的核心。

（一）我国政府间责任划分的现行法律框架

《宪法》第3条规定"中央和地方的国家机构职权的划分，遵循在中央统一领导下，充分发挥地方主动性、积极性的原则。"第99条规定："地方各级人民代表大会在本行政区域内，保证宪法、法律、行政法规的遵守和执行；依照法律规定的权限，通过和发布决议，审查和决定地方的经济建设、文化建设和公共事业建设的计划。"第107条同时也采用列举法规定："县级以上地方各级人民政府依照法律规定的权限，管理本行政区域内的经济、教育、科学、文化、卫生、体育事业、城乡建设事业和财政、民政、公安、民族事务、司法行政、监察、计划生育等行政工作"。《地方组织法》对各级地方政府的职责也做了相应的规定。另外，对于中央政府与地方政府的某些重要责任的划分，如教育、环境保护、医疗卫生、社会保障等，散见在各种具体法律文件中。如《教育法》明确规定了各级政府对教育责任的划分以及教育经费支出责任的分配，例如第14条规定："国务院和地方各级人民政府根据分级管理、分工负责的原则，领导和管理教育工作。中等及中等以下教育在国务院领导下，由地方人民政府管理。高等教育由国务院和省、自治区、直辖市人民政府管理。"《义务教育法》及其实施细则明确规定了中央和地方政府对义务教育支出的责任。《突发公共卫生事件应急条例》详细规定了各级政府对突发公共卫生事件的应急职责。《医疗机构管理条例》及其实施细则对各级政府对医疗机构的管理和监督责任进行了规定。

(二) 我国政府间支出分配的现行制度框架

从以上分析可以看出,现有法律体系中并没有一部专门划分中央政府与地方政府责任的法律或法规,只在《宪法》《地方组织法》以及《教育法》《环境保护法》《突发公共卫生事件应急条例》等法律法规中,对我国政府职责和政府间责任的划分做出了一般性、原则性规定,但对政府支出责任界定及其划分却主要停留在制度层面,法律性相对薄弱。

根据1994年分税制财政体制关于中央政府与地方政府事权划分的规定,中央政府主要承担国家安全、外交和中央国家机关运转所需经费、调整国民经济结构、协调地区发展、实施宏观调控所必需的支出以及由中央直接管理的事业发展支出。具体包括:国防费、武警经费、外交和援外支出、中央级行政管理费、中央统管的基本建设投资、中央直属企业的技术改造和新产品试制费、地质勘探费、由中央财政安排的支农支出、由中央负担的国内外债务的还本付息支出以及中央本级负担的公检法支出和文化、教育、卫生、科学等各项事业费支出。地方财政主要承担本地区政权机关运转所需支出以及地区经济、事业发展所需支出。具体包括:地方行政管理费、公检法支出、部分武警经费、民兵事业费、地方统筹的基本建设投资、地方企业的技术改造和新产品试制经费、支农支出、城市维护和建设经费、地方文化、教育、卫生、体育等各项事业费、价格补贴支出以及其他支出。

1994年以后,中央财政逐步承担了更多的支出责任,不仅强化了中央政府的宏观调控作用,而且缓解了地方尤其是中西部财政困难地区基层政府的支出压力。如推动农村税费改革,自2006年起全面取消农业税和农林特产税,针对改革后地方政府收入相应减少的状况,中央财政通过转移支付给予地方适当补助,保障了农村税费改革的顺利实施。配合开展医药卫生体制改革,财政对医药卫生事业发展的补助方式从补供方为主向供需兼顾、需方为主的模式转变,并将支出责任重心上移。

二、中央与地方的收入划分

根据1993年12月15日《国务院关于实行分税制财政管理体制的决定》,按照财权事权相统一的原则,按税种划分中央与地方收入。将维护国家权益、实施宏观调控所必须的税种划分为中央税,将与地方经济社会发展关系密切、适宜地方征管的税种划为地方税,将涉及经济发展全局的主要税种划为中央和地方共享税。在此基础上,为保证地方的既得利益,建立了中央对地方税收返还制度。

1994年以后,在分税制框架内对政府间收入划分进行了调整完善:一是实施所得税收入分享。2002年国家对所得税划分进行了调整,自2003年起,将企业所得税和个人所得税改为中央与地方共享税,中央分成60%,地方分成40%。2008年又制定实施总分机构企业所得税地区间分配办法。二是调整了证券交易印花税中央和地方分享比例。从2016年1月1日起,将证券交易印花税由按中央97%、地方3%比例分享全部调整为中央收入。三是调整金融保险营业税收入划分。先适当提高金融保险营业税税率并将增收部分归中央,后为支持金融保险业改革,将税率分三年降至改革前水平,中央分享部分也随之取消。四是改革出口退税负担机制。2004年,按照"新账不欠,老账要还,完善机制,共同负担,推动改革,促进发展"的原则,适当降低部分产品出口退税率,建立由中央和地方共同负担出口退税的新机制,2005年进一步降低地方负担比例。通过上述调整完善,逐步形成了较为稳定的收入划分格局(参见表6-1)。

表 6-1　　　　　　　　中央地方一般预算收入划分情况

中央固定收入	关税，海关代征消费税和增值税，消费税，车辆购置税，证券交易印花税，铁道部门、各银行总行、各保险公司总公司等集中交纳的收入（包括营业税、利润和城市维护建设税），未纳入共享范围的中央所得税、中央企业上缴利润等
共享收入	增值税（中央75%，地方25%），纳入共享范围的企业所得税和个人所得税（中央60%，地方40%），资源税（海洋石油资源税为中央收入，其余资源税为地方收入）
地方固定收入	地方企业上缴利润，城镇土地使用税，城市维护建设税（不含铁道部门、各银行总行、各保险公司总公司集中交纳的部分），房产税，车船使用税，印花税，耕地占用税，契税，土地增值税，国有土地有偿使用收入等

三、政府间转移支付体系

我国1995年开始实施过渡期转移支付政策，2002年实行所得税收入分享改革，建立了转移支付资金稳定增长机制，过渡期转移支付同时改称为一般性转移支付。2003年以后进一步调整和完善转移支付结构，加快财政转移支付制度建设，简化和规范了转移支付制度。2009年起，将中央对地方的转移支付简分为一般性转移支付和专项转移支付。近几年，根据宏观形势发展变化，增加了转移支付总额，调整了民族地区转移支付政策，出台了重点生态功能区转移支付政策，实施义务教育经费保障机制改革转移支付，设立资源枯竭城市转移支付，实施事业单位绩效工资转移支付等。我国现行的财政转移支付制度主要是依据1993年国务院发布的《关于实行分税制财政管理体制的决定》、1995年财政部制定的《过渡期财政转移支付办法》、2000年财政部制定的《中央对地方专项拨款管理办法》以及2015年2月国务院发布的《关于改革和完善中央对地方转移支付制度的意见》等行政法规与规章。

（一）对税收返还的相关规定

税收返还主要包括"两税"返还和所得税基数返还。按照1994年中央

《国务院关于实行分税制财政管理体制的决定》的要求，中央净上划收入全额以 1993 年为基期年全部返还给地方，以此为税收返还基数。中央对地方税收返还额的递增率按增值税和消费税增长的 1∶0.3 系数确定。增值税和消费税增长 1%，税收返还就按照 0.3% 的比例增长。

2002 年国务院出台了《关于印发所得税收入分享改革方案的通知》，中央决定以 2001 年为基期，按改革方案确定的分享范围和比例进行计算，如果地方分得的所得税收入小于 2001 年地方实际所得税收入，差额部分由中央作为基数返还地方；如果大于地方实际所得税收入，差额部分由地方作为基数上缴中央。

（二）对一般性转移支付的相关规定

1995 年财政部出台了过渡期转移支付方案，通过标准支出与标准收入差额计算转移支付数额，在具体测算中通过地方财力与标准支出的差距来确定。2002 年中央出台了《财政部关于 2002 年一般性转移支付办法》，近年来不断完善，明确了转移支付的目标和原则，主要对中西部地区实施转移支付，并通过公式测算一般性转移支付额，具体公式：某地一般性转移支付 =（标准财政支出 - 标准财政收入）× 系数。其中，标准财政收入由地方政府的标准财政收入和中央对该地区的税收返还和财力性转移支付组成；标准支出为行政公检法等支出项目总和组成；系数按照一般性转移支付总体规模和各地区标准支出高出标准收入的额度以及财政困难程度确定，在公式化、规范化方面迈出了重要一步。2015 年，按照《关于改革和完善中央对地方转移支付制度的意见》要求，将进一步增加一般性转移支付规模和比例，逐步将占比提高到 60% 以上。同时，清理整合一般性转移支付，加强支付管理。

（三）对专项转移支付的相关规定

1. 分税制中的有关规定

国务院在 1993 年发布了《国务院关于实行分税制财政管理体制的决定》，

开始着手进行分税制改革。该决定第 3 点是对财政管理体制具体内容的规定，明确划分了中央与地方的事权和支出项目、中央与地方的收入项目。为政府间事权与财权的划分奠定了基础，为财政专项转移支付制度的改革指明了方向。

随后财政部发布了《实行"分税制"财政体制后有关预算管理问题的暂行规定》。该规定第 2 条中有关于预算编制问题的规定："当年中央预算支出包括中央对地方的专项拨款补助支出；当年地方预算收入包括中央财政专项拨款补助收入；当年地方预算支出包括对下级财政专项拨款补助支出。"明确了在中央政府与地方政府的预算收入与支出项目中专项拨款占有一席之地。同时该规定第 6 条第 4 款又规定："中央财政确定给各地区的专项拨款补助和特殊拨款补助，按用款进度和中央资金调度情况均衡划拨给地方财政，年度执行中如有拨款不足，可在年度终了后 30 天内划拨给地方财政（也可以在办理年度财政决算时清算）。"该条第 5 款又规定："年度终了后，中央财政和地方财政在办理完各项专项结算和体制结算后的 20 天内，完成双方的资金划拨工作。专项结算和体制结算收支，应作为当年的收支列入决算。"对专项资金的划拨进行了初步的规定。

2. 预算法方面

在分税制的基础上我国于 1994 年颁布了《中华人民共和国预算法》，又于 1995 年发布了《中华人民共和国预算法实施条例》，将财政专项转移支付制度中关于预算方面的规定上升到了法律法规层面，进一步完善了财政专项转移支付制度。预算法第 19 条第 2 款规定了政府的预算收入范围，其中第 3 项为专项收入。

《预算法实施条例》第 9 条第 2 款规定"预算法第 19 条第 2 款所称'专项收入'，是指根据特定需要由国务院批准或者经国务院授权由财政部批准，设置、征集和纳入预算管理、有专项用途的收入。"明确了专项收入的范围，专项资金的审批部门。《预算法》第 66 条规定对中央、地方政府预算、决算的监督机关是全国人大及其常委会、县级以上地方各级人民代表大会及其常委会以及乡、民族乡、镇人民代表大会。第 70 条、第 71 条、第 72 条又分别规定了上级政府、财政部门和审计部门对预算执行的监督权。明确了对预算决算进行监督的主体。同时，《预算法实施条例》对监督主体如何行使监督权做出了详细规定。

3. 审计法方面

1994 年我国颁布了《中华人民共和国审计法》，2006 年又对该法进行了修改，建立了较为符合经济发展要求的审计制度。该法第 2 条第 2 款明确了审计监督的对象和范围。"国务院各部门和地方各级人民政府及其各部门的财政收支，国有的金融机构和企业事业组织的财务收支，以及其他依照本法规定应当接受审计的财政收支、财务收支，依照本法规定接受审计监督。"同时该条第 3 款规定了审计监督的原则："审计机关对前款所列财政收支或者财务收支的真实、合法和效益，依法进行审计监督。"从审计角度对财政专项转移支付制度予以完善。

4. 专项拨款方面

为了规范财政专项转移支付行为，使专项转移支付行为有法可依，专项拨款工作更加规范化、程序化，财政部于 2000 年颁布了《中央对地方专项拨款管理办法》。该部门规章明确了专项拨款的基本原则；专项拨款的申请与审批程序；专项拨款的执行与监督管理；在有关专项拨款分配的规定中引入了"因素法"，并强调以"因素法"为主、"基数法"为辅。这些规定对我国专项转移支付的实施具有较强的指导意义，为我国建立独立完整的财政专项转移支付制度翻开了新的一页。

5. 财政违法责任方面

2004 年国务院发布了《财政违法行为处罚处分条例》，对违法财政行为的责任进行了规定。该处分条例明确规定了多种财政违法行为及其责任，对规范财政转移支付行为起到了一定的作用。但此行政法规并未具体针对违法财政转移支付行为乃至违法专项转移支付行为进行明确规定，对其责任进行详细的划分。

6. 专项转移支付的清理方面

按照 2015 年《关于改革和完善中央对地方转移支付制度的意见》要求，要进一步清理整合专项转移支付。属于中央委托事权的项目，可由中央直接实施的，原则上调整列入中央本级支出。属于地方事权的项目，划入一般性转移支付。确需保留的中央地方共同事权项目，以及少量的中央委托事权项目及引导类、救济类、应急类项目，要建立健全定期评估和退出机制，对其中目标接近、资金投入方向类同、资金管理方式相近的项目予以整合，严格控制同一方向或领域的专项数量，并逐步改变以收定支专项管理，规范专项资金管理办法。

7. 其他方面

从 2006 年起，国务院各部门纷纷发布针对特定项目专项资金的管理办法，进一步规范了专项资金的使用与管理。如：财政部与教育部联合发布的《少数民族教育和特殊教育中央补助专项资金管理办法》；财政部、文化部发布的《国家重点京剧院团保护和扶持专项资金管理办法》；等等。对特定领域和特定项目专项资金的使用起到了指导作用。

四、政府预算管理

新中国成立以来，我国政府的预算体系随着经济社会发展、政府职能范围调整而相应变化，大致经历了单式预算和复式预算两个阶段。从 1949 年到 1991 年，与计划经济体制相对应，政府预算体系一直实行单式预算。从 1991 年颁布的《国家预算管理条例》开始，国家预算按照复式预算编制，分为经常性预算和建设性预算两部分。中央财政自 1992 年开始试编经常性预算和建设性预算，1995 年颁布的《中华人民共和国预算法实施条例》进一步明确"各级政府预算按照复式预算编制，分为政府公共预算、国有资产经营预算、社会保障预算和其他预算"，政府预算体系趋于完整。

1996 年，国务院印发《国务院关于加强预算外资金管理的决定》，明确将公路养路费、车辆购置附加费、铁路建设基金等 13 项数额较大的基金纳入财政预算管理，基金收支在预算上单独编列反映，按规定专款专用，不能挪作他用，也不能平衡预算。同年，财政部印发了《政府性基金预算管理办法》，初步构建了政府性基金预算制度框架。2007 年，国务院印发《国务院关于试行国有资本经营预算的意见》，明确 2007 年进行国有资本经营预算试点，并从 2008 年开始实施中央国有资本经营预算，标志着我国国有资本经营预算制度正式建立。2010 年，国务院印发《国务院关于试行社会保险基金预算的意见》，明确要求从 2010 年起编制社会保障基金预算，并先行将企业职工基本养老保险基金、失业保险基金、城镇职工基本医疗保险基金、工伤保险基金、生育保险基金五项纳入预算管理范围，标志着我国社会保险基金预算制度正式建立。同年，财政部印发《关于将按预算外资金管理的收入纳入预算管理的通知》，明确从 2011 年 1 月 1 日起，将按预算外资金管理的收入全部纳入预算管理。至此，财政收支全部纳入预算管理，并初步形成了一般公共预算、政府性基金预算、国有资产经营预算和社会保险基金预算并存的政府预算体系。

十二届全国人大常委会第十次会议通过了《全国人民代表大会常务委员会关于修改〈中华人民共和国预算法〉的决定》，重新颁布修订后的预算法，自 2015 年 1 月 1 日起施行。新预算法的出台是国家法律制度建设的一项重要成果，更是财政制度建设具有里程碑意义的一件大事，标志着我国加快建立全面规范、公开透明的现代预算制度迈出了坚实的一步。新预算法反映了现代预算管理的基本要素，是现代财政制度的重要组成部分，在以下五个方面做出重大突破：

一是完善政府预算体系，健全透明预算制度。新预算法删除了有关预算外资金的有关内容，并明确规定：政府的全部收入和支出都应当纳入预算。预算包括一般公共预算、政府性基金预算、国有资本经营预算、社会保险基金预算。

二是改进预算控制方式，建立跨年度预算平衡机制。

三是规范地方政府债务管理，严控债务风险。新预算法增加了经国务院批准的省级政府可以举借债务的规定，同时从限制主体、限制用途、限制规模、限制方式、控制风险五个方面作出限制性规定。

四是完善转移支付制度，推进基本公共服务均等化。新预算法增加规定：财政转移支付应当规范、公平、公开，以均衡地区间基本财力、由下级政府统筹安排使用的一般性转移支付为主体。

五是坚持厉行节约，硬化预算支出约束。新预算法确定了统筹兼顾、勤俭节约、量力而行、讲求绩效和收支平衡的原则。同时强调，各级预算支出的编制，应当贯彻勤俭节约的原则，严格控制各部门、各单位的机关运行经费和楼堂馆所等基本建设支出。

第二节 我国财政体制法治化存在的问题

改革开放至今，我国财政体制紧随政治体制与经济体制改革步伐，历经30多年的发展与制度创新，法治化进程不断深入。归纳起来大致经历了四个阶段：

第一阶段（1978~1994年），主旨是"放权让利"与"积极改革"。这一阶段以计划经济向市场经济过渡为大背景，传统的财政体制逐渐深刻转变，其主要特点就是"放权""让利"，同时有效调动各有关方面深化改革的积极性。第二阶段（1994~1998年）：主旨是"央地分税"与"建框搭架"。发展至这一阶段，财税体制改革算是开启了制度创新之路，集中突出"分税制"改革，切实强化财政的宏观调控能力，确保财政收入持续快速增长，与此同时，体现一定的法治精神的财税体制的基本框架逐步形成。第三阶段（1998~2003年）：主旨是"税费改革"与"体制重构"。这一阶段，通过"税费改革"主要是切实推进规范政府收支行为及其机制和相应的管理制度，并在此基础上，顺应时代潮流，努力加快推动体现现代法治精神的财税体制的重新构造进程。第四阶段（2003年至今）：主旨是"服务民生"与"健全发展"。显然，这是一个尚未最终定型与定性的发展阶段，但是，其主旨已表明，改革的方向是符合科学发展观的要求的，特别是近十年来的制度创新成果，在一定程度上可以反映出，这一阶段财税体制改革的使命确实是进一步健全和完善现行财税体制，其中主要是进一步完善公共财政的体制机制，尽快使"民生财政"的理念与实效被最广大的人民群众所欣然接受。

从上述四个阶段可以看出，随着我国财税体制改革的深入，财税体制法治化进程不断推进。但囿于政治体制改革的相对滞后，我国现行财税体制在充分体现民主、法治和私权保障等方面，与建设社会主义法治国家这一治国方略的要求仍有差距。党的十八届四中全会提出，"坚持依法治国首先要坚持依宪治国，坚持依法执政首先要坚持依宪执政。"本节将从依宪治国的角度分析财税体制的三方面内容。

一、分税制改革的法治审视

（一）分税制改革在制度层面缺乏明确的宪法和法律依据

财政体制是一个国家基础性的制度安排。在大多数西方国家，财政体制一般要通过宪法予以明确规定，或至少由最高立法机关通过的法律作为依据。例如，美国的分权宪法规范既包括确立国家机构之间横向分权的三权分立制度，也包括确立国家机关之间纵向分权的地方制度。分级财政管理体制属于纵向分权，《美利坚合众国宪法》规定了财政权限划分的基本原则。除美国之外的其他法治完善的市场经济国家，其有关中央与地方财政收支根本关系的规定，无一不是在宪法中加以明确，如德国、日本，就是在基本法中加以专门规范。不少国家均将政府间的职能分工、税收分割、财政转移支付以及财政补助等事项纳入宪法和法律的框架之中。因此，这些国家中央政府与地方政府的事权、财权划分比较明确，整个国家的财政关系也处于稳定状态。

我国 1994 年分税制改革的直接制度渊源是党中央的决议和国务院的政策。1993 年 12 月国务院通过的《关于实行分税制财政管理体制的决定》虽然是分税制改革的直接依据，但算不上严格意义上的行政法规，而是一个行政决定。也就是说，我国财政税收的纵向划分，既没有统一、稳定的宪法统领，也缺乏基本法和法律的规范。这种缺乏宪法和法律高度的分权改革，具有不科学、非规范、难稳定的固有缺陷。事实正是如此，自分税制实行以来，中央与地方的财政分成比例几乎年年在变，而且这种比例的变动是通过中央政府及其主管部门的文件实现的，没有法律依据，随意性很大。中央可以根据财政形势的需要，随意调整中央与地方的财政分配关系，地方政府只能被动地接受。比如，1997 年 1 月，证券交易印花税由原来的中央与地方各分享 50% 调整为中央分享 80%、地方分享 20%，后又调整为中央分享 88%、地方分享 12%。从 2000 年 10 月 1 日起，证券交易印花税分享比例分 3 年调整为中央占 97%、地方分享 3%。2016 年 1 月 1 日，证券交易印花税全部调整为中央收入。又如，1997 年中央财政将原划为地方税种的金融行业的营业税率由 5% 提高到 8%，提高的 3% 归中央财政。2000 年恢复对存款利息所得征收个人所得税，收入归中央财政。从 2001 年 1 月 1 日起开征车辆购置税，属于中央税，等等。总之，在我国目前的中央与地方财政分配关系中，财政分配比例经常被调整，制度很不稳定，对地方尤其是基层财政运行的不利影响很大。

时至今日，分税制改革已实施了 20 余年，但我国有关分税制公共财政体制的立法仍然相当薄弱。除《中华人民共和国预算法》（以下简称《预算法》）的第 8 条对此有过明确的规定外，绝大部分实施依据都是国务院及其有关职能部门的行政性决定或办法。例如，调整个人所得税和企业所得税的分享范围、比例、征管、分配使用等的制度渊源是 2001 年 12 月 31 日国务院下发的《所得税收入分享改革方案》；而规定省以下各级人民政府的事权范围和财政支出责任、省以下各级人民政府财政收入的划分、省以下财政转移支付制度等，依据则是 2002 年 12 月 26 日国务院批转的财政部《关于完善省以下财政管理体制有关问题的意见》这一部门性规章。中央与地方之间财政权分配制度长期不能纳入宪法和法律的轨道上来，宪法和法律不能对分税制度产生刚性制约作用，这与依宪治国的根本要求相去甚远。

（二）分税制改革在实践运行层面缺乏制约机制难以做到财政权力的理性运行

分税制财政应该是权力制约型财政。首先，从理论上讲，分税制就是在中央与地方政府之间分配以税权为核心的财政权力，而财政权力的合理分工是法治国家权力制约的逻辑前提。因为财政权力的合理配置意味着财政权力归属和财政权力行使的理性化，意味着财政权力的法定性和专属性，意味着对那种无所不在、无所不为的财政权力的否定。因此，财政权力在不同层级政府之间的配置本身就意味着一定的权力制约，甚至可以说，没有合理的财政权力配置制度就不可能有真正有效的权力制约。其次，从实践上看，分税制的权力制约功能具体表现在两个方面：一是科学、合理地界定中央与地方各级政府之间的事权和财政支出范围，理顺政府之间的责权利关系，明确彼此之间的职权之所在、责任之所系，建立各司其职、各负其责、各得其利的约束机制，避免相互侵越权限而致责任不清，从而达到控制权力的目的；二是中央与地方的财政分权就是给予地方政府一定的税收权力和支出责任范围，并允许地方政府自主决定其预算支出规模与结构，使处于基层的地方政府能够自由选择其所需要的政策类型。这既能促进地方政府之间在公共服务方面进行良性竞争，更好地履行其公共职能，又有利于人民群众对当地政府的直接监督，防止权力的滥用和腐败。

我国1994年分税制改革虽提升了中央政府的财力，但疏于构建财政权力制约制度。从财政控权的角度来看，要建构权力制约制度，关键就在于通过财政权力主体的正确定位、财政权力内容的合理分工和财政权力运行程序的理性设置，确保政府在财政上向全国人民代表大会负责，全国人民代表大会在财政上向人民负责。具体来说，预算法案制度、审计监督制度和违宪审查制度等财政监督制度相互衔接、相互配合，共同构成权力制约制度的核心和关键。我国的分税制改革在财政权力制约制度的建设方面离上述目标尚存在一定的差距。其不足主要表现在以下两个方面：

（1）从国家权力机关对政府的权力制约来看，全国人民代表大会（以下简称全国人大）的财政权行使不够，各级人大对同级人民政府财政权行使的监督也流于形式。依照人民的意志对公民所应当支付的公共服务的对价以及国家所提供的公共服务的内容做出决策，是全国人民代表大会的权力和职责。而将有关财政活动的普遍规则制定为法律，是全国人民代表大会行使权力做出财政决策的主要途径，也是其规范政府财政权行使的主要方式。但是，在我国财政立法领域，政府立法、部门立法现象严重。以财政立法中的税收立法为例，我国目前由全国人大及其常委会制定的涉税法律仅有四部，即《中华人民共和国税收征收管理法》（以下简称《税收征收管理法》）《中华人民共和国个人所得税法》《中华人民共和国企业所得税法》《中华人民共和国车船税法》，其余的都是由国务院行使授权立法权制定的行政法规，税收方面的实施细则和办法更是由国务院的财税主管部门在具体行使权力。在这种立法模式下，国务院及其财税主管部门可以通过自行立法，确立其取得财税权的合法依据；可以通过财税行政法规和行政规章的制定，不断扩张自身的权限范围，而无法律上的障碍。全国人大及其常委会对目前大量的财税法规和规章又很少行使检查监督权，更遑论撤销权。这些显然不利于政府财税权的规范和约束，不利于财税法治秩序的建立。同样的情况在地方层级也存在。地方或明或暗地享有的非规范财税权（收费权），基本上都是由地方政府或政府主管部门在实际行使，人大机关很少参与，而且地方人大对地方政府实际上普遍行使的非规范的财税权存在着严重的监控失位问题。

（2）从中央政府与地方政府之间的内部权力制约来看，中央与地方之间沟通、谈判的机制、程序不健全，弱化了分税制的财政分权制衡功能。我国的分税制改革是中央主导型改革，财政体制的改革和财政权的分配基本由中央掌控，地方缺乏话语权。中央与地方之间正式协商的有效制度不健全、不配套。中央也曾屡次下放财政权，但由于放权采取了行政放权的形式，通过政策性文件而不是正式的法律授权，结果往往是下放的收入分享权和部分税收政策权变成了法外潜规则，导致制度外的收费和优惠政策大量滋生，形成事实上的财政资金体外循环。对此，中央政府也往往是鞭长莫及，缺乏有效的法律途径进行监督制约。

二、我国转移支付制度的法治检视

政府间财政转移支付的法治化对实现财税法治、规范政府间的财政关系进而实现国家治理能力现代化均至关重要。我国财政转移支付法律制度自建立以来不断完善，取得了一定的成就。但在分税制财政体制改革后较长的一段时间里，我国的财政转移支付法律制度还带有明显的过渡色彩，用于均衡地区间财力差异的转移支付资金有限，调节的力度也必然有限。从我国现有立法情况看，目前还没有制定转移支付的专门法律，财政部通过制定不同领域的相关规章来实现对转移支付制度的规范化运行，没有比较成熟、统一的转移支付运行模式。

（一）立法层次低，立法权配置失衡

财政转移支付制度在我国始于1995年，考虑到中央当时有限的财力和调整地方既得利益的难度，以及转移支付设计中的技术问题，构建规范的转移支付制度不现实，故最初施行的是过渡期转移支付制度。直到2002年所得税收入实行按比例分享，过渡期转移支付被废止，转变为一般性转移支付，2007年又转变为平衡性转移支付，财政转移支付的功能定位越来越明确。分税制使得财政转移支付有了存在的必要性和空间，但直到目前，我国规范财政转移支付行为的法律文件主要是部门规章和其他规范性文件，立法层次低导致了权威性不足，欠缺民主性，执行中出现权力滥用，随意性较大，同时监督机制和法律责任制度规定相对简单，没有可操作性。专项转移支付在执

行中随意性更甚。与此相关联的财权与事权的划分也没有实现法定化。按照立法法的规定，基本经济制度以及财政税收基本制度应由法律规定，现行的财税立法则以国务院的行政法规和相关部委出台的部门规章为主导，缺乏顶层设计。以上体现了立法权在立法机关和行政机关配置的失衡，决策权和执行权合二为一为"跑部钱进"现象提供了条件，也为上级部门过多干预下级地方政府埋下了伏笔。

（二）财权、事权划分未经法定，转移支付效率低下

财政分权主义理论认为财政分权有助于满足地区偏好差异、鼓励地方政府间展开竞争，以及激励地方政府提供多样性的公共产品。界定中央政府和地方政府职责的主要依据是公共品的外部性，外部效应覆盖全国或多个省级行政区域的公共品供应该主要由中央政府承担，外部效应仅限于省级行政区域内部的公共品供给则应该主要由地方政府承担。此外，还要考虑规模经济、偏好差异及中央政府与地方政府的比较优势、成本收益等方面来确定应由哪一级政府提供公共产品是最有效率的，基于事权的划分从而确定财政支出责任。一般地，实现宏观经济稳定和公平收入分配的职责应由中央政府承担或主导，资源优化配置职责的承担由地方主导。当代大多数市场经济国家都实行财政分权制度，主要是财权和事权的划分。1994年分税制搭建了中央与地方财政关系的基本制度框架，对财权和事权进行了初步的划分，在其运行的20多年里，暴露出了很多问题和缺陷，如事权和支出责任划分不清，没有做到事权与财权的科学统一，尤其在"营改增"后，面临合理划分财权、完善地方税体系等问题。在我国，不管是分税制还是事权、财权的划分均处于无法可依的状态，这无疑增加了制度执行的随意性。在具体事权的划分上，政府间划分不清晰，存在重叠现象，也存在上级政府将事权层层下放、事权与支出责任不适应的问题。在事权与支出责任界定不清、不适应的前提下，中央政府向地方政府以及省以下政府间的转移支付的责任不明晰，充满博弈，难以保证转移资金的合理、有效使用。合理划分各级政府间的财权和事权并

予以法定化，是财政转移支付法治化的关键条件。

(三) 权力运行缺乏监督，责任承担空白

就政府间转移支付制度来看，很多部门对其性质认识存在误区：一是将由中央各部委负责的专项转移支付资金当作部门自有资金而非国家的财政资金；二是认为违法违规的经费只要不落入个人腰包就不应受到法律制裁。基于这些错误的认识，当前许多财政专项转移支付资金的使用随意，只讲人情、不讲规则，为了部门利益违规使用财政转移支付资金，危害结果更为严重。同时，由于对财政转移支付违规违法行为责任的认定和处罚欠缺全面而明确的规定，使许多违规行为找不到从法律上予以处罚的依据，很多违法行为都以"内部处理"了事，造成了一些人对转移支付的有关规定视若无物，严重影响了转移支付制度的权威性。我国对财政转移支付中的违法责任只在《财政违法行为处罚处分条例》第 7 条中作了简单规定，在现实操作中国家一方面不断加大转移支付的力度，违规问题却是层出不穷："跑部钱进"、挤占、挪用转移支付资金……因为没有法律直接规定，违法者即使被认定为违法，也不用承担责任，违法的收益与成本不成比例，许多规定自然形同虚设。

(四) 支付程序粗糙，执法随意性大

现有的财政资金转移方式只能继续维持原有的财政资金配置的格局，缺少较为合理的分配标准和规范的运行机制，很难在完善和规范现行财政体制方面发挥作用，也不可能在实现各地公共服务水平均等方面有所作为。同时，财政转移支付的决定与支付缺乏明确的程序规范，使支付对象、资金数额、支付时间、支付方式等方面都带有太多随意性和人为因素，上下级之间讨价还价，决策人员滥用权力的现象屡见不鲜。

一般均衡拨款应该参照各地的"标准收入"和"标准支出"确定，但目前转移支付将保证地方财力作为分配资金的主要依据，规范化的程度非常有限。而且某些税种税基难以取得数据导致难以测算"标准收入"，存在很多不

合理的制度因素。例如，在1994年分税制财政体制改革之始，转移支付的主要形式是税收返还，采用基数法测算，固化了财力不均的问题，是一种非规范的转移支付形式。

三、我国预算权力的法治考察

预算权力包含于财政权力，是立体的复合权力，由众多相互分立的权力构成的有机整体，按照划分标准不同呈现出不同的面貌。而且预算权力细分成的多种下位权力分别属于人大、政府等各个部门，才能形成了一个相互制约、有效运行的预算权力系统。

根据我国《宪法》与《预算法》的相关规定，确立了预算权在国家机关之间的分配关系，包括人大的预算审批权、政府的预算编制权和执行权，以及地方预算权。但是我国的财政预算制度仍然过于粗略，预算决策、执行、监督的实践中还存在一些不符合依宪治国的非正式规则。从权力完整性角度看，我国政府的预算编制权是完整而强大的，但各级人大的预算审批权则是残缺不全的。第一，预算外问题导致相当部分的财政收支没有进入人大的预算审批范围。从20世纪90年代起，中央不断改革预算外财政管理制度。1993年，中央将83项行政收费项目纳入财政预算，并实行企业财务与会计制度改革，国有企业折旧基金和税后留用资金不再作为预算外资金管理。1996年，国务院颁布《关于加强预算外资金管理的决定》，实行"收支两条线"管理，长远目标是将预算外资金全部纳入预算内管理。在具体措施上，将13项数额较大的政府性基金（收费）纳入财政预算管理，同时地方按国家规定收取的各项税费附加也统一纳入地方财政预算管理。2000年，中央开始在安徽省试点农村"费改税"工作，并于2003年正式颁布《国务院办公厅关于进一步加强农村税费改革试点工作的通知》，在全国推进农村税费改革工作，重点严格控制、禁止一些预算外项目的收费。2001年，国务院办公厅转发财政部《关于深化收支两条线改革，进一步加强财政管理意见的通知》，要求各地各单位继续深化"收支两条线"改革。2010年,《财政部关于将按预算外资金管理的收入纳入预算管理的通知》颁发,决定从2011年1月1日起,除教育收费纳入财政专户管理外,其他预算外资金全部纳入预算管理。所以,在财政会计的意义上,"预算外资金"在我国已经成为历史。纵观中央的上述一系列整改措施,核心思路是加强对预算外资金的控制,且技术路径主要是将其逐步转换为在管理上更加严格的预算内资金。虽然自2011年起,我国开始不存在统计意义上的"预算外资金",但这不等于财政管理的"预算外问题"就会自动消失。① 目前预算外资金的自主权相当程度上仍归部门单位所有,所以预算外收支未实现完全纳入预算管理,不少部门仍将这部分资金当做"自有财力"加以支配使用。由此产生非税收入的不规范,扩大了地方政府的财政支出自主权。第二,"法定支出"肢解了预算决策权。"法定支出"是预算管理中的习惯概念,一般指有关法律法规对某一特定项目规定的支出比例或增长幅度,在我国甚至还包括上级政府无经费式的指令和决定。据调查,上级各项法律、政策、配套等新增支出,在有些地方占当年可用财力增加额的1倍以上;在一些省每年仅教育、农业、科技三项的法定支出增长就要占当年新增财力的一半以上。这使得财政部门处于两难境地:执行《预算法》坚持收支平衡,很多法律、政策规定的支出要求不能够落实到位;执行其他法律、政策,收支平衡又不能保证,《预算法》的要求不能落实。大量预算资金通过"法定支出"的形式被预先指定了用途,不仅财政部门在编制预算过程中不能根据需要灵活调度,在各支出项目之间取长补短、统筹安排,人大也不能对此进行实质性的审议和批准。第三,政府在减免税方面的巨大自由裁量权,侵蚀了人大的预算最终决定权。减免税可分为法定减免、特定减免和临时减免。从我国的减免税实践可得出一个基本判断:在这些税种的减免税制度中,

---

① 事实上,不管是在发展中国家,还是在发达国家,"预算之外"(extra-budget,或者off-budget)的政府资金都曾也将长期存在,它们来源于一系列深层次、外生性的政治和管理因素(Allen and Radev, 2006; Schick, 2007)。这意味着,我国实质性的预算外资金管理问题不会因统计口径的形式性改变而消失,而且就改革的目标和路径来讲,改善、优化相关资金的管理和治理还是应该主要在"预算之外"的框架内进行。

法定减免和临时减免都比较少，唯独特定减免税在我国绝大多数税种的减免税中都占据着主体地位。严格意义上的法定减免税其实很少，即便把行政法规算进来，法定减免税基本上在每个税种中也就是一到两个条文进行规定，而与此相对的是数量无法列举的特定减免税。也就是大量的以行政主体为制定机关的特定减免税处于我国减免税制度的核心。

再从人大预算审批权力的自身来看，也存在不可忽视的问题：第一，预算审批权的内容和方式，虽然宪法在全国人大的职权列举中仅包括"审查和批准"，但依据《预算法》第62条第15项，全国人大的职权还包括"应当由最高国家权力机关行使的其他权力"，那么预算草案的增减修正是否属于人大的其他职权？在我国，全国人大既是立法机关又是最高权力机关，因此，从我国宪法理论上或者从比较法中，都无法得出唯一正确的结论。但是，从预算管理的实践来看，人大实际上只能就预算草案的同意与否行使审批权。另外，由于目前预算审议采用的是综合审批方式，且人大预算能力还比较薄弱，人大对预算的审议几乎流于形式，导致实践中财政支出呈现出随意性、非科学性现象，出现了安徽王怀忠"政绩工程"之类案，在"政绩工程"等因素的刺激之下，不考虑科学性、不计后果、肆无忌惮地举债经营，给当地民众带来沉重的财政负担。第二，对人大预算审批程序少有明确的法律规则加以约束。我国现行《预算法》关于预算审批行为的规定仅仅有五条，并且全部都为实体性权利义务规定，程序性规定则处于空白状态。我国预算审议方式一般由代表对新预算内容分组讨论，提出意见，但意见提出后采纳与否没有相关规定，在提出质疑的情形下，更缺乏与之配套的辩论程序。因此，建构适当的预算审议程序是实现我国预算审批的合理化、合法化的第一要务。第三，预算审议者表达的并不一定是选民意志。由于预算决策者与财政资金的来源者（亦即所有者）是分离的。从法律意义而言，支配自己的经济资源是权利，支配他人的经济资源则意味着责任。在预算决策者拥有支配他人经济资源权力的情况下，其辜负国民信赖、偏离国民利益而使用预算权力的可能性是不能排除的。而且，我国现行预算决策过程是不公开、不透明的，如

1997年财政部、国家保密局根据《保密法》共同发布的规定和财政部1995年颁布的《关于加强财税法规草案保密工作的通知》都将预算决策对象作为国家秘密。即使近几年，国家统计局公布的中央财政预算信息，也只有寥寥数页而已。在这种情况下，公民无法确知预算内容，当然也无从表达或借由其代表表达其意见。

第三节 财政体制法治化的国际比较与借鉴

根据中央和地方政府财政关系的不同，可以将财政体制区分为集权、分权、集权与分权相结合三种模式。本节将分别以美国、德国、日本和英国为例，探讨发达国家在财政体制上的法律实践及对我国财政体制法治化的启示与借鉴。

一、发达国家财政体制的法律实践

（一）美国：典型联邦制国家的财政体制

美国财政实行联邦财政、州财政和地方财政三级管理体制。三级财政各有其相对独立的财政税收制度和专门法，各自编制、审批和执行本级预算，且程序复杂。上下级预算之间的主要联系为上级政府对下级政府的补助和拨款。在美国宪法的框架内，各级政府相对独立地行使其职权，各级政府都有明确的事权和支出责任，权力和责任相互区别各有侧重，同时又相互补充和相互制约。

1. 各级政府的事权与财权划分

联邦政府和州政府的关系。美国各级政府的权限划分主要依据法律条文。美国宪法规定了联邦和州政府在各自范围内都拥有独立的权力，但联邦政府的地位较高，合众国的宪法、法律和与外国缔结的条约，各州必须遵守并参照执行。各州所做出的法律不能与联邦法律相抵触。在中央和地方事权的划分方面，宪法明确规定了联邦政府的权限范围，对地方政府的权限采取了保留式。同时，宪法还规定了联邦和各州拥有的专有权限和共有权限。州政府和地方政府的关系。联邦宪法对地方事务没有做出明确规定，长期以来地方政府被视为州政府的派出机构，州政府对地方政府拥有绝对的处置权，可以授权或者撤销地方政府的权限，只有部分县政府得到了州宪法的条款保障，大部分地方政府都要服从州议会的意愿。

关于联邦的事权与财权。一般来看，联邦政府的职能包括国防、外交、实现经济增长和维护社会稳定，在支出方面主要负责国防、国际事务、公共工程、社会保障和农业补贴等项目支出。在收入方面，联邦政府需要国会通过法律确定联邦政府的税收。联邦税由财政部下设的国内收入局进行征收，联邦税以个人所得税、公司所得税、社会保险税等直接税为主体，还有消费税、遗产赠与税和关税。

关于州政府的事权和财权。州政府的职能包括收入再分配、提供基础设施和社会服务以及促进经济发展等，在支出方面主要负责教育、公共福利、公路、医疗卫生、收入保险、消防、煤气及水电等开支。在财政收入方面，各州根据州议会通过的法律确定符合本州的税种及税率。州政府的税收以销售税为主，还包括个人所得税、公司所得税、消费税、遗产税等共享收入的州政府部分。州政府的收入主要体现为流转税，直接对企业的商品和劳务的生产和销售额征收，是州政府稳定的税收来源。

关于地方政府的事权和财权。地方政府的支出责任主要包括负责治安、消防和环卫方面的支出。在财政收入方面，地方政府在符合州宪法的前提下，根据地方议会的宪法确定税种和税率，地方政府间的税种和税率存在差异，甚至差异较大。地方政府的税收以财产税为主体，还包括销售税、个人所得税等共享收入的地方政府部分以及规费收入。

在税种划分方面，联邦、州和地方政府并不绝对化，很多税种采用了分率计征的办法，这是美国分税制的明显特点。个人所得税、公司所得税、工薪税、销售税和消费税由三级政府同时开征；遗产赠与税由联邦和州政府同时开征；财产税由州和地方政府共同征收。

2. 财政转移支付制度

美国财政转移支付可以追溯到1862年的莫里尔法案，该法案规定联邦政府通过向州政府捐赠土地的方式，资助贫困州建立大学。这主要是因为当时联邦政府现金收入较少，但拥有大量的闲置土地。该法案实施后，得到土地捐赠的州或者出售土地获得现金收入或者用来建立大学。第一次以现金形式作为财政转移支付方式可以追溯到1887年的海奇法案，该法案规定联邦政府对州建立的农业试验基地项目给予现金补助。美国的财政转移支付制度以专项转移支付为主，缺少均等化的转移支付。这主要是因为美国是一个崇尚自由主义、鼓励充分竞争的国家，美国政府相信市场的力量，甚至鼓励不同的地方政府开展竞争，提供优良的公共产品，促进整个社会福利的提高。否则，通过人为手段限制资源流动，不利于美国公民福利的提高。美国的财政转移支付主要包括专项拨款和分类拨款。

（1）专项拨款。专项拨款的目的是实现联邦政府的预定目标，要求必须用于规定的用途，对于下级政府来说约束性较多。联邦政府对州的财政转移支付主要体现在社会服务领域，包括事业保险、保健、教育和交通等。专项拨款的规模占到财政转移支付的90%以上，并且成为下级政府的重要财政收入来源。专项拨款分为项目专项补助和公式专项补助，其中项目专项补助占2/3，公式专项补助占1/3。公式补助根据适龄人口和人均收入等指标，在各个州进行测算并确定补助份额，不同项目所使用的公式差异很大。地方政府可以根据法律法规，按照公式计算出可获得的公式专项补助规模，各级地方政府可以在公式确定的过程中提出意见，发挥作用。联邦政府在项目补助中拥有决定权，根据联邦政府的意图确定规模和领域。

（2）分类拨款。分类拨款是联邦政府根据法定公式对特定领域进行的整块拨款，接受款项的州政府和地方政府拥有较大程度的资金使用自主权，但完成项目必须达到联邦政府的要求。美国联邦政府的分类拨款既能体现联邦政府的意图，又能够调动地方政府的积极性，广泛投入到社会服务领域中，包括保健、教育、失业保险、地区发展、社会服务等项目。

3. 政府预算机制

美国联邦预算的编制和最终形成要经过总统预算编制和国会立法程序两个阶段。每年3月，各有关机构和部门开始预算准备工作。6月前，总统根据行政管理和预算署（OMB）、财政部、经济顾问委员会和联邦储备系统的有关资料，确定预算总的指导原则和各机构的预算规划指标，由行政管理和预算署（OMB）下达给各机构，各机构据此编制各自的预算估计并上报预算署。9～11月，预算署审核这些预算后，汇总和形成总统的预算建议。次年1月，总统将预算咨文和下一财政年度的政府预算提交国会审议。国会收到总统预算建议后将它同时提交给两院各专门委员会和国会预算局，由它们分别提出建议。两院预算委员会在4月15日向各自议院提交第一个共同预算决议案，两院审议后在5月15日形成国会的第一个预算决议（不具约束力）。该决议通过后，两院拨款委员会、参议院财政委员会和众议院筹款委员会即按照此决议规定的指标起草拨款和征税议案。国会在劳工节后第7天完成所有拨款议案的立法手续，并在9月15日通过具有约束力的第二个预算决议，对不符合该决议总指标的议案，送两院预算委员会调整，国会在9月25日前完成议案的立法手续。政府预算制度具有较强的客观性、公正性、严肃性，使得预算执行也有较高的透明度和稳定性，这一切有助于规范各级政府的财政行为。

（二）德国：相对集权联邦制国家的财政体制

德国在行政上实行联邦、州和地方三级政府管理的体制。联邦政府为中央政府，下设16个州政府，州以下的各级政府统称为地方政府，包括县、市、镇、乡等各级。1949年德国通过了《德意志联邦共和国基本法》（以下称《基本法》），确认了州有自己的宪法和独立的财政权力。

1. 各级政府的事权、财权与支出责任划分

德国财政体制的显著特点是政府的事权、财权和支出责任高度统一，三级政府各自的财政具有独立性和自主性。德国三级政府间事权划分虽然有一定交叉，但各自的基本事权范围十分明确，并通过法律形式确定下来。

（1）事权方面。德国的国家宪法《基本法》，对三级政府的事权划分作了原则规定："为了普遍的利益必须统一进行处理的事务"由联邦政府负责，其他的事务原则上由各州和地方政府负责。德国三级政府的事权和财权划分明确。

联邦政府的事权范围：国防、外交和国际事务、联邦铁路、邮电、公路、水运和航空交通，社会保障和社会救济，重大科研与开发，跨区域发展，海关和货币金融管理。《基本法》还规定，交通运输、高等教育、地区经济结构调整、农业发展、能源和水资源供给等事项，由联邦与州共同负责。这些共同职责"对整个社会是重要的，而联邦的参与是改善生活条件所必需的。"对于社会保障事项，联邦可委托专门的公共法人机构负责。

各州的事权范围：州一级的行政事务、教育、文化、卫生、环境保护、社会救济、住房、司法、治安等。

地方政府的事权范围：地方行政事务、地方公路建设和交通事务、水电和能源供应、科学文化和教育事业、住宅建设和城市发展、医疗卫生、地方治安、社区服务等。此外，地方政府还可以接受联邦和州政府的委托，承担诸如公共选举，户籍、人口普查之类的职责。

（2）财权方面。联邦财政收入约占全国财政收入的48%，各州财政收入占全国财政收入的42%，地方财政收入只占10%。各级政府的财政收入实行以共享税为主体的分税制。目前，德国的共享税主要有：工资税、个人所得税、公司所得税、增值税、营业税（以上税种2008年收入约占税收总额的71%）。联邦政府财政收入除共享税分成收入外，还有关税、矿物油税、烟税、烧酒税和保险税等（以上税种2008年收入约占税收总额的16%）。州的财政收入除共享税分成收入外，还有遗产税、机动车税、啤酒税、赌场税、交通税等（以上税种2008年收入约占税收总额的4%）。地方的财政收入主要依靠分成收入，此外，还有土地税、饮料税、娱乐税、打猎和钓鱼税等（以上税种2008年收入约占税收总额的9%）。

（3）支出方面。德国各级政府的支出责任与其事权范围相匹配。《基本法》在对各级政府的事权进行原则界定的同时，相应地也明确了各级政府的支出责任。财政支出责任在各级政府间的具体划分是：国防、外交、科研与发展、国有企业的支出等由联邦财政负责；经济发展、社会保障、交通运输、邮电等方面的支出由联邦、州、地方政府共同负责，其中：经济发展、交通运输和邮电由联邦负责40%以上、州负责33%以上，社会保障联邦负责20%以上、州负责10%左右、地方负责10%以下（另外，企业和家庭各负担30%左右）；教育、社会治安、住宅、土地规划和城市建设、州一般行政管理支出主要由州负责；保健、体育与休养、地方的公共服务（如垃圾处理、街道照明）、教育、一般行政管理等项目支出主要由地方财政负责。根据《基本法》所规定的原则，联邦还将与州一起完成一些特定任务，这些任务支出较大，涉及范围较广，主要有三项：高等学校（包括医学院附属医院）的扩建和新建；地区经济结构的调整和改善；农业结构调整和海岸保护。完成共同任务所需的支出，原则上由联邦和州按比例共同负担。从财政预算收支总规模来看，联邦和州的预算收支规模大体相当，地方则相对较少。

2. 转移支付制度

德国的财政转移支付制度已实行40多年。《基本法》的规定成为政府间转移支付制度建立的法律依据。《基本法》规定了"公民生存条件一致性"，即确定了公民享有公共服务不论在什么地方都应是相同的。这种个人的权利以法的形式规定下来后，不论谁执政，都要以给公民提供"一致"的生存条件为义务。为了维持"一致性"原则，《基本法》还规定经济发展水平高的州必须对经济发展水平低的州提供财政补贴，以保持各州的适度财政和国内各州居民生活的相对一致。《基本法》的上述规定成为政府间转移支付制度建立的法律前提。转移支付的具体调整范畴和实施办法，则由《联邦财政平衡法》规定，一经确定就保持相对稳定，同时也会根据联邦和各州的经济发展变化情况做局部调整。

德国从20世纪50年代开始建立转移支付制度，并不断根据新的情况加以修订和完善，逐渐形成了较为完善的转移支付模式。概括起来，德国转移支付分为三个层次进行。

（1）联邦政府对州的转移支付。联邦政府对州的转移支付是通过对增值税分享来实现的。在所有共享税中，增值税的分配较为特殊，因为它不是简单地按比例在各州之间平均分配，而是作为德国税收税入分配体系中唯一能够调整联邦与州之间以及州与地方之间收入关系的税种，在具体分配形式上带有明显的"劫富济贫"性质。

增值税第一次分配，将增值税的45.9%中的至少75%按州的居民人口进行分配。即用这部分增值税除以各州居民总人数，得出全国统一的人均增值税收入的税额，然后用某州的居民人数乘以人均增值税分配份额，即得出某州按居民人数分配得到的增值税份额。

增值税的第二次分配，将增值税的45.9%中的最多不超过25%部分进行一种平衡性非对称分配，主要是针对那些财政能力弱的州。这里，首先需要测算某州的税收能力和标准税收需求，并进行平衡比较，只有贫困州才有资格参加分配，分配的目标是使那些贫困州的财政能力基本达到全国平均水平。经过平衡分配，在保证所有州的财政能力均达到全国平均财力水平后，如增值税分配仍有余额，将仍然按照州的居民人数标准进行分配。

（2）州与州之间的转移支付。州与州之间财政转移支付也称州际横向平衡。德国联邦财政体制中独具特色的重要内容就是州与州之间的财力平衡。它的具体操作程序是，先测量财力指数与平衡指数，然后进行平衡关系的比较，并通过富州向穷州的横向拨款来实现各州之间财力水平的基本接近。

通过各州财力指数与平衡指数的对比，来确定某州是接受转移支付的州还是贡献的州，以及各州之间财政转移支付的资金流向和数量规模。经过比较，对于州财政能力低于平均财政能力的州进行第二次转移支付，保证经过第二次转移支付后,每一个州的财政能力(包括接受转移支付以后的财力)要基本达到平均财政能力。而转移支付的资金,来源于经过测算财政能力超过标准的州,按均衡法规定的比例所贡献出来的财力。

(3)联邦政府的补充拨款。联邦政府的补充拨款也称联邦政府补贴,是联邦政府的一种直接的无条件拨款,它不规定资金的具体用途,是对增值税共享和州际间横向平衡的补充。联邦政府补充拨款主要用于补贴财力贫乏的州,以平衡其财力需求和其他特殊困难。在具体操作上,联邦政府补充拨款不采取公式化的办法,而是根据一些特殊的需求确定对特别地区的补助额,它主要有以下几项:缺额联邦补贴(财力相关补贴);过渡性财政补贴;政务支出补贴,主要针对财政收入极低的某些小州,难以支持正常政务支出而给予的拨款;特殊补贴,主要针对东德地区,以减轻其特殊困难及平衡财力弱的地区;"急救"补贴,用以解决财政极度困难的地区。

3. 德国的财政管制

在联邦制国家中,德国的财政管制是比较规范的。具体表现在以下几个方面:

(1)收入管制。德国在划分三级政府专项税收的前提下,对主要税种实行共享税——除增值税外,共享税的税基、税率和分成比例等都由联邦法律确定,保证了收入的规范性,即使是增值税,分成比例的变动也需要联邦与州一致同意方可调整。另外,尽管州和地方政府对地方税的管理方面,如在确定税率、优惠、是否开征方面拥有自主权,但仍需依照联邦的有关规定执行。

(2)债务管制。德国对债务的管理包括:第一,德国宪法、预算法、银行法对联邦和地方政府向中央银行借债有严格的限制,其中,《银行法》第20条对各级政府向中央银行借款限定为短期贷款,并规定了借款限额。欧共体12国于1992年2月7日在荷兰的马斯特里赫特市正式签署《马斯特里赫特条约》(简称《马约》,又称《欧洲联盟条约》),确定最终实现欧洲统一货币和成立欧洲中央银行。《马约》签署之后,德国立法禁止各级政府向中央银行借款。第二，宪法将联邦政府的债务发行限于"预算中用于投资目的的支出部分"（通常称为黄金法则），类似的法则也被州宪法和法律适用于州的预算。地方借款受到各州政府的约束，并要求与地方政府的先进流动性挂钩。

（3）立法管制。在联邦制国家中，德国的立法管理权相对集中。联邦拥有专有立法权，《基本法》第73条详细规定了联邦政府专有的11个具体项目的立法权，包括外交、外事、国防、货币及度量衡制度、时间标准制度、关税、外贸管理、联邦铁路、航空运输、邮政电信和用于联邦目的的统计事务等。同时，《基本法》第74条规定了联邦与州共同拥有立法权的24个具体方面，包括公共福利、社会保险、土地与自然资源、公路交通、环境保护等。所谓共同立法权，又称优先立法权，是指联邦在共同立法的24个方面享有优先立法的权利。也就是说，如果联邦未立法，州有权立法。但如果州立法后联邦认为需要重新立法，则以联邦的立法为准。确定联邦专有立法权和共同立法权或优先立法权制度，一方面不排斥各州的立法权，另一方面可以避免各个州立法的差异和混乱，特别是当一个州的立法有损其他州的利益和国家整体利益时，联邦重新立法可以及时纠正，保证法律和经济秩序的统一，保证各州生活条件的基本一致。由于立法管理是财政管理的最高权限，联邦在立法管理上的优先权使德国联邦政府与其他联邦国家相比处于更有利的地位。

（三）日本：适度分权单一制国家的财政体制

日本政府在行政级次上分为中央、都道府县和市町村三级，在财政体制上分为中央和地方，地方分为都道府县和市町村两级，地方的两级政府在财政体制上是平行的，直接与中央政府发生关系。

1. 各级政府的事权与财权划分

日本战后在美国的帮助下，建立了肖普税制，1951年发布了神户公告，是肖普公告的具体化和明晰化，确定中央和地方政府事权划分的依据。根据神户公告，中央负责与国家生存直接相关的事务、涉及全国规模的综合事务、超越行政区划的事务、须从全国加以统治的事务和不宜由地方政府承办的事务。在具体划分上，中央负责国防、外交和公共安全等支出；都道府县政府负责本区域内的警察、教育、福利、交通等事务以及超出市町村区划范围的事务，市町村政府负责消防、城市规划、住宅、公共卫生和日常与居民生活相关的支出；中央和地方政府共同负责公路、教育、卫生、河流、福利、劳动、工商等支出。

在财权划分上，中央负责便于全国统一征管的税种和大宗税源，以及涉及收入公平和宏观调控的税种；地方政府负责小宗税源和其他税种。中央收入主要以个人所得税、法人税和消费税为主，都道府县地方收入主要以住民税和事业税为主，市町村地方收入主要以住民税及固定资产税为主。

2. 财政转移支付制度

由于日本属于集权型单一制国家，在事权划分上，地方承担了2/3左右的事权；在财权划分上，中央集中了2/3以上的财力，这导致了财政体制的纵向不平衡，需要大规模的政府间转移支付来弥补失衡。日本的财政转移支付主要包括地方交付税、地方让与金和国库支付金。

（1）地方交付税。地方交付税属于一般性财政转移支付。日本第一个平衡纵向收支失衡的方案是1940年制定的地方分配税和地方配给税。肖普税制明确了转移支付是中央的义务，不能附加任何条件。1954年，日本废除肖普税制下的地方财政平衡转移支付制度，实行了与以往配给税性质相同的地方交付税制度。地方交付税，是把中央税的所得税、法人税、酒税、消费税以及香烟税的一定比例之和，作为地方交付税的总额。具体分为普通地方交付税和特殊地方交付税，以普通地方交付税为主。普通交付税是根据地方基本财政需求和基本财政收入的差额计算的，基本财政需求是指地方政府为达到一定的公共服务规模所需开支，是各种单项公共服务之和。当基本财政需求超过地方财政收入时，中央给予补助；当地方财政收入超过基本财政需求时，不给予地方补助，但可以保留超额部分。这种补助比例较高，大约在96%。由于在确定普通地方交付税的过程中存在特殊需求以及不可预见的因素，地方在取得补助后仍可能存在较大的收支缺口，中央就采取特别地方交付税的形式给予补助。这种补助比例很小，大约在4%。

（2）国库支出金。国库支出金属于专项财政转移支付，是国家落实宏观调控政策的重要手段。设立国库支出金的目的：一是委托地方建设全国范围内收益较大的项目；二是弥补不同地方的横向财政失衡，给予落后地区财政补贴。主要有三种类型：一是国库负担金。拨付范围包括中央和地方受益的项目，一般具体由地方政府承办，中央负责相关的项目费用；二是国库委托金。属于中央事权，但具体项目发生在地方，由地方政府承办，中央承担全部费用；三是国库补贴金。地方承办的项目符合中央的政策意图，中央鼓励地方并给予奖励拨付的资金。国库支出金由中央政府直接分配给都道府县和市町村，分配给都道府县的份额较大。

（3）地方让与税。地方让与税是由中央代征的地方税，中央出于征管便利的目的，在征收后全额返还地方，有均衡财政收入的作用。目前主要包括消费让与税、地方道路让与税、石油天然气让与税、航空燃料转移税、汽车吨位让与税和特殊吨位让与税等六种形式。它在地方财政收入的比例为2.5%左右。

3. 财政管制

（1）地方税收管制。

日本税收立法权集中于中央，中央税和地方税均由国会统一立法。其中，地方税是以《地方税法》的形式确定的，地方政府仅对少数的法定外普通税拥有立法开征权，地方税收征管按中央统一规定并结合本地的实际情况进行。

日本对地方税收立法的管制主要根据法定原则，即地方只有在规定的范围内才享有立法权。即使如此，地方政府也没有确定税基的权力，只有在一定范围内调节税率的权限。为了确定地方的税收立法范围，日本划分"法定"与"法定外"税收，法定外税收被定义为不属于中央立法范围内、地方可以自由选择开征的税收，主要为法定外普通税。为防止地方随意征税，日本实行"课税否决"制度，即地方在决定开征地方税法规定的税种之外的税收时

（也即法定外普通税），必须得到日本自治大臣的许可。自治大臣根据地方法定外普通税开征的条件来决定是否许可。地方法定外普通税开征的条件是：第一，地方确有可靠的税源。第二，地方确有开征该税的财政需要。而若有以下嫌疑之一，则禁止开征：一是同国税或其他地方税具有相同的课税标准，且居民负担明显过重；二是妨碍地区和地方之间的商品流通；三是与国家经济政策方向相矛盾。"课税否决制度"不仅严格控制地方政府的税收开征权，同时还对地方税税率给予适当的限制，规定地方不能独自决定税率，中央政府有权制定税率的上限，并且还规定标准税率。这些约束便于控制地方滥用税权，防止税率失衡和各地税收负担失衡。

（2）地方债务管制。

在日本，地方政府发行公债是弥补财政赤字的一个重要手段。但法律规定，地方政府不能自由发行债券，必须经自治大臣和都道府县知事的许可，并经大藏省批准后方可发行。此外，日本财政法和地方财政法还规定，地方债券发行只限于六种用途：第一，地方政府所属企业对交通、供气和供水设施的投资；第二，生产性投资；第三，偿还以前的债务；第四，应付自然灾害所需的紧急支出；第五，某些公共设施建设；第六，其他法律规定可以应用债券发行的支出。地方债券发行计划（包括资金用途、利率、偿债条件、偿还时间等）必须列入地方年度预算，日本自治省按"债务偿债率"（过去三年中地方债务支付与一般财政收入之比）来决定是否批准地方债券的发行计划。如果该比率超过30%，一般不予批准；如果在20%～30%之间，则对某些项目（如旅游、运动、社会福利等用途）不予批准。日本自治省严格限制具有长期财政赤字的地方政府和长期亏损的公营企业发行债务。

20世纪90年代以来，日本经济出现了长期低迷不景气，日本开始了从中央集权型向地方分权社会的转变，并提出建设"小政府，大社会"的目标。把中央政府部分权力下放给地方政府，体现下级政府在提供公共产品时优先的原则；同时，减少政府过多干预，避免由于政府干预给市场价格带来的扭曲和失真，以充分发挥企业、地方政府和居民的积极性，提高竞争力。

（四）英国：集权型单一制国家的财政体制

英国是君主立宪国家，内阁是最高的行政机关，管理中央政府的各个部门和有关机构，是中央政府的领导核心。作为单一制国家，英国财权高度集中于中央政府。由于各地区间情况不同，英国实行三种政府间财政关系，一是中央和英格兰地区所属地方政府的直接财政关系；二是中央与苏格兰、威尔士和北爱尔兰所属地方政府的间接财政关系；三是中央与马恩岛政府间的相对独立的财政关系。

英国的财政体制有其深厚的历史渊源。1215年，英国制定了《大宪章》，其核心价值是，第一，确立了对国王课税权加以限制、国王征税必经被征者同意的条款。除了通过合法程序，他不再享有对自由臣民的征税的权力；第二，确立了"未经同意不得征税"的原则。其中隐含着人民开始享有国事咨询权的意思；第三，不许对商人任意征税的规定突破了以往贵族反抗王权的局限性。13世纪中叶，随着商品经济的发展和社会阶级结构的变化，城市市民的经济地位不断上升，这使他们所缴纳的财产税在国家财政收入中所占的比重越来越大。当国王把他们作为征税的重要对象时，也不得不遵循"未经国民同意不得征税"的原则。它的财政体制中的民主宪政精神一直延续至今。

1. 各级政府间的事权与财权划分

英国通过基本法，对中央和地方事权做了具体规定。一般地说，中央政府负责受益范围涵盖全国的支出，地方政府负责受益范围涵盖局部的支出。具体来说，中央政府负责国防、外交、空间开发、对外援助、海洋开发、尖端科技、社会保险、能源开发等事权，地方政府负责当地的基础设施、公共福利和公共安全等事务。中央和地方政府按照税种划分财权，不设中央和地方共享税，中央预算占整个预算的80%以上。中央收入主要包括个人所得税、公司税、资本利得税、印花税、遗产税等直接税，增值税、燃油税、烟草税、关税、酒税、赌博税等间接税以及社会保障税。地方收入主要包括市政税、营业税等税收收入和公共服务收费等。

2. 财政转移支付制度

财政转移支付是地方政府的主要收入来源，是地方政府正常运转的资金和制度保障。英国通过财政转移支付制度弥补纵向和横向不均衡，努力实现基本公共服务均等化。英国的财政转移支付分为公式化补助、特定公式化补助和专项拨款三种形式。

（1）公式化补助。公式化补助属于均等化转移支付，主要目标是弥补财政失衡，保证地方政府能够提供基本公共服务。公式拨款是根据地方标准支出需求与地方收入、其他转移支付（商业财产税返还）的差额计算。纵向失衡口径越大，所得到的无条件拨款越多。具体公式：公式化财政补助＝标准支出份额（依据人口和社会结构以及其他客观因素计算）+治安补助（如有警察局）-按平均税率征收的市政税。

（2）特定公式化补助。为了解决公式化补助后地方政府仍不能满足开支需求的情况，中央政府针对特殊情况通过公式的方式继续给予相关补助。特定公式化补助属于无条件财政补助，地方政府在使用中有较大的自主权。

（3）专项拨款。专项拨款主要用来解决两个地区间的项目溢出问题，体现中央的政策意图，资金专款专用。如用于公共设施、社会治安、环境保护等。

3. 税收立法权

英国税收立法权和税收法规的制定完全属于中央。国家议会通过的税收法律和中央政府（主要是财政部和财政委员会）制定的税收规定是国家税收活动的依据。地方无税收立法权，不能决定地方税种的设置与开征。中央政府在进行税收立法时，通过财政部向议会提出财政法案，经议会讨论通过，并由英王签署之后才能生效。在税收关系上，中央和地方主要按税种划分收入，实行分税制，并且不设共享税。

二、启示与借鉴

综观诸多发达市场经济国家的财政管理体制，虽差异于政治、经济、文化、历史、疆域等多种因素，使得联邦制国家与单一制国家、相对集权型国家与相对分权型国家在财政体制法律上的规定不尽相同，但其共同特征都是财政体制法定与权力的分离和制衡。

(一) 财政体制法定

财政体制法定，即以宪法性的财政法律来搭建财政权的制度框架。由于宪法的高度概括性与原则性，财政权的控制和规范最终需要由具体的法律来完成。从学理上看，大致有三种法律可以称其为"宪法性财政法律"：一是财政基本法，规定财政的基本原则、组织建制和运行规律；二是预算法，规定预算的拘束力同时及于财政收入、支出和监管，堪称财政法的"龙头法"；三是财政收支划分法，着眼于政府间财政关系，亦带有全局性和基础性。三者的共性在于规范对象均涉及财政体制全盘而非某一局部，故可合称"财政体制法"。上述法律的具体名称因国而异。有的国家将预算法规范分散在若干部单行法中，有的则将财政基本法和预算法合并在同一部法律规定。以日本为例，相关规范就主要集中在《财政法》和《地方财政法》中。这两部法律实际上已经大致覆盖了财政基本法、预算法和财政收支划分法的主要内容。尽管名称和结构各异，这三类财政体制规范在各国都是普遍存在的。

1. 政府间事权财权划分法制化

在明确界定政府与市场、政府事务与民间事务的基础上，各国均用国家宪法或相关法律明确划分中央政府与地方政府的事权范围和责任，为建立分级分税财政体制提供前提条件。尽管各国的事权划分有差异，但从总体上看，中央（联邦）、省（州、邦）、县（市、区）都有各自比较明确的事权范围和职责，而且事权、职责的大小及其事权的履行都有宪法或其他相关法律可依，即使政府之间的共有事权往往也用法律形式加以明确分工，各级政府责任明晰、各自行事、互不包办、互不推诿，从而实现了分级财政体制的有效运行。

在划分政府间职责权限问题上，各国经过多年的实践，都非常重视政府事权和财权财力的集中与分散关系的处理问题。无论是相对集权型的国家，还是相对分权型的国家，都已经认识到过分集中和过度分散的弊端，都在寻求使适度集中与适度分散相互协调、相互配合的途径和方式，都在向着集中与分散相结合的方向发展。这对于我国的改革有重要的启发性，从我国财政体制现状看，我国中央与地方财政关系演变中的基本问题是非规范化的集权与分权并存，而绝非简单的集权过多或分权过多。因此，用法律形式明确界定我国政府间的职责权限，把握好适度集权与分权的尺度，应是改善我国分级财政体制，协调处理好政府间财政关系首先要解决好的重要课题。

2. 财政转移支付制度法制化

为了保证财政转移支付制度的有效实施，发挥好调整中央和地方政府利益冲突的作用，需要将财政转移支付制度法制化，通过法律确定财政转移支付双方当事人的地位和分配方式，保障依法分配和使用资金。如美国的《州和地方政府补助法》、德国的《联邦财政均衡法》和日本的《地方交付税法》等。财政转移支付资金的分配涉及中央和地方政府间利益的再次调整，一般层面的程序和方法难以保证转移支付资金的有效实施，没有严格的法律制度必然导致分配的混乱。发达国家如德国成立了专门的组织管理机构，依法管理和分配财政转移支付资金。

仅仅存在法律并不会保证公平，更不说实质正义了。[1] 各国都懂得仅有完善的财政转移支付法律是不会主动实现国家的既定目标，而必须使纸上的法律变为行动中的法律才能实现财政转移支付的均等化目标。于是对财政转移支付的过程也必须法律化。如英国中央政府通过科学的计划等方式，严格监督和管理地方财政预算；日本的拨付给地方团体或地方政府的财政转移支付

---

[1] 诺内特，塞尔兹尼克. 转变中的法律与社会：迈向回应型法 [M]. 张志铭译. 北京：中国政法大学出版社，2004：67.

资金，分别设置两个会计账户，以此实现转移支付过程的规范化。各国在一般转移支付之外，还有名目众多的专项转移支付资金，对这笔资金，都严格要求专款专用。相比之下，我国尚无财政转移支付方面的法律规范，客观上造成了转移支付制度运作混乱，随意性太大，透明度低，难以发挥制度本身作用，影响了转移支付制度的权威性和可操作性。完善我国财政转移支付制度，必须走法治化的道路。

3. 预算管理法律体系完备

预算法律法规确定了预算编制与执行的各个程序和各个环节以及各项内容。以美国预算法为例，它是一切行政活动的绝对依据。也就是说，政府的一切行政活动，都要严格依据预算法律所确定的范围和内容进行活动，既不能在预算法律规定的权限以下活动，也不会超越法律权限活动。联邦政府行使财政职能的法律依据是美国宪法，其赋予了联邦政府在筹集财政收入和安排财政支出方面的权力。美国预算管理严格依法执行，法律的约束力非常强。预算由国会通过并经总统签署后就以法律的形式规定下来，必须严格执行，在预算执行中不得任意减收增支。如果采取减收增支或增收减支的措施，必须经过国会立法。

（二）权力的分离与制衡

由于权力容易导致腐败，因此，如果不对其加以制约，不进行权力分离，那么它就会成为"侵犯公民权利、破坏社会自由的最大根源和最大危险。"[①] 许多国家在进行转移支付或是预算管理过程中，都意识到了权力可能出现"恶"的情形，纷纷采取权力分离与制衡的方法来促进财政体制的良性运行。

1. 中央与地方分权

各个国家都用法律规定了中央政府和地方政府的财权与事权，各级政府必须在各自的范围内行使属于自己的权力，不得随意变更。因为财政转移支

---

① 邱本. 自由竞争与秩序调控 [M]. 北京：中国政法大学出版社，2001：352.

付的实行必须是在各级政府拥有独立的财权和事权明确划分的基础上才能存在和有效运行，只有当该级政府的收入低于标准以下（各国根据情况分别规定），才能接受转移支付资金，或是中央根据宏观需要对其进行转移支付。中央对地方进行转移支付有利于诱导地方朝国家利益方向发展，而不至于走向诸侯经济，从而保障国民经济的协调发展；地方接受各种形式的转移支付，有利于地方因地制宜地处理本地的经济社会事务，以充分发挥地方的积极作用。

2. 立法与执法分离

由于各国预算法律法规对预算的方案到细节都有明确的规定，譬如在人员经费预算项目中，对于多少永久雇员、临时雇员、全职雇员、兼职雇员等一些细分项目都列入预算，对于预算细目中项目间的调节，都需要法律依据，执行者几乎都无权自行决定，至于更大项目间资金的调剂使用更是依赖法律。在这样的情况下，超越部门预算法律权限的活动是受到严格的禁止的，超越权限的融资、收费是绝对禁止的。

第四节　推进我国财政体制法治化进程

党的十八大以后，我国迈入了依法治国、建设社会主义法治国家的新征程。财税体制的法治化也成为当下我国全面深化社会经济改革的核心内容之一。深化财税体制改革，实现民主财政、公共财政和法治财政，需要进一步深化分税制改革的依宪治国维度，增加对转移支付的法治矫正，以及从法治角度进一步规范预算管理体系。

一、深化分税制改革的依宪治国维度

分税制改革的目标是在规范化地配置事权和财权的基础上，实现中央与

地方之间在履行公共职能方面的分工和协作，以提高各级人民政府提供公共物品的效率，最大限度地满足人民的需求偏好，实现人权保障和促进人的全面发展。为实现这一目标，深化分税制改革必须与党的十八届四中全会的"依宪治国"精神结合起来。其具体路径为：

（一）根本举措：对中央与地方之间财政关系的宪法确认

实现在中央与地方之间财政关系的宪法确认，就是要做到统领提供公共物品上的政府间职能分工、"税收分割"、财政转移支付以及财政补助等具体财政制度的基本原则，必须由公民（纳税人）或他们的代表机关在宪法中加以规定。

通过修宪科学、合理地界定中央与地方各级人民政府的事权和财政支出范围。我国虽然在《中华人民共和国宪法》（以下简称《宪法》）、《中华人民共和国地方各级人民代表大会和地方各级人民政府组织法》和《中华人民共和国民族区域自治法》中，对中央和地方政府的职权都有一定的规定，但政府间事权划分仍很不清晰。其具体表现为：一是《宪法》的规定过于原则化。《宪法》只是规定了中央和地方政府的组织形式，确立了中央与地方职权划分的主要原则，并没有对中央与地方分权进行具体而明确的规定。二是在《宪法》及组织法中，中央与地方各级人民政府的事务并没有明显的区别，除了少数事务如外交、国防等专属中央政府外，地方政府拥有的事权几乎是中央政府事权的翻版，存在着严重的"职权同构"。各级人民政府在行使职权时，越位、缺位的现象同时存在。

中央与地方之间事权划分不科学、不规范，相应的财政支出范围科学、合理界定也就无从谈起。为改变我国中央与地方权力关系失范、失衡、失控的状态，必须使中央与地方政府间职权划分走上宪法确认的轨道。建议采用宪法修正案的方式，在宪法中明确、科学地界定中央和地方政府事权，并辅之以地方政府组织法、财政法、税收基本法、预算法等，构成中央与地方政府间权限划分法律规范体系。关于中央与地方政府权限的具体划分方式主要有：(1) 在《宪法》及组织法中，贯彻法律保留原则，将对保障国家统一、中央权威有根本性意义的全国性公共产品的提供职能归属于中央。中央承担的公共事务主要有：国防、外交等主权性事务；全国性公共服务事务，诸如全国的铁路、公路、航空、内河航运、海运和管道运输等；跨境的公共事务；跨国公共事务；宏观调控职能；司法职能等。(2) 在《宪法》及组织法中，运用列举的方式明确地将纯粹的地方性公共物品的供给职能赋予地方各级人民政府。地方政府承担的公共管理职能主要有：地方性基础设施、地区间公共资源调剂、地方性公益事业等。(3) 将诸如教育、卫生、环境保护、生态工程等"准全国性公共事务"及一些突发性事项列为中央和地方的共管事项，由中央和地方政府按一定的比例来承担管理和支出责任。总之，中央和地方的权力来源有了宪法依据，财政分权就不再是基于中央与地方在经济、政治利益上的讨价还价，而成为基于制度化的权力分享。

（二）关键环节：逐步完成适度的财政分权

"我国的分税制并不是一种严格意义上的财政分权，而实际上是一种中央对地方的授权。是否授权，授予多大的权，何时收回授权或者改变授权等，完全掌握在中央政府手中"[①]。那么，下一步财政体制改革的思路究竟是保持实际上已经形成的中央对地方授权的局面，还是推进分税制朝着财政分权的方向迈进，这是深化我国分税制改革绕不开的问题。对这一问题的回答是：实行财政分权为必然选择。这是因为：(1) 实行财政分权是遵循法治国家地方事务优先原则的需要。在法治国家，政府权力是有限的而不是无限的。凡是个人能够解决的事情，国家就不便插手。如果个人无力解决，其首先求助的对象应是基层社区和基层政府，然后才是上级政府，最后才求助于中央政府。因此，就保障公民权益而言，法治国家应遵循地方事务优先原则，在整体上政府只解决公民个人力所不及的事情，在政府内部上级政府只解决下级

---

① 刘剑文，熊伟. 税法基础理论 [M]. 北京：北京大学出版社，2004：34.

政府不能胜任的事情，中央政府只解决地方政府不能胜任的事情。地方事务优先原则使中央与地方政府之间分配财政权力具有正当性。（2）财政分权是地方政府获得"政府能力"的前提。政府享有充足的财政权力并具有充分的财政能力，是其履行公共管理职能、应付各种社会危机、处理各种社会问题、保障公民的自由权利不至于受到其他公民或者社会组织侵害的物质基础保证。没有财政上的保障，地方政府要么因为缺血虚弱而失去其存在的意义，要么沦为上一级政府组织的附庸。因此，保证地方政府获得履行公共管理职能的"政府能力"，是中央与地方政府之间分配财政权力具有正当性的又一根据。

通过宪法和法律赋予地方政府适度的财政自主权应是深化分税制改革的基本走向。具体而言：（1）在分权模式的选择上，实行分权与集权相结合的财政权划分模式，即中央集权与地方适度分权相结合的模式。选择该种模式，既能确保相当的财政权集中，保证中央宏观调控的主动权；又将必要的财政权赋予地方政府，以促使地方政府根据本地资源情况，挖掘税收潜力，改善财政状况，促进经济发展，实现地方政府职能。（2）在分权的方式上，依法赋予地方政府一定的财权。地方政府成为具有自主权公务法人的基础是拥有确获保障的财政收入，而获得财政收入必须具备财政汲取能力。财政汲取能力在法律上就体现为财权，其核心即税收立法权。地方政府应该具有的税收立法权包括税种选择权、税基和税率调整权，以及一定条件下的设税权。1994年分税制改革在赋予地方税收立法权方面有所松动，省级人大取得了屠宰税、筵席税的开征、停征权；城镇土地使用税、车船使用税、房产税、城市维护建设税等地方税实施细则的制定权和解释权；在规定税率幅度内具体适用税率的确定权；在中央规定的幅度内确定本地增值税、营业税起征点的权力等。这种地方微乎其微的选税权以及税率调整权，显然不能适应进一步财政分权的要求，因此，应贯彻《宪法》提出的"遵循在中央的统一领导下，充分发挥地方的主动性、积极性的原则"，按照法律程序，赋予地方政府在独享税课征上更多的自主权和灵活性，即使是中央与地方共享税，也应给予地方政府一定的自主权。（3）在分权的策略上，宜采用渐进式、稳健的分权策略。当今我国社会，经济与政治已经具有相当程度的"多元性"，多样化的利益诉求迥然各异，这就需要在解决中央与地方之间的矛盾方面，跳出"集权"和"分权"非此即彼"二元化"的思维陷阱，寻求一种能统合中央和地方立场的制度安排，达成制度上的妥协。当然，这种妥协已不是经过讨价还价达成妥协，而是另一种经过严格的理由论证和正常化处理达成合意。如此，采用渐进式、稳健的分权策略，财政分权会成为建立良好的中央与地方政府间互动关系的入口。

（三）制度保障：税收法定和预算法定

以分税制为核心的公共财政存在着内在的矛盾，即虽然公共财政所涉及的公共资金最终来源于全体公民，但支配、使用公共资金的权力却又属于政府。国家与社会的分离，政府与公民的相互独立就不可避免地造成了一种财政风险，那就是公共权力被滥用的风险。解决公共财政之内在矛盾的可行之道在于建立一种对政府征收赋税和使用赋税权力的制约机制。在我国，当务之急是在确立人民代表大会权威地位的基础上，坚持税收法定和预算法定原则并完善其制度，以保证财政收入和财政支出由且只能由纳税人及其代表决定。具体而言：

1. 税收法定

税收法定原则是指征税主体须依且仅依法律的规定征税，纳税主体依且仅依法律的规定纳税。有税必有法，未经立法不得征税被认为是税收法定原则的应有之义。税收法定原则中的"法"显然是指最高立法机关所通过的狭义的法律。依据民主和法治原则，我国全国人民代表大会享有税收立法的专属权。首先，应在《中华人民共和国立法法》中明确规定税收基本事项只能由法律规制，在极个别的情况下才可以授权国务院立法，而且必须在授权决定中就授权的内容、目的及范围做出具体规定，禁止空白授权立法。其次，全国人大常委会应对国务院的授权立法行为进行监督，并在出现违反宪法、法律和授权决定的情况时撤销国务院的行政法规。最后，在进一步深化分税制改革的过程中,坚持在中央必要约束条件下通过地方人大的审议程序和立法形式来规范行使地方税权,包括扩大地方政府税收方面的选择权、税率调整权以及一定条件下的设税权。

2. 预算法定

预算法定原则是指国家的年度财政收支特别是财政支出必须由纳税人代表机关(全国人民代表大会)所通过的预算予以明确规定,没有具有法律效力的预算作为依据,不能进行任何财政支出。财政预算是限制政府权力的重要途径。

在我国,人民对财政支出的决定权主要是通过人民代表大会对预算的审批、监督来行使和保证的。《宪法》和《预算法》都规定了人大的预算审批权和预算监督执行权。但是,目前我国预算法律制度本身不完善,表现在:一是各级人民政府向同级人大报送的预算草案笼统模糊,由于信息不对称和专业知识的欠缺,人大代表无法确定预算安排是否合理,预算审批流于形式,变成"只批不审";二是《预算法》虽然规定了人大有权对决算进行监督,但由于缺乏具体的操作规则,难以保证监督效果。其后果是预算刚性不足,随意调整预算的事情屡有发生,财政支出数额失控,政府财政赤字膨胀。

财政支出运行层面出现的上述种种问题,对我国财政支出法律制度的完善提出了新的要求:需要在《宪法》层面确认"预算法定原则",规范政府财政支出的基础上,修改、完善《预算法》。在预算草案的编制方面,《预算法》应详细规定预算草案编制的基本原则,细化支出项目,提高预算编制的科学性和规范性。为增加透明度,应要求政府尽可能披露详尽的信息,让每一笔支出账目都成为"明白账"。在预算的审批方面,《预算法》应增加预算审批程序的规定,建立分项审批制度,以保证人大预算审批权的依法行使。在保证预算的刚性约束方面,《预算法》应规范预算调整的实体标准和法定程序,严格预算变动的形式和审批,强化预算的法律效力。在责任制度方面,《预算法》应增加责任条款,明确规定各种违法行为的责任主体和责任形式,提高违法行为的成本,减少和杜绝违法行为发生。总之,通过宪法确认"预算法定原则"与完善《预算法》,将政府财政活动纳入法律的有效约束之下,确保政府财政行为的法治化。

综上所述,在我国现阶段,深化分税制改革和推进依法治宪是一个问题的两个方面:实施依法治宪是建立科学、规范的中央与地方间财政关系的根本途径;而实现"财政支出法定"又是推进我国依法治宪的基本方略。

二、转移支付的法治矫正

在建立我国上下级政府之间财政转移支付制度对全面建设小康社会、构建和谐社会关系巨大。因此,要实现中央政府、地方政府之间财政转移支付制度达到双方均衡的基本途径很多,至少应当包括以下几个方面:

(一) 完善相关的法律规范体系,规制财政转移支付行为

作为一种规范性制度,转移支付必须遵从法制化原则。为了使转移支付高效运行并实现其相应的政策目标,我国必须建立、完善与转移支付制度相关的一系列法律规范,形成有效的约束机制。虽然《转移支付法》已纳入全国人大立法规划,但由于中央和地方政府事权、财权仍难以划清,转移支付立法工作依然在艰难的博弈之中。当前,应当采取一些过渡措施,先由国务院通过行政法规的形式理顺专项转移支付的决策、协调、分配、监管等工作机制和程序,在条件成熟时,将其进一步上升为法律文件。

(二) 合理界定中央和地方的财权、事权

中央和地方政府的事权划分涉及了我国财政体制的重大改革核心,在深入调查、充分论证的基础上,依据《宪法》关于政府职权划分的规定,由国务院进行适当理清和作明确规定。其实,不同的国家以及同一国家在不同的发展阶段,政府间事权的划分也是有所差别的。针对这一问题,应借鉴国际经验,根据社会主义市场经济条件下的政府职责,合理界定中央与地方的财

权和事权。目前我国中央政府的事权范围主要是保证国家安全，确保国民经济持续、稳定、健康发展，提供全国性的纯公共产品和准公共产品，承担跨省区域的重大基础设施的投资。地方政府主要执行中央制定的各项政策法规，维护区域内正常的社会秩序，提供地方的纯公共产品和准公共产品。在此基础上，明确界定各级政府的财政支出范围。全国性的行政管理、国防、外交、重大公共工程、中央举办的科教文卫事业和实施宏观调控等支出以及农村义务教育的大部分应当由中央政府承担；地方行政管理、义务教育配套支出、医疗卫生、城建、供水、治安、消防、环保和地方公共工程等支出应当由地方承担。

（三）设立权威的转移支付主体

我国转移支付由财政、民政等多部门管理，过于分散，在构建转移支付制度时应当借鉴西方国家成功的有益做法，在国家最高权力机关下设一个专门机构负责对转移支付进行管理、监督，不再由多个部门交叉管理或是由财政部独自决断，从而增强政府间转移支付决策、执行的整体性与独立性。同时，给予其相应的处罚权，有权对各部委和各地方政府在财政转移支付中的违规违法行为做出罚款决定，对直接负责的主管人员和直接责任人依法提出处理意见，必要时移送司法部门予以查处。

（四）规范转移支付程序

1. 发布、公示制度

当前转移支付中出现的问题，多出于有关部门在执行转移支付过程中程序不清、"暗箱操作"等原因造成。下级政府特别是县级政府对上级财政转移支付依赖性极强，但由于法定性较差，地方政府在编制本地区预算时，并不能对上级的转移支付形成合理预期。因此，在构建转移支付专项法律制度时，应当对财政转移支付的政策目标、资金来源、分配标准、分配程序等作出具体规定，这与转移支付启动标准的实体制度相结合，使转移支付真正发挥作用。具体而言，就是要以法律规定的方式明确转移支付的启动标准。我国在改革转移支付制度之初，为了减小改革阻力，增加地方政府的支持实行了以基数法为特征的转移支付制度。这使得政府通过转移支付方式均衡地区财力的力度仍然没有办法充分弥补市场因素形成的差距。此外，还应当明确公开转移支付的审批监督程序、资金使用情况和绩效成果等内容，接受社会各界的监督，让每一笔资金的使用都公开透明。

2. 听取意见制度

听取意见制度在我国行政法律中首次出现是在1996年的《中华人民共和国行政处罚法》中。听取意见制度是一种非正式的听证，具有简便、高效等特点，由于其具有回复性的特点，容易与当事人产生互动，更容易被相对人接受。在政府间转移支付制度中，要建立相对方的听取意见制度，至少应当规定以下几个方面的内容：转移支付的拨付主体负有通知义务，应当告知相对方相关事实、享有的权利、要点、相关后果等内容；应当建立书面陈述制度，对于相对方的申请或答辩内容，都应当以其递交的正式书面材料为准；没有采纳须说明理由，当没有采纳当事人陈述的意见时，应当在回复中说明不予采纳的原因，防止滥用裁断；应当明确告知当事人相关期限。

（五）转移支付的责任承担方式

2004年"审计风暴"过后，相关案件先后立案114起，已有75人被逮捕或被起诉，159人受到行政处分。[①] 但是，对于违法违规单位的领导负责人应当承担什么样的行政责任甚至政治责任，却鲜有下文。对于财政违法行为来说，其具有特殊性，特别是转移支付资金，在立项和使用中都有非常重大的意义，往往关系到地方政府正常职能的行使与国家宏观政策的执行。这远非普通违法行为一时、局部、轻微的特点所能包含的。根据现实情况，我国在转移支付立法过程中，应当针对转移支付的特点，创立符合实际又行之有效

---

① 《我们从"审计风暴"中期待什么？》，新浪新闻中心。

的责任承担方式。可以借鉴《行政处罚法》中申诫罚、财产罚、资格罚、自由罚等法定形式。在转移支付违法责任承担方式上，对于违法者可以尝试引入资格罚，既可以对违法者之前的违法行为做出相当程度的惩戒，又可以结合财政运行的实际情况，防范更大危害的发生。例如，四川省对专项转移支付资金审计的做法，就带有这种性质。一方面对项目单位虚报冒领、挤占挪用财政专项资金的检查结果作为今后安排专项资金的重要依据，另一方面如果涉及中央和省级财政专项补助资金，省财政将相应扣减该地区的一般性转移支付补助。当然，在制定此类规定时，应严格确定适用的标准与区分不同的责任层级，因为财政资金的使用关乎公共事业，必须慎重，不可因为惩戒先前的违法行为而影响正常的财政秩序。

三、政府预算管理的法治规范

建立全面规范、公开透明的现代预算制度，《中华人民共和国预算法》的修改，无疑是国家法律制度建设的一项重要成果，更是财政制度建设具有里程碑意义的一件大事，标志着我国加快建立全面规范、公开透明的现代预算制度迈出了坚实的一步。它的出台，对于社会主义民主政治建设，确保人民群众知情权、参与权和监督权，从源头上预防和治理腐败，避免暗箱操作，提升财政管理水平具有重大意义。有了法律上的保证，更需切实落实在预算的执行过程中，加强预算的编制、审批、执行以及决算等方面，对加快我国预算审批及其配套改革的步伐，仍有推动意义。

（一）由形式审批转为实质审批

在当前预算编制过于简单粗放的情况下，预算的审批只可能停留在形式的表面，进而导致政府财政支出缺乏必要的控制。根本解决之道就是要强化人大的预算实质审批权，控制政府的财政支出。一方面，建立预算草案的审查修正制度，即人大在审查预算案过程中，对预算案中的收支安排进行删除、削减或者增加的制度。另一方面，由综合审批的方式改为分项审批。分项审批虽然程序烦琐一些，但可以减轻代表对预算草案遭到否决的顾虑，而其余的议案则能顺利通过审批。同时，分项预算的否决不仅影响来年的预算执行，而且必然招致法律对相关机构和人员的责罚。因此这种方式必然增加预算编制部门的工作压力，督促其尽量优化预算草案，科学合理地编制预算。当然，人大享有预算审批权，但不得肆意行使，而应尊重预算过程的权力制衡机制。

（二）规范人大预算审批运行程序

预算审批程序是保障和规范预算审批机关依法行使权力的重要依据，预算法治建设应予关注的重要一环。我国预算审批并不适用立法程序，《立法法》并不能解决预算审批程序的完善问题，但是立法的程序对预算审批程序具有启发意义，就审批程序中关键问题进行分述：

（1）目前我国预算法规定对本级预算草案的主要内容在人代会举行的一个月前进行初步审查，在初审机构人员编制少、预算规模庞大且复杂的情况下，短暂的一个月时间难以保证初审的质量，随着预算的细化，预算草案已经由过去的"看不清""看不懂"，到现在的"看不完"，提交预算草案的时间过短，有必要延长初审时间以避免预算初审疲于应付的情况；

（2）借鉴国外立法程序性审批预算的规则，预算委员会审议预算时实行"三读"制度，先由财政机关代表政府就预算草案做出说明，预算委员会委员提出审查意见；然后，预算委员会审查部门预算，就各部门收支科目的合理性进行讨论；最后，形成预算委员会的初步审查决议；

（3）增强预算审查的权威性、公正性和透明性，在预算与规划委员会及各专门委员会的初步审查阶段，除召集有关汇报、座谈、论证外，还应组织制度化的预算听证和质询，进行口头答辩。在预算审批过程中还可采用辩论制度，使代表通过讨论充分表达自己的见解、沟通，提升监督的水平。

（三）强化预算程序的公众参与程度

预算公开，是公众参与预算的前提，以保障公众的知情权、参与权与监督权。此外，预算是非凡效力的规范性文件，对预算审批结果予以公告，除保密条款外，批准的预算和预算执行情况报告必须在公开出版物上公之于众。另外，要让公众参与预算程序的形式多样化，像立法走群众路线那样，畅通座谈、论证、听证和公开登报、上网等参与渠道，形成预算程序上的不同责任主体，都能与公众沟通、交流和反馈的机制，保障预算从编制到审查、批准，都有必要的信息依托，为预算决策起到纠偏作用，使人大审批的预算更具科学性，便于执行。以求最大限度地反映民意，集中民智，体现预算程序的公开透明。

回顾与总结：本章概述了我国现行财政体制的法律制度框架，并对我国财政体制法治化进程进行审视，横向比较了发达国家财政体制的法律实践，基于我国财政体制法治化存在的问题和对国外相关经验的借鉴，提出推进我国财政体制法治化进程的对策。

财政是国家治理的基础和重要支柱，财税体制在治国安邦中始终发挥着基础性、制度性、保障性作用。2014年中央政治局会议审议并通过的《深化财税体制改革总体方案》中指出，现行财税体制在预算管理制度、税收制度、中央和地方事权与支出责任划分上存在不足。并提出"建立现代财政制度就是要建立全面规范、公开透明的现代预算制度，建立健全有利于科学发展、社会公平、市场统一的税收制度体系，调整中央和地方政府间财政关系，建立事权和支出责任相适应的制度。"本章旨在围绕着财政体制这三个层面进行法治化分析和探讨，由于税收制度法治化已在第四章详细阐述，本章不再论述。而是把预算制度中的转移支付制度单独列出来，在法治化上加以详细说明。请大家在阅读时，仍能从上述三个层面对财政体制法治化进行总体把握。

第七章 地方政府性债务法治化

本章导读：地方政府性债务事关国民经济的持续健康发展，地方政府性债务规模不断增长，债务风险也在加大，地方政府性债务是新常态下财政政策的核心问题。本章分别对我国政府性债务产生原因、我国地方政府性债务政策的演变路径、我国债务结构和风险、我国政府性债务管理的现行法律规定以及政府性债务法治化建设中存在的问题进行了比较详细的阐述，然后简单介绍了国际上特别是发达国家的政府性债务管理法治化国际经验，并在此基础上对我国当前的政府性债务法治化建设进行了展望。

第一节 地方政府性债务问题概况

我国作为新兴市场国家，政府性债务规模也在不断增长。2014年我国政府总债务（General Government Gross Debt）占GDP的比重已达到了41.1%[①]，并处于逐年上升的趋势。如果考虑到地方政府的或有债务和国有企业的债务问题，则我国政府目前的债务率将远高于这个数字。我国地方债务近几年的

---

① 数据来源于IMF网站。

增长速度很快。根据我国国家审计署 2013 年 12 月 30 日公布的全国政府性债务审计结果，地方政府负有偿还责任的债务是 10.9 万亿元人民币，地方政府或有债务规模为 7 万亿元。2014 年末的全国地方政府负有偿还责任的债务余额 15.4 万亿元，债务率（政府性债务余额/政府年财政总收入）为 86%。个别地区债务风险较高，据报道，有的县政府性债务率会高达 400%。截止到 2015 年 9 月，财政部批准的地方债务置换量是 3.2 万亿元，未来至少还有 12.2 万亿元的未到期量需要置换。2015 年正式实施的新预算法和 2014 年出台的《国务院关于加强地方政府性债务管理的意见》明确提出，我国对地方政府性债务余额实行限额管理。2015 年 8 月 29 日全国人大常委会表决通过的《国务院关于提请审议批准 2015 年地方政府性债务限额的议案》的决议，将 2015 年地方政府性债务限额定为 16 万亿元。

一、目前我国政府性债务总体情况

根据 2013 年全国政府性债务审计结果，截至 2012 年底，全国各级政府负有偿还责任的债务 190658.59 亿元，负有担保责任的债务 27707 亿元，可能承担一定救助责任的债务 59326.32 亿元。其中，地方政府负有偿还责任的债务 96281.87 亿元，负有担保责任的债务 24871.29 亿元，可能承担一定救助责任的债务 37705.16 亿元。多年来形成的地方政府性债务对促进我国经济社会发展、加快地方基础设施建设和保障民生支出等方面发挥了重要的作用。根据审计署公布的数据来看，目前我国地方政府性债务风险总体可控。

从国际横向比较来看，我国地方政府性债务风险总体可控。从审计署公布的数据来看，截至 2012 年底，全国政府性债务中负有偿还责任债务的负债率为 36.74%；若考虑政府负有担保责任的债务和政府可能承担一定救助责任的债务，并且按照 2007 年以来由财政资金实际偿付的最高比率 19.13% 和 14.64% 折算，2012 年底的地方政府总负债率为 39.43%，低于国际通常使用的安全比率 60%。全国政府外债占 GDP 的比率为 0.91%，远低于国际通常使用的 20% 控制参考比率。全国政府负有偿还责任的债务的债务率为 105.66%；两类或有债务分别按照 19.13% 和 14.64% 的比率折算后的总债务率为 113.41%，处于国际货币基金组织确定的 90% 到 150% 的债务率控制参考值范围之内。三类债务的逾期率均处于较低水平。

从资产负债情况看，政府举债融资所筹资金流向了盈利性较高的领域，形成了与债务相对应的优质资产作为偿债的保障。与一些国际的政府性债务主要用于消费性支出不同，我国的政府性债务资金主要用于基础性和公益性项目建设等资本性支出，拥有较大的资产和收入作为偿债保障。

从经济基本面来看，我国经济长期向好的基本面没有改变。我国政府性债务是经过多年形成的，债务余额也将在较长一段时间内逐渐偿还。虽然我国逐渐步入经济新常态，未来财政收入大幅增长的状态比较难以再现，但我国经济基本面是好的，经济运行平稳，平稳较快的经济增长将为债务偿还提供根本保障。中央政府对债务管理一直采取审慎原则，只要加强管理，依法合理控制政府性债务增量，地方政府性债务的可持续性就有保障。

二、我国的地方政府性债务政策：一个简要回顾

新中国成立以来，我国的地方政府性债务政策历经几次变化，相应的债务水平在不同时期也有较大不同。第一次批准发行地方公债是在 1950 年。当时，中央政府批准由东北人民政府发行"东北生产建设折实公债"。此后一直至 1958 年，我国全国人民代表大会常务会员会才通过并颁布《中华人民共和国地方经济建设公债条例》，第一次将发行地方债的权力下放给省级地方政府，批准部分地方政府自行发行"地方经济建设公债"。然而，从 1959 年起，中央政府决定停止发行国债和地方公债。并且，从 1961 年开始，中央政府禁止地方产生预算赤字。由于平衡预算政策的推行，政府在 1968 年还清了所有的债务，包括内债和外债。此后直到 20 世纪 80 年代初，我国政府一直保持"无债一身轻"的状态。

第七章
地方政府性债务法治化

改革开放以后,由于相关法律法规不明确,部分地方政府开始变相发行地方债,以满足地方发展和经济建设的需求。直到1995年,新颁布的《中华人民共和国预算法》才明确规定"地方各级预算按照量入为出、收支平衡的原则编制,不列赤字。除法律和国务院另有规定外,地方政府不得发行地方政府债券"。同年开始实施的《中华人民共和国担保法》同样规定"地方政府及其职能部门无权对经济合同进行担保"。但是,在实际中,地方政府通过各种手段变相举债的情况非常多。国债转贷、银政合作与打捆贷款都是地方政府举债的方式。

2008年全球金融危机之后,地方政府融资平台如雨后春笋般出现,据统计,我国各地方政府成立的各类平台公司超过11000家。这些平台公司作为独立公司法人,绕开《预算法》规定的地方政府不列赤字的限制。我国地方政府性债务的构成主要有五个部分:银行贷款、地方政府债、融资平台债券(包括城投企业债和城投中票)、地方政府信托融资和地方政府BT融资。地方政府性债务的大部分仍来源于银行系统,这使得我国银行业出现系统性风险的概率大幅度上升。

2010年6月国务院发布《国务院关于加强地方政府融资平台公司管理有关问题的通知》,要求清查、调整并关闭一部分地方投融资平台。在2012年12月,财政部联合发展改革委、人民银行和银监会下发《关于制止地方政府违法违规融资行为的通知》(以下简称《通知》),规定"地方政府不得出具担保函、承诺函、安慰函等直接或变相担保协议"。尽管,《通知》明确禁止地方政府提供担保,但禁止的只是行政部门,结果直接催发了地方人大和地方党委的担保行为。地方预算制度执行与监督机制的缺失,是地方债务过度发展的制度诱因。

我国2014年《预算法修正案》通过以后,地方债问题的解决正式开始推进。2014年10月,国务院下发了《关于加强地方政府性债务管理的意见》,明确地方融资平台不再新增政府性债务。之后财政部发布的《地方政府性存量债务清理处理办法(征求意见稿)》提出,截至2014年底的存量债务余额应在 2015 年 1 月 5 日前上报，存量债务将纳入预算管理；统筹财政资金优先偿还到期债务；2016 年只能通过省级政府发行地方政府债券方式举债。最近，为了规范和控制地方政府发行债券，中央政府明确了地方政府自行发行地方债的相关规定，并由财政部制定了《地方政府一般债券发行管理暂行办法》作为依据，或者由财政部代为发行地方政府性债务。

三、我国地方政府的债务结构

关于我国地方政府性债务的规模，目前能够见到的权威数据是 2013 年底我国国家审计署公布的一次大规模审计的结果。表 7-1 报告的是一个基本概况。

表 7-1　　　　　　　　全国政府性债务规模情况　　　　　　单位：亿元

年　度	政府层级	政府负有偿还责任的债务（政府性债务）		政府或有债务		合　计	
		金融	比例	金融	比例	金融	比例
2012 年底	中央	94376.72	49.50%	24456.87	28.10%	118833.59	42.79%
	地方	96281.87	50.50%	62576.45	71.90%	158858.32	57.21%
	合计	190658.59	100.00%	87033.32	100.00%	277691.91	100.00%
2013 年 6 月底	中央	98129.48	47.41%	25711.56	26.85%	123841.04	40.91%
	地方	108859.17	52.59%	70049.49	73.15%	178908.66	59.09%
	合计	206988.65	100.00%	95761.05	100.00%	302749.70	100.00%

数据来源：国家审计署. 全国政府性债务审计结果（2013）.

我国地方政府的债务主要指地方政府直接负有偿还责任的政府性债务。根据我国国家审计署 2013 年 12 月 30 日公布的全国政府性债务审计结果，2012 年年底地方政府负有直接偿还责任的债务为 96281.87 亿元，到 2013 年 6 月底，增长到 108859.17 亿元，短短半年增加了 13.06%，扩张速度惊人。

我国地方政府的或有债务指除了负有直接偿还责任的债务之外，政府负有担保责任和可能承担一定救助责任的债务，即政府的隐形债务。根据我国审计署 2013 年 12 月 30 日公告的《全国政府性债务审计结果》，到 2013 年 6

月底，政府总债务为 302749.70 亿元，而或有债务总额为 95761.05 亿元，或有债务总额所占的比例达到了 31.63%；地方债务总额为 178908.66 亿元，地方或有债务额为 70049.49 亿元，或有债务总额所占的比例达到了 39.15%。也就是说，在我国的地方政府性债务中，有接近 40% 比例的隐形债务，所占比例相当高。

更为广义的政府隐形债务不仅仅指或有债务，还包括政府在基本公共服务方面的支出责任。我国人口老龄化加快、新型城镇化发展所带来的养老、医疗等社会保障支出的增加，也应纳入到我国地方政府的隐形债务中。

根据《我国家庭收入差距报告》（西南财经大学中国金融调查与研究中心，2013），我国社会保障支出并没有列入财政预算，社会保障支出占财政支出的比重为 12.3%，而相比之下美国为 36.6%。随着我国的经济社会发展，我们有理由相信，未来我国的社会保障支出比例也会有较大地上升，无论计入财政预算与否，这部分未来增量支出都是政府面临的或有债务。从这个意义上讲，我国未来面临着巨大的政府性债务偿还压力，这对我国的金融体系的安全运转，乃至宏观经济增长都是一个巨大的挑战。

四、我国地方政府的债务风险

我国目前的地方政府性债务累积，常常与地区基础设施建设有关，1978 年改革开放以来，基础设施建设投资快速增长，年均增长约 20%，尤其是近 10 年，基础设施投资年增长速度 25% 以上，远超过同期 GDP 增长速度。我国基础设施投资主体已经日益地方化，基础设施建设中的中央项目比例在 1991 年之前一直维持在 50% 左右，而到了 1999 年，中央项目仅占比 32.5%[①]。2011 年的全国地方政府性债务审计结果表明，用于市政建设、交通运输及保障房建设等公益性、基础设施项目的支出，占 2010 年已支出债务资金的

---

① 数据来源：中国统计年鉴。

86.54%。2012年审计署对36个地区的地方政府性债务审计表明，用于公益性、基础设施项目的支出，占债务资金支出的92.14%。但是，因为我国目前的地方基础设施投资往往有利于预算支出之外，地方官员拥有地方基础设施投资决策的绝对自由裁量权，很多基础设施投资项目无法做到经济性，必然会造成长期的地方政府性债务负担，带来了地方债务风险。

一般认为地方政府的偿债能力取决于：地方财政收入、地方政府性基金收入、地方国有企业经营收益，地方国有资产、自然资源性资产。考虑到我国政府规模庞大的国有资产和资源性资产，地方政府性债务的偿还风险总体不大，爆发系统性风险的可能性较小。主要理由是：一是和日本类似，我国的政府性债务基本上是内债，因而，即使我国的地方政府性债务发生局部的违约风险，基本上影响的是国内金融市场，不至于像希腊那样成为一个国际性大事件，对我国这样一个政治上稳定的国家，只要给予一定的时间，矫正国内社会经济动荡问题应该能够做到；二是我国的产权制度和政治制度，使得中央政府有很多的手段解决地方债问题，如我国的省一级地方政府往往拥有很多的国有企业、我国的土地等自然资源都属于国有、中央政府的货币政策等。

但考虑到地方政府资产变现和流动性等问题，应重视地方政府性债务偿还可能存在的期限错配风险、流动性风险等结构性风险。而且，从金融市场体系、政府财政收支的长期稳定发展角度，我们认为我国政府需要重视两类制度性风险：地方财政行为的道德风险、地方政府性债务的隐形违约风险。如果不能控制好地方政府的债务风险，地方债危机一旦爆发，在短期中对我国金融市场、实体经济的健康发展会带来非常大的损害。

尽管目前我国地方政府性债务总的规模高达15.4万亿元人民币，但每年需要偿还的债务一般在2万亿元左右，而根据中国人民银行公布数据，2014年全国信贷规模比上一年增加9.78万亿元，再考虑信托、委托贷款的增长，2014年我国社会融资规模为16.46万亿元[①]。地方政府性债务相对于我国的信

---

① 数据来源：中国人民银行官网。

贷总规模来说，还没有超出合理范围。但由于我国不完善的金融市场体系，如果地方政府性债务最终通过隐形债务违约的方式被化解，长期中会对我国市场经济体系建设和国民收入分配关系带来很大的负面影响。

第二节　我国政府性债务管理的现行法律规定

地方政府性债务问题事关国民经济的持续健康发展，是新常态下财政政策的核心问题，党中央、国务院高度重视政府性债务问题。近年来，按照国务院的统一部署，为防范财政金融风险，促进财政可持续发展，财政部会同各相关职能部门采取有效措施完善相关制度，加强地方政府性债务的法制管理，取得了一定成效。但同时仍存在一些不容忽视的问题，如果不采取合理的应对办法，局部地区的风险可能成为经济社会持续发展的不稳定因素。

2014年8月31日，全国人大审议通过的《中华人民共和国预算法》修正案增加了关于允许地方政府举债的内容。接下来的9月21日，国务院印发《关于加强地方政府性债务管理的意见》，对于全面加强地方政府性债务管理做了详细的部署，《关于加强地方政府性债务管理的意见》是对中央《深化财税体制改革总体方案》关于地方政府性债务管理有关要求的细化，也是贯彻落实新《中华人民共和国预算法》精神的重要举措。

一、《中华人民共和国预算法》

2014年8月31日，全国人民代表大会常务委员会表决通过了修改《中华人民共和国预算法》（下称《预算法》）的决定。修改后的《预算法》将从2015年1月1日起施行。

（一）地方政府性债务怎么借

修改后的《预算法》建立了发行地方政府债券的举债融资机制，赋予了地方政府以适度的举债权，解决了怎么借的问题。

1. 明确举债主体

党的十八届三中全会提出了允许地方政府通过发债等多种方式拓宽城市建设融资渠道，新的《预算法》规定经过国务院批准的省、自治区、直辖市等预算中必需的建设投资的部分资金，可以在国务院规定的限额内，通过发行地方政府债券举借债务的方式筹借。

2. 规范举债方式

债券融资的最大好处是信息公开、债务透明、品种期限多样化，有利于满足不同融资需求，也有利于规范和管理举债行为。按照新的《预算法》精神，地方政府职能通过政府债券举借债务。对没有收益的公益性事业发展举借的一般债务，由地方发行一般债券融资，主要以一般公共预算收入偿还；对有一定收益的公益性事业发展举借的专项债务，由地方政府发行专项债券融资，以对应的政府性基金或专项收入偿还。

3. 控制举债规模

债务危机往往源于规模失控，按照新的《预算法》规定，举借债务的规模，由国务院报全国人民代表大会或者全国人民代表大会常务委员会批准，由省、自治区、直辖市依照国务院下达的限额举借的债务，列入本级预算调整方案，明确地方政府性债务规模实行限额管理。一般债务和专项债务总限额由国务院报全国人大或其常委会批准，分地区限额由财政部在其总额内根据各地区债务风险、财力状况等因素测算并报国务院批准。

4. 严格举借程序

按照新的《预算法》规定，省、自治区、直辖市依照国务院下达的限额举借的债务，列入本级预算调整方案，报本级人大常委会批准。

（二）地方政府性债务怎么管

对地方政府性债务实施分类管理和规模控制，让地方政府的债务分类纳入预算管理，接受地方人大监督，还要接受上级行政和上级立法机关的监督，解决怎么管的问题。

1. 规定债务用途

按照新的《预算法》的规定，举借债务只能用于公益性资本支出，不得用于经常性支出，建立对违规使用债务资金的惩罚机制。

2. 纳入预算管理

政府性债务资金是政府公共资源的重要组成部分，需要未来的财政收入偿还，按照新预算法统一性与完整性的原则，应纳入政府预算统一管理。将一般债务收支纳入一般公共预算管理，将专项债务收支纳入政府性基金预算管理，将政府与社会资本合作项目中的财政补贴等支出按性质纳入相应预算管理，或有债务确需政府承担偿债责任的，偿债资金要纳入相应预算管理。

(三) 地方政府性债务怎么还

厘清政府和企业的责任，解决怎么还的问题。

1. 划清偿债责任

明确要硬化预算约束，防范道德风险，地方政府对其债务负有偿还责任，中央政府实行不救助原则。

2. 建立风险预警

新的《预算法》规定，国务院建立地方政府性债务风险评估和预警机制，对债务高风险地区进行风险预警，要积极采取措施，逐步降低高风险地区的偿债风险。

3. 完善应急处置

按照新的《预算法》规定，国务院建立地方政府应急处置机制以及责任追究制度，地方政府难以自行偿还债务时，及时启动应急处置预案和责任追究机制，切实化解债务风险，并追究相关人员责任。此外，还要完善政府综合财务报表和债务公开、考核问责、政府信用体系建设、债权人约束等各项配套制度。

(四) 预算法中的一些其他改变

第一，新的《预算法》在破除了对地方政府举债融资的限制、有限放开地方政府举债权限的同时，还首度对全口径预算从法律上做出界定，指出政府的全部收入和支出都应当纳入预算，包括一般公共预算、政府性基金预算、国有资本经营预算、社会保险基金预算；第二，《预算法》落实中央关于转移支付制度的改革思路，提出"设立定期评估和退出机制"；第三，《预算法》将"健全全面规范、公开透明的预算制度"纳入立法宗旨，并通过细化预算编制内容、规范预决算公开体制以及强化人大对预算审查监督等方面逐步实现财政预决算的公开透明。《预算法》中对预算分类进行了细化，强调了对一些重要事项的公开，包括本级政府举借债务的情况、"三公经费"、政府采购情况等，并对预算公开的内容、时间、主体等都予以明确。其实，以上这些改变，都将对地方政府举债在提高透明度方面具有积极的辅助作用。

二、《关于制止地方政府违法违规融资行为的通知》

2012年12月24日财政部、国家发改委、中国人民银行、中国银行业监督管理委员会四部委联合下发了《关于制止地方政府违法违规融资行为的通知》，旨在制止地方政府及其融资平台违法违规融资行为，防范地方政府和融资平台的债务风险。

（一）对于地方政府性债务规模的影响

1. 禁止地方政府公益性项目向影子银行举债的融资方式

该文件第1条规定，政府机关及其所属单位、团体不得直接或间接吸收公众资金进行公益性项目建设，特别指出不得摊派集资或组织购买理财、信托产品；该文件第4条规定，符合条件的融资平台公司因承担公共租赁住房、公路等公益性项目建设举借需要财政性资金偿还的债务，除法律和国务院另有规定外，不得向非金融机构和个人借款，不得通过金融机构中的财务公司、信托公司、基金公司、金融租赁公司、保险公司等直接或间接融资。可以看出，政府公益性项目向影子银行的融资业务予以禁止，融资平台公益性项目（公共租赁房、公路）即使有 BT 回购，但政信产品、融资租赁产品、保险债权投资计划等相关产品均予以叫停。

2. 规范地方政府以回购方式举借政府性债务的融资方式

该文件第 2 条规定，地方各级政府及所属机关事业单位、社会团体等不得以委托单位建设并承担逐年回购（BT）责任等方式举借政府性债务，但对于符合条件的融资平台公司因承担公共租赁住房、公路等公益性项目建设确需采用 BT 模式的除外。2013 年以前，BT 运营模式确实是融资平台获取各类融资的重要保障措施之一，该文件出台后，将在一定程度上抑制融资平台政府性项目的融资规模。同时，相对于大规模的基础设施投资而言，公共租赁住房和公路等公益性项目投资规模很小，即使其可以采取 BT 模式融资的，但其新增债务规模对于地方政府性债务规模影响很小。

3. 规范融资平台以土地进行融资的行为

该文件第 4 条规定，地方各级政府不得授权融资平台公司承担土地储备职能和进行土地储备融资，不得将土地储备贷款用于城市建设以及其他与土地储备业务无关的项目。同时第 3 条规定地方各级政府不得将储备土地作为资产注入融资平台公司，不得承诺将储备土地预期出让收入作为融资平台公司偿债资金来源。通过 BT 回购和土地抵押是融资平台获取各类直接和间接融资的两大法宝，前面已分析 BT 回购方式除个别情况适用外，其他情况是严格禁止的；与此同时，该文件对于土地融资行为也进行了严格限定，融资平台融资能力将明显弱化，融资规模也将有所下降。

4. 制止地方政府违规担保承诺行为

该文件第 5 条规定，地方各级政府及所属机关事业单位、社会团体，不得违规担保承诺，该条规定在国务院 2010 年 19 号文就有明确规定，但与上次不同的是，尤其强调不得为其他单位或企业的回购（BT）协议提供担保。

这是对于该文件第 2 条的强化，也就是说，对于该文件出台前签订生效的 BT 协议，以及该文件中所指的公共租赁房、公路等公益性项目后续仍可签订的 BT 协议，均是遵循市场化的运作手段，不得将其纳入预算进行偿债担保。因此，该文件出台后，原依赖政府隐性担保获取各类融资的方式不再适用，融资规模也将得到抑制。

(二) 对于地方政府性债务风险的影响

该文件的出台，化解了地方政府性债务不断累积的长期担忧，长期来看，融资平台债务风险应将有所下降，但短期内地方政府及其融资平台的资金周转将受到一定的冲击；同时对于地方政府的新老债务，其债务风险也有所区别。

1. 从长期来看

由于《国土资源部 财政部 中国人民银行 中国银行业监督管理委员会关于加强土地储备与融资管理的通知》《国家发展改革委办公厅关于进一步强化企业债券风险防范管理有关问题的通知》和《财政部 发展改革委 人民银行 银监会 关于制止地方政府违法违规融资行为的通知》中土地储备机构债务、保障房名单企业债务以及以前已签订 BT 应收款为基础的债务统称为地方政府性债务，地方政府隐形债务显性化，原有债务的保障程度有所提高；地方政府对于新增债务规模控制加强；同时财力增长的可预期性，三方面因素共同决定地方政府性债务的系统性风险将有所降低。

2. 从短期来看

该文件出台后，地方融资平台诸多融资渠道被停止或者严控，融资平台融资环境有所收紧，地方融资平台短期内资金周转将会受到一定的冲击。对于融资平台 2013 年以前形成的地方政府性债务，由于政府性债务的显性化，债务的保障程度更高，而 2013 年及以后年度政府性项目形成的债务，其偿还更看中其自身的现金回流，其偿债风险高于老债。

三、《关于加强地方政府性债务管理的意见》

为落实新预算法相关规定，建立借、用、还相统一的地方政府性债务管理机制，坚决制止违规举债，切实防范化解财政金融风险。2014年9月21日，国务院发布《关于加强地方政府性债务管理的意见》（以下简称《意见》）。明确了举债主体、举债方式、举债规模以及举债程序，进一步规范了地方政府性债务资金的使用，并通过建立风险预警和完善应急处置等落实偿债责任，着力解决地方政府性债务"怎么借、怎么管、怎么还"的问题。经国务院批准，省级政府可以适度举债，市县确需举债的只能由省级代为举借。政府性债务只能通过政府及其部门举借，不得通过企事业单位等举借。

（一）地方政府举债采取政府债券方式

对没有收益的公益性事业发展举借的一般债务，发行一般债券融资，主要靠一般公共预算收入偿还；对有一定收益的公益性事业发展举借的专项债务，发行专项债券融资，以对应的政府性基金或专项收入偿还。地方政府性债务实行限额管理。一般债务和专项债务规模纳入限额管理，由国务院确定并报全国人大或其常委会批准。地方政府在国务院批准的分地区限额内举借债务，必须报本级人大或其常委会批准。

（二）规范地方政府性债务资金使用

《意见》对债务资金使用作了严格规定：一是限定债务用途。债务资金只能用于公益性资本支出和适度归还存量债务，不得用于经常性支出。建立对违规使用债务资金的惩罚机制。

（三）纳入预算管理

将一般债务收支纳入一般公共预算管理，将专项债务收支纳入政府性基金预算管理。或有债务确需政府承担偿债责任的，偿债资金要纳入预算管理。

（四）落实地方政府偿债责任

《意见》明确指出，划清政府与企业、中央与地方的偿债责任。分清政府性债务和企业债务的边界，切实做到谁借谁还，风险自担。地方政府对其债务负有偿还责任，中央政府实行不救助原则。同时，还要建立风险预警机制和完善应急处置预案。定期评估各地区债务风险状况，对债务高风险地区进行风险预警。当地方政府难以自行偿还债务时，及时启动应急处置预案和责任追究机制。此外，还要完善政府综合财务报告、考核问责、政府信用体系建设、债权人约束等各项配套制度。

在原法律框架下，地方政府可以通过银行贷款等方式为保障性住房、公路、水利等举债。尽管新修订的预算法限定了地方政府举债方式，禁止通过银行贷款等方式举债，但地方政府仍可以为保障性住房、公路、水利等项目建设发行专项债券或者将一般债券资金用于这些领域，增加新的资金来源。同时，意见积极推广使用政府与社会资本合作模式（PPP），鼓励企业通过银行贷款、企业债、中期票据等市场化方式融资，参与公益性项目建设。

另外，对融资平台公司在建的公益性项目，也允许过渡期内继续通过银行贷款等原定融资方式筹资建设。目前，在地方政府的存量债务中，政府债券只占很小一部分，大部分债务是通过融资平台举债或通过企业发债，这些资金利息高、期限短，用于基础设施等周期长的建设项目，属于资金错配，地方政府偿债压力大。意见还明确，对甄别后纳入预算管理的地方政府存量债务，允许各地区发行地方政府债券置换。对项目自身收入不够偿还债务的，通过依法注入优质资产、增强盈利能力等措施，增强偿债能力。

四、《地方政府一般债券发行管理暂行办法》

为加强地方政府性债务管理，规范地方政府一般债券发行等行为，保护投资者合法权益，根据《预算法》和《国务院关于加强地方政府性债务管理的意见》，财政部制定了《地方政府一般债券发行管理暂行办法》（以下简称《办法》）。

在2014年10个省区市试点的基础上，《办法》规定一般债券全部由地方政府按照市场化原则自发自还。一般债券利息收入免税，采用承销或招标方式确定发行利率，发行利率应在承销或招标日前1~5个工作日相同期限国债平均收益率之上。而2014年发行利率普遍与国债持平或略高1~3BP，甚至有省份发行利率低于国债。2014年试点仅有5年、7年、10年期，占比为4:3:3，《办法》新增1年期和3年期品种，各期限发行额不超总量30%，故1年期和3年期占比至少为10%。推行地方政府信用评级，但2014年所有省市评级均为AAA，随着今年主体扩展，评级或有分化，发行利率也将出现一定程度分化。

鼓励社保基金、住房公积金、企业年金、职业年金、保险公司和个人投资者等投资一般债券，投资者范围或有拓展。1万亿元债务置换将通过一般债券和专项债券形式发行，地方政府债的大规模发行减少了高息城投债的供给，意味着城投债风险下降、供给稀缺，增加了城投债投资价值。但目前国债每年的净增量不足1万亿元，地方债的大规模发行将对低风险的国债利率形成极大冲击，或导致短期内国债利率出现明显上行。为避免供给冲击，不排除央行采取再贷款或PSL等形式提供流动性支持。事实上，2007年发行的1.55万亿特别国债仅2000亿面向市场发行，其余均通过央行再贷款定向农行发行。

五、近年来加强地方政府性债务法治化管理实践

（一）加强地方政府融资监管，制止违法违规融资行为

2010年6月，国务院印发《关于加强地方政府融资平台公司管理有关问题的通知》，要求抓紧清理核实并妥善处理地方政府融资平台公司的债务，加

强对地方政府融资平台和银行业等金融机构的信贷管理,坚决制止地方政府违规担保承诺行为。2012年以后,我国地方政府的违规融资的行为有所抬头,针对这一情况,财政部和其他有关部门联合发布了《关于制止地方政府违法违规融资行为的通知》,文件严格禁止地方政府直接或间接吸收公众资金违规集资,切实规范地方政府以回购方式举债政府性债务等行为。与此同时,财政部通过设立举报信箱等方式,加强对地方政府举债融资行为的监管,制止了多起地方政府通过信托、集资等方式违规融资行为。

(二) 发行地方政府债券,建立规范的地方政府举债融资机制

经国务院批准,从2009年开始,财政部每年代理地方政府发行一定规模的地方政府债券。截至2013年底,累计发行12000亿元,偿还3384亿元,债券余额8616亿元;2014年,继续发行地方政府债券4000亿元[1]。进一步探索建立规范有效的地方政府举债融资机制,2011年到2012年,国务院批准上海、浙江、广东、深圳四省市在中央确定的规模范围内开展自行发债试点,2013年又增加了北京、江西、宁夏、青岛4个试点地区,运行上述10个地区试点债券自发自还,并下发了试点地区债券信用评级和信息披露的指导意见。

(三) 完善政府性债务的统计制度,动态监控地方政府性债务情况

财政部一直高度重视地方政府性债务统计工作,近年来建立了地方政府性债务统计报告制度,要求各级地方财政部门及债务单位如实填列债务并上报,以全面掌握地方负债情况,及时防范风险。进一步夯实数据基础,开发应用地方政府性债务管理系统,完善债务统计报告制度,开展债务与债券对账工作,为政府性债务审计等各项工作创造了有利条件。

(四) 设立政府性债务预警机制,切实防范债务风险

债务风险预警是加强地方政府性债务管理的一项核心工作,是控制债务

---

[1] 数据来源:中国债券信息网。

规模、防范债务风险的基础和前提。近年来，按照国务院统一部署，财政部积极研究建立地方政府性债务风险预警机制，在地方上报2011年和2012年的债务情况时，都对债务风险进行了分析测算，为中央领导决策提供参考。2013年两次发文向高风险地区提示风险，督促切实化解风险。2014年，按照党的十八届三中全会"建立规范合理的中央和地方政府性债务管理及风险预警机制"要求，组织对全国各级地方政府性债务风险进行了测算评估，督促地方积极化解政府性债务风险。同时，研究建立债务风险预警及应急处置机制。

上述措施有效遏制了地方政府性债务快速膨胀的势头，为建立规范的地方政府性债务管理制度、防范财政金融风险奠定了较为坚实的基础。按照国务院《关于加强地方政府性债务管理的意见》的要求，下一步将抓紧研究出台地方政府性债务管理相关配套措施，一是加强地方政府性债务预算管理，强化预算约束；二是加快建立地方政府性债务风险评估和预警机制、应急处置机制以及责任追究机制；三是做好地方政府性债务限额管理及债券发行工作；四是做好在建项目后续融资及融资平台公司清理转型工作；五是加大对地方政府性债务管理的监督检查力度。

第三节 地方政府性债务法律建设中存在的问题

长期以来，地方政府主要通过融资平台公司等方式举债政府性债务，由于缺少相应的监管法律和规则，并且地方政府的举债权限也没有做相应的规定，更缺乏整体的体制机制设计，使得地方政府融资成本越来越高，风险越来越大，长期来看难以持续，已不能适应转变发展方式和促进经济社会持续健康发展等需要。在这一现实背景下，财政部会同各相关职能部门采取有效措施完善相关制度，加强地方政府性债务的法制管理，取得了一定成效，但同时仍存在一些不容忽视的问题，如果不采取合理的应对办法，局部地区的风险可能成为经济社会持续发展的不稳定因素,包括制度建设、执行和监督等方面的问题,具体来说主要有以下几个问题。

一、缺乏地方政府性债务统一管理机构

目前在我国,还没有类似地方债务的权威管理监督机构,在国家和地方政府性债务的监督和管理方面缺乏统一的步调,需要建立主要的管理机构协调地方政府性债务的举借和筹措,加强对中央和地方财政赤字的监督和管理,将资金的使用和归还、债务项目的规划和管理等,纳入一个比较规范化的管理轨道之中。

二、地方政府性债务管理的法制建设尚需加强

地方政府性债务的法律约束力不强,债务管理的法制建设不完善,在地方政府的事权和财权划分上由法律对融资来源、资金管理、投放范围到债务偿还等尚没有作出明确的规定,应当强化法律的权威,加大执法的力度,明确责任和纪律,整顿债务秩序,规范借债行为,严格依法治债。

三、地方政府性债务监督管理体系尚需完善

尽管目前我国部分地方政府自行制定了本地区政府性债务管理的一些办法但全国统一的管理机制和制度体系尚未建立。全国统一的债务管理体系包括决策(投票)机制、激励约束机制、投融资机制、宏观调控机制、绩效考核机制、信用评级机制、审批机制、还款准备金机制、还款担保机制、举债偿还机制、预警机制等。中央政府没有建立严格的地方政府性债务审批制度,在地方政府性债务总量控制和结构调整方面还需要进一步完善。应当通过规范地方政府举债行为来增强各级政府的责任,避免不必要的互相推诿和争取

资金的不正当手段努力扭转当前多头举债、权责不清、调控不力等问题。

四、缺乏透明的地方债务统计报告制度

目前我国虽然加强了对地方政府性债务的审计与监督,但对地方政府性债务的数量、结构、分布等情况的了解和掌握,很难做到心中有数。从中央到地方再到乡镇村组,不论是显性债务还是隐性债务,相关的一些基础管理工作还相当薄弱。应当构建和创新我国地方政府性债务的年度举债计划、统计报告制度和信息公开制度等,确保统计数据的真实性、唯一性和权威性。

五、地方债务风险预警机制和危机管理机制不完善

地方政府性债务的有效管理手段是合理确定地方政府性债务规模,建立科学的风险防范和预警机制,我国现阶段还没有完善的地方债务风险预警机制和危机管理机制,无法应对局部地区存在的债务危机隐患,应当尽快采取强有力的控制措施,建立债务预警机制来防患于未然。

我国正处于全面建设小康社会的决定性阶段和城镇化深入发展的关键时期,城镇化带来城市基础设施、公共服务设施和房地产投资等巨大的投资需求,是保持经济持续健康发展的强大引擎。允许地方政府适度规范举债,能够弥补建设资金不足,符合代际公平原则,也是国际通行做法。建立规范的政府举债融资机制,是建立社会主义市场经济体制和完善国家治理的重要内容。《关于加强地方政府性债务管理的意见》的出台就是要通过全面规范管理,建立地方政府性债务举借、使用和偿还相统一的债务管理机制。

新颁布的《预算法》和《关于加强地方政府性债务管理的意见》对地方政府性债务"借、用、还"都有明确的规定和要求,对违法违规举债、违规使用政府性债务资金、违规担保等情形明确要建立惩罚机制,严格考核问责。今后特别是过渡期如何坚决制止地方政府性债务管理中的违法违规行为,是

落实新颁布的《预算法》和《关于加强地方政府性债务管理的意见》的关键。

第四节　地方政府性债务管理法治化的国际经验

一、美国地方政府性债务法治化管理介绍

美国是最早发行地方政府债券的国家，也是目前地方政府债券发行规模最大的国家，美国拥有比较成熟的地方债发行管理体制和完备的监管机制。市政债券、商业银行贷款和融资租赁等形式是目前美国地方政府融资机构进行债务融资的主要方式。具体来说，美国地方政府性债务融资类型中规模最大的是市政债务，市政债券也是最重要的债务融资形式，美国债券银行在地方政府性债务融资体系中也占据着很重要的位置。

美国市政债券的监管主要由美国证券交易委员会市场监管部的市政债券办公室和美国市政债券规则委员会两个机构负责进行监管。其中，美国市政债券规则委员会作为市政债券的行业自律委员会承担市政债券规则的主要责任，而美国证券交易委员会主要根据反欺诈的原则进行事后监管。为了应对地方政府性债务可能的债务风险，美国建立了以法律法规、信用评级、信用担保和信息透明为主要内容的风险控制框架，这些制度设计为美国市政债券的稳定发行提供了制度性的保障。

（一）市政债券的产生与发展

美国市政债券是以地方政府信用为担保，由当地政府授权相关代理机构所发行的用于当地基础设施建设的债券。自2002年以来，美国市政债券的发行规模不断攀升，每年的市政债券发行规模稳定在3500亿到4000亿美元之间，市政债券的发行规模占国债发行规模的一半以上，占发行的企业债券的

25%以上，市政债券发行规模占美国国内生产总值的15%到20%之间，市政债券成为美国地方政府为当地基础设施建设募集资金的一种重要方式。

(二) 市政债券的用途

美国的各级地方政府大都具有发行市政债券的权利，各级发债主体，如政府、政府授权代理机构发行市政债券时，无须获得上级政府的批准即可发行市政债券，而美国证券交易委员会也没有权利干涉地方政府市政债券的发行过程，整个市政债券的发行流程完全由地方政府来决定。美国地方政府发行市政债券募集的资金主要用于一般公共资本项目，如学校、公路交通、给排水等项目，美国法律禁止地方政府发行市政债券来弥补预算赤字。

(三) 市政债券的发行与偿还

美国地方政府发行的市政债券分为一般责任债券和收益债券。收益债券的还本付息来自于特定项目的收入，收益债券一般用来为学校和医院等公用项目和非公用项目筹集资金。而一般责任债券是依靠政府税收为支持和政府信用为担保而发行的债券，地方政府以项目收费收入和地方税收等各种资金支付利息和归还本金，当这些不足以支付利息或本金时，政府和相关代理人的资产可被用于还本付息。公募发行和私募发行是美国发行市政债券主要的两种方式，其中公募发行方式可细分为竞标承销和协议承销两种类型。市政债券中的一般责任债券按照公开竞标方式来发行，而受益债券主要以协议承销方式来发行，机构投资者和个人投资者是购买市政债券的两大主体。

二、日本地方政府性债务法治化管理介绍

日本的地方债券包括地方公债和地方公企业债两种类型，其中，地方公债是日本地方债券制度的主体。地方公债是地方政府直接发行的债券，主要

用于地方道路建设、地区开发、义务教育设施建设、公营住宅建设、购置公用土地以及其他公用事业；地方公企业债是由地方特殊的公营企业发行、地方政府担保的债券，使用方向主要集中于下水道、自来水和交通基础设施等方面。地方债券是由都道府县和市町村两级地方公共团体发行的债券。

日本是单一制的代表性国家，主要通过行政控制来管理地方政府性债务，日本政府制定严格的地方政府性债务发行计划和协议审批制度来精细化管理地方政府性债务。现阶段，日本地方政府的总体负债规模较小，中央政府负债占全国负债的主要部分，地方政府借款只占地方政府总收入的9%。日本地方政府负债主体主要分为地方公营企业、独立行政法人、地方三公社（包括地方住宅供给公社、地方道路公社和土地开发公社）和第三部门（指官民共同出资成立的企业）。日本地方政府性债务资金主要来源于中央政府、公营企业金融公库、银行和其他机构资金，自20世纪90年代以来，地方政府性债务余额的主要部分来自于中央政府资金。日本地方政府性债务所筹集资金不允许用于经常性支出，而只能用于建设性的支出。日本地方政府发行地方政府性债务主要有发行债券和借款两种方式，日本政府主要以计划管理、审批制度和审计监督等监管手段来管理日本地方政府性债务。

日本地方政府性债务法治化管理模式有如下特点：

（一）法定地方政府事权与财权

为维持中央政府与地方政府间的财政秩序，日本现行《地方自治法》对政府间事务进行原则性划分，并对中央政府支出作出相关规定。在地方事务地方出资的原则下，日本地方政府自治范围内的大部分事务，实际上是一种中央与地方的共同事务。中央政府通过提供经费，可以进行各种形式的干预，并引导、纠正、调控地方政府的支出活动，实现中央政府的政策目标。明确的法律规定，为日本中央与地方政府的财政分权、地方政府的事权与财权匹配提供了法制保障，从而为地方政府自治奠定了强有力的法律基础。

(二) 完善的风险预警和财政重组法律制度

为了避免地方政府陷入债务危机直至破产，2007年，日本颁布了改善地方政府财政状况，防范债务风险的法案。新的法案包括三项内容：（1）通过新的更为全面的指标来监控地方政府的财政状况；（2）中央和县政府共同参与的财政重建计划；（3）短期财政赤字代替地方公债。地方政府必须披露的4项财政指标包括实际赤字率、综合实际赤字率、实际偿债率、未来债务负担率。日本宪法规定，即使地方政府财政状况严重恶化也仍然需要偿付债务。在财政重组的过程中，地方政府需要采取多方面的措施以降低公共支出，增加税收和其他收入，而这样做很可能会给那些财政困难地区的居民带来不便，迫使他们离开家园。财政重组计划须由外部审计人员每年进行审计，由地方议会批准并向中央政府预报。同时，地方政府每年将计划执行情况向中央政府、议会和公众报告，如果执行中有问题，中央政府向地方政府提出改进建议。

三、德国地方政府性债务法治化管理介绍

德国属联邦制国家，实行联邦、州、地区三级管理，相应建立分级管理的财政体制。各级政府均有独立预算，分别对各自议会负责。联邦、州和地区政府都可发行债券，其中，州和地区发行的债券统称为地方政府债券。德国地方政府债券市场的发展可分为三个阶段。一是起步阶段（1991~2001年）。1991年前，德国地方政府债券的规模较小，未形成完整市场。1991年后，"两德合并"导致财政支出压力明显增加，各州尝试批量发行债券，市场规模初显，但增速偏低。二是快速发展阶段（2001~2009年）。这一阶段，受资本市场快速发展影响，德国地方政府债券存量累计增长了96倍，债券品种也开始多元化。三是平稳发展阶段（2009年至今）。2009年6月，德国正式通过"债务刹车法"（Debt Brake Law），并将其纳入宪法。该法规定，2020

年后，德国各州净债务融资为零，届时各州债券发行只能进行存量转换，不能净增加。为此，各州政府已开始放缓债券发行，债券市场呈平稳发展势头。

德国地方政府融资平台的发展带有显著的特点，地方政府和地方性公共机构可依据法律规定自主发行地方政府债券，中央政府不能干涉发行过程。地方政府发行债券主要用于市政基础设施的建设，而地方性公共机构发行地方政府债券主要用于与该机构相关的市政基础设施建设和运营。与其他国家不同的是，德国运行地方政府在出现预算赤字时发行赤字债券。由地方政府发行的地方政府性债务一般以地方政府的税收收入作为地方债务还本付息的保证，德国政府规定地方政府在发行地方债时要满足严格的保险规定，即地方政府性债务的未清偿额必须由相关机构进行担保。

德国通过建立地方政府债券市场，形成了政府举债的市场化约束。首先是实现了政府性债务资金来源的多元化，降低了流动性风险。其次是"忠诚性原则"及担保义务的非法定性，既保证了联邦和各州之间债券收益率变化的一致性，又确保了合理溢价。总体来看，各州与联邦政府以及各州之间维持较低的溢价，这可有效降低债券融资成本。

四、法国地方政府性债务法治化管理介绍

法国政府经过数次分权改革，在合理划分中央政府与地方政府的职责权限、充分发挥地方积极性等方面进行了许多积极的改革和探索，取得了明显的成效，这使法国在维护单一制国家结构的前提下，逐步向分权管理方向发展，改善了中央与地方的关系，并完善了国家对地方的监督机制。

目前法国各级地方政府采取对外举债方式筹集资金的做法已经比较普遍。据法国经济与财政部国库司"债务管理中心"透露，目前60%～80%以上的地方政府采取向银行借款或对外发行地方政府债券的形式募集资金，地方政府负债或发行地方政府债券约占法国政府总负债（含中央政府负债）或对外发行公债总额（含中央政府发行的国债）的10%～15%。地方政府对外负债

或发行地方政府债券，已经成为法国各级财政对外负债的重要组成部分和重要运作方式之一。各级地方政府无论是采取向银行借款还是对外发行地方政府债券的形式，所筹集的资金只能用于投资或建设地方公共工程，不能用于弥补政府经常性预算缺口。对地方政府对外负债或发行地方政府债券，中央政府不承担偿还责任。地方政府偿债资金来源主要包括地方税收、中央对地方政府各类补贴（拨款）、发行新的地方政府债券（借新还旧）以及偿债准备金等。一般来说，法国各级地方政府的自律性很强，很少出现地方政府因对外负债"过度"和滥发债券而形成地方财政破产的情况。

近年来，法国地方政府举债的形式由单一的银行贷款慢慢发展到自主发行地方政府债券和贷款等多种形式。法国地方政府在发行地方政府债券时一般都以政府资产作为抵押或担保，向银行申请贷款时，一般以村镇资产作为抵押，发行地方政府债券时，以地方政府财政作为担保，一般情况下，地方政府债券的利率高于国债利率，但低于银行贷款利率。法国中央政府规定地方政府发行地方政府债券所筹集的资金只能用于当地基础设施的建设，不得用于弥补政府经常性预算缺口，且地方政府发行的地方债由当地政府还本付息，中央政府不承担偿还责任。地方政府主要将地方税收、中央对地方的转移支付、发行新的地方政府债券和偿还准备金作为地方政府性债务的偿债资金来源。为防范债务风险，法国政府将法国地方政府性债务完全纳入政府公共预算管理，规定地方政府债券的发行和偿还必须遵守预算编制程序。

法国的政府性债务完全纳入了公共预算管理，地方政府负债的形成、偿还和变更等事项必须遵守预算编制程序与原则，予以反映和报告。因此，完善的公共预算编制与报告体系为提高法国地方政府性债务管理的透明度以及防范地方政府性债务风险，打下了坚实的基础。为防范债务风险，法国各级地方政府均建立了偿债准备金制度。当地方政府不能偿还到期债务时，可先行从偿债准备金中支付，以降低债务风险对地方正常财政运行的冲击。同时，偿债准备金的设置也对地方政府扩张债务的行为产生了一定的约束。在法国，一旦出现地方政府对外负债或发行地方债券不能够到期偿还的情况，则立即由法国总统的代表（各省省长）直接执政，原有的地方政府或地方议会宣告解散。地方政府所负担的债务往往先由中央政府代为偿还，待新的地方议会和政府经选举成立后，再通过制定新的增税计划逐步偿还原有债务和中央政府代为偿还的垫付资金。这就有效地缓解了地方政府性债务危机可能带来的不利后果。

五、澳大利亚地方政府性债务法治化管理介绍

澳大利亚经过几十年的不断探索和创新，找到了一种监督管理地方政府性债务的比较成功的方法和模式，政府性债务得到有效的控制，呈现出一种逐年下降的态势，整个借款融资、资金使用、项目管理和债务偿还以及政府的信用评级管理等都步入了一种良性互动和健康发展的轨道，没有出现如美、日、欧等国家和地区严重的主权债务危机。其经验和做法值得我国借鉴。

（一）设立专门机构统筹对地方各级政府性债务的有效监督和管理

澳大利亚规定，地方政府经过财政部的批准，可以通过相关途径举借债务，所筹集的资金一般用于基础设施等投资项目，但在举债时需要提供相应的担保，为管理债务风险，澳大利亚专门成立了澳大利亚借款委员会，负责管理地方政府性债务，澳大利亚联邦财政部长出任该委员会的主席。其主要职责，是为地方各州和联邦政府制定总体融资计划；各级政府须将其借款计划报告呈报给借款委员会，借款委员会则在综合分析金融资本市场和宏观经济条件的基础上，对借款计划进行审查，并协调和确定各级政府的具体借款融资计划；借款委员会还负责审查各级政府呈报的季度报告和年度报告，并鼓励和支持金融资本市场对整个借款融资及其使用情况实施监督等。

（二）对债务实行共同管理模式

澳大利亚对地方政府性债务实行共同管理模式，即地方政府通过参与宏

观经济政策目标及其相关指标的制定与中央政府就各级政府的总赤字目标以及收支项目的增减情况达成协议。成立专门借款委员会时就规定每个州政府每年制定地方政府举债计划，需向借款委员会陈述下一年度的净融资需求，在符合国家宏观经济政策的情况下，借款委员会通过成员间的协商决定联邦政府和各州政府下一年度的融资额度，地方政府将根据此计划进行举债。地方各州政府须将融资及其使用情况，按照借款委员会确定的统一框架要求，实行综合报告制度，严格进行季度报告和年度报告。由于监督管理严格和透明度较高，共同管理模式对加强各级地方政府之间对话和交流很有好处，起到互相监督的作用。

（三）对地方各州政府进行信用评级，并实施严格的信用等级管理

澳大利亚允许标准普尔公司等国际知名的信用评级机构参与对地方各州政府进行信用评级，为各级地方政府提供客观、公正、公平和公开的信用评级服务，从而有助于确定各级政府融资的利率水平。一般情况下，债务少者信用等级高；信用等级高者，则可以以比较低的成本筹集到比较多的资金；相反，信用等级低者，则可能以比较高的成本筹集有限的资金。这样一种制度设计，为各级地方政府重视并追求一种理想的信用等级，提供了比较好的激励和导向，也是对具有良好信用等级地方政府的一种监督和保护。

（四）加强地方政府性债务危机管理

通常地方政府要对自身的债务负责，但当地方政府最终无法偿还自身债务，面临偿债危机时，澳大利亚通常采取以下三种主要的处置方式：一是建立一套地方政府因债务严重违约而申请破产和清算的程序，法院有权宣告地方政府破产，这是对地方政府的债权人合法权益的最后一道司法保护。二是上级政府承担救助的法律责任，但这些责任实施的条件和程序都必须通过法律进行明确界定。三是通过私有化方法，将许多公有设施出售给私营部门，将公有资产变现收入用于偿还政府性债务，并对借债的管理逐步改变为对偿

债的管理。

此外，澳大利亚重点构建了透明公开的地方政府性债务管理制度。目前，澳大利亚地方政府通过举债融资主要有两种模式，地方政府直接发行债券融资和国库公司发行公司债券融资，主要模式为国库公司发行公司债券融资模式，澳大利亚每个州基本都有国库公司，且由地方政府国库厅控股。澳大利亚地方政府融资平台债务管理方面经历了由市场管理到政府监管，再到市场管理和政府监管相结合的转变过程。在运行过程中不断积累经验，逐渐发展成具有鲜明特色的国库公司债券的地方政府融资模式，形成了较为完善的地方政府性债务管理体系。

六、地方政府性债务法治化国外经验总结

世界各国将地方政府性债务的法治化管理手段深入到举债权限、举债方式和举债用途等各个环节。具体来说，对地方政府举债权的限制方式大体可分为四种类型，即：市场型、合作型和行政型。各国对举债权的限制手段主要有四种：一是年度举债计划。如在日本、澳大利亚、墨西哥等国，每年制定地方政府举债计划，地方政府将根据此计划进行举债。二是举债程序限制。即举债前必须履行诸如特许或审批程序、登记程序、投票表决程序、授权程序等。如韩国、土耳其、玻利维亚、巴西、委内瑞拉等实行中央政府审批，爱尔兰、希腊、卢森堡和西班牙等国实行政府部门审批，加拿大、瑞士、印度尼西亚、墨西哥等实行地方权力机关审批，匈牙利等国的短期借款由当地市长批准实施，而长期借款需由地方议会批准。三是举债形式限制。在发达国家的地方政府的举债形式通常以发行债券和银行贷款为主，而在许多发展中国家，地方政府主要借款形式是由中央政府向地方政府直接或间接提供长期贷款。四是举债规模与期限限制。举债规模的限制主要采取由上级政府确定每年的举债总规模，或制定固定的上限。阿根廷、巴西、意大利等国通过债务承受能力上限来限制地方政府举债规模，其偿债承受能力具体化为"偿

债支出/地方政府收入"和"偿债支出/地方当前储蓄"两项指标。在许多国家，地方政府的举债期限都被限制在债务投资项目的受益期之内。

世界各国地方政府举债方式主要有发行地方政府债券和向金融机构借款。发行债券的定价完全取决于市场竞争，优点是发债成本低，但由于受市场监督约束，信息公开透明要求高，这种举债方式比较适合经济规模大、基础较好的地方政府；银行借款程序相对简单，地方政府仅需要向借款银行提供必要信息，比较适合规模较小的地方政府，但这种举债方式成本较高，同时由于银行对地方政府约束和监督有限，管理上可能会存在一些漏洞。

世界各国将地方政府性债务的使用范围限制在为地方资本性支出筹资，要求地方政府在举债时遵守"黄金规则"，即除短期债务以外，地方政府举债只能用于基础性和公益性资本项目支出，不能用于弥补地方政府经常性预算缺口。少数国家，如加拿大、美国、德国和瑞士等国也允许地方政府借债用于消除财政年度内的财政收支流的季节性波动。

第五节　我国地方政府性债务管理法治化展望

一、加强地方政府性债务管理的法制建设

强化地方债务的法律约束，在监督管理地方政府性债务问题上，针对我国的特殊情况，首先需要在法制建设上重点突破，完善地方债务的立法程序，在地方政府的事权和财权划分上由法律对融资来源、资金管理、投放范围到债务偿还等做出明确的规定，进一步明确界定政府性债务的范围、种类，依法健全地方政府举债融资管理机制。而且在起步阶段，应当强化法律的权威，加大执法的力度，明确责任和纪律，整顿债务秩序，规范借债行为，严格依法治债。

二、设立统一的管理机构加强地方政府性债务管理

目前,我国还没有类似地方债务的权威管理监督机构,可以考虑建立一个专门的国家债务监督管理机构,直接由国务院或者财政部管理。具体负责国家和地方政府性债务的监督和管理,包括对中央和地方财政赤字的监督和管理。把地方政府性债务的举借和筹措、平衡和协调、债务资金的使用和归还、债务项目的规划和管理等,纳入一个比较规范化的管理轨道之中。

三、采取制度约束和行政控制相结合的管理模式

采用何种管理模式是地方政府性债务管理成败的关键。我国债务管理模式的选择应当根据目前实际情况和未来发展趋势确定。虽然我国已经初步建立了市场经济体制的基本框架,但市场秩序尚不规范,采用市场约束模式管理地方政府性债务条件尚不成熟,考虑到我国是一个发展中的大国,政府级次较多,各地情况千差万别,"上有政策下有对策"的情况较为普遍,采用共同管理模式也不现实。比较适合我国国情的现实选择应当是制度约束和行政控制的结合模式,即首先建立一套行之有效的管理制度,在此基础上,将地方政府性债务管理纳入行政控制范围以弥补当前地方政府性债务管理的缺位。

四、建立一整套统一、系统化的监督管理体系

尽管目前我国部分地方政府自行制定了本地区政府性债务管理的一些办法,但全国统一的管理机制和制度体系尚未建立。中央政府应尽快建立全国统一的债务管理体系,包括决策(投票)机制、激励约束机制、投融资机制、宏观调控机制、绩效考核机制、信用评级机制、审批机制、还款准备金机制、还款担保机制、举债偿还机制、预警机制等。对地方政府借债发债实行严格

的审批制度，进行总量控制，结构调整。通过规范地方政府举债行为增强各级政府的责任，避免不必要的互相推诿和争取资金的不正当手段，努力扭转当前多头举债、权责不清、调控不力的局面。

五、建立透明的统计报告制度

目前我国虽然加强了对地方政府性债务的审计与监督，但对地方政府性债务的数量、结构、分布等情况的了解和掌握，很难做到心中有数。从中央到地方再到乡镇村组，不论是显性债务还是隐性债务，相关的一些基础管理工作还相当薄弱。应当构建和创新我国地方政府性债务的年度举债计划、统计报告制度和信息公开制度等，确保统计数据的真实性、唯一性和权威性，应该建立政府性债务信息披露制度，充分发挥市场配置资源的基础性作用，严格规范、控制地方政府举债融资行为。

六、建立适合我国国情的地方债务风险预警机制和危机管理机制

管理地方政府性债务的有效手段是合理确定地方政府性债务规模，建立科学的风险防范和预警机制。当前我国虽然尚未发生显性地方政府性债务危机，但局部地区已经存在发生债务危机的隐患，为避免这种隐患转变为现实的风险，应当尽快采取强有力的控制措施，建立预警机制，防患于未然。一是为使这一机制切实可行，要确定地方政府性债务管理相关指标，并要量化到每一级政府，同时要进行供给和需求双重控制。二是通过法律和行政手段加强对我国地方政府性债务危机管理。三是在加强对地方政府借债管理的同时，要转变管理模式，加强对地方政府性债务的偿债管理，地方政府的举债规模与偿债能力要相匹配，要建立地方政府性债务的保障机制，在全国开展清理整顿工作的同时，落实偿债计划，实行责任追究制度，降低地方政府性

债务风险。四是地方政府性债务风险管理要与信贷风险管理结合起来，防止地方政府性债务危机引发金融、经济和社会危机。

回顾与总结：地方政府性债务问题事关国民经济的持续健康发展，是新常态下财政政策的核心问题，党中央、国务院高度重视政府性债务问题。地方政府性债务规模不断增长，债务风险也在加大，地方政府性债务问题成为事关经济社会稳定发展的一个关键环节，近年来，按照国务院的统一部署，为防范财政金融风险，促进财政可持续发展，财政部会同各相关职能部门采取有效措施完善相关制度，加强地方政府性债务的法制管理，取得了一定成效。但同时仍存在一些不容忽视的问题，如果不采取合理的应对办法，局部地区的风险可能成为经济社会持续发展的不稳定因素。本章介绍了地方政府性债务的现状、问题和相应的政策，着重介绍了相关的地方政府性债务的法律规定。

第八章　政府资产管理法治化

本章导读：本章从政府资产管理职权法定、政府资产的相关法律法规体系、违法责任确定和政府资产报告及监督体系四个角度回顾了 2006 年财政部"两个部令"颁布实施以来我国政府资产管理法治化进程，并指出了资产管理法治化建设取得成效与存在的问题。针对我国政府资产管理法律效力低、约束力不强、透明度不高和外部监督机制缺失等问题，本章在借鉴美国、日本、韩国等政府资产管理国际经验的基础上，提出了将政府资产管理纳入《财政基本法》立法框架和制定《行政事业单位国有资产管理法》的若干设想。

第一节　政府资产管理法治化的时代背景及意义

政府资产可以从狭义和广义两个角度来理解，狭义的政府资产是行政事业单位的国有资产，而广义的政府资产不仅包括行政事业单位国有资产，还包括经营性的国有企业资产以及政府管理的资产，比如公园，本书所指政府资产是狭义上的行政事业单位国有资产。对于行政事业单位的政府资产，"两个办法"和《行政单位会计制度》有着明确规定，"资产是指行政单位占有或者使用的，能以货币计量的经济资源。前款所称占有，是指行政单位对经济资源拥有法律上的占有权。由行政单位直接支配，供社会公众使用的政府储备物资、公共基础设施等，也属于行政单位核算的资产。"行政事业单位的资产由流动资产（包括库存现金、银行存款、零余额账户用款额度、财政应返还额度、应收及预付款项、存货）、固定资产、在建工程、无形资产等构成。

我国行政事业单位国有资产不仅规模庞大，而且增长迅速。财政部汇总部门预算的统计数据显示2013年底全国行政事业单位资产总额17.73万亿元，扣除负债后净资产总额11.82万亿元；从资产构成看，流动资产占42.91%，固定资产占43.23%，对外投资占2%，无形资产占0.56%，其他资产占13.30%。图8-1展示了2008年以来我国行政事业单位资产增长情况，从中可见政府资产的增长速度每年都高于GDP增长率。逐年增长的行政事业单位国有资产和随之暴露出的管理问题对政府资产管理法治化提出了新要求。

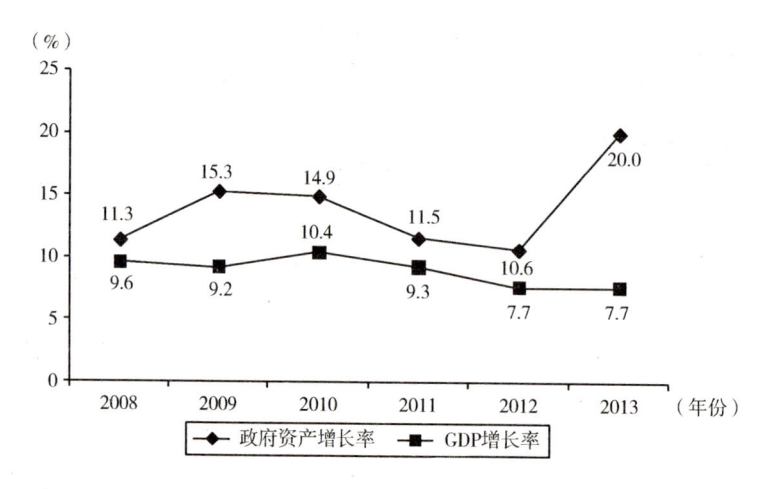

图8-1 我国行政事业单位资产增长率（2008~2013年）

资料来源：历年《中国财政基本情况》。

关于政府资产管理法治化是否属于财政法治化范畴的问题，国内有两种基本的观点。第一种观点认为财政法治化是政府财政收支行为的法治化而绝大部分政府资产管理活动不在财政法治化的范畴内。财政学者张馨（1999）认为财政法治化需要将政府的财政活动和运作纳入法律法规的约束体系中，

第八章
政府资产管理法治化

社会公众通过权力机关立法的形式从根本上决定、约束、规范和监督政府的征税权和政府预算支出行为，由此可以认为在政府资产配置环节需要预算拨款和资产处置取得财政收入时政府资产管理活动属于财政法治化的范畴，而资产使用、产权登记等不涉及财政收支时不属于财政法治化的范畴。第二种观点则认为政府资产是受托经济责任的体现，政府资产管理的各个环节都应该法治化管理，政府存量资产管理和流量资产管理都属于财政法治化的组成部分。对此，本书持第二种观点。政府资产管理法治化就是依照法律和行政法规的规定管理各类政府资产，实现政府资产管理制度化和规范化，主要包括：（1）政府资产管理职权法定；（2）管理政府资产的相关法律法规体系健全；（3）政府资产管理活动受到法律制度约束、违法责任明确；（4）政府资产公开透明、资产管理活动接受权力机关和社会公众的监督。经过15年立法历程、跨越三届全国人大，2008年10月28日第十一届全国人民代表大会常务委员会第五次会议审议通过了《中华人民共和国企业国有资产法》，这标志着经营性国有资产管理步入了法治化轨道。[①] 与此相对应，大量的行政事业单位国有资产管理活动仅以法律效力层次较低的部门规章来规定，离政府资产管理法治化目标的实现还有很长一段路要走。

政府资产是公共部门履行社会管理职能、提供公共服务、促进事业发展的重要物质基础，政府资产管理法治化对建立完善的现代财政制度和协调推进"全面建成小康社会、全面深化改革、全面推进依法治国、全面从严治党"建设具有以下几方面意义：

[①] 自1993年国有资产法起草以来，国内社会各界就国有资产法的适用范围有过"大""中""小"方案的争论。《国有资产法》适用范围的观点有以下四种：第一种观点认为应该将经营性国有资产、行政事业性国有资产与资源性国有资产、国防资产都属于《国有资产法》的适用范围；第二种观点与第一种基本类似，但应当侧重和突出经营性国有资产；第三种观点认为适用范围应该是经营性国有资产和行政性国有资产；第四种观点认为适用范围应该着重于经营性国有资本，即国有经营净资产。2007年12月23日，十届全国人大常委会第三十一次会议对国有资产法草案进行了初次审议，在征求各部门意见以及地方调研后并经全国人大法律委员会的再次审议，十一届全国人大常委会第三次会议决定将国有资产法草案更改为企业国有资产法草案。草案所规定适用范围的缩小是考虑到制定一部涵盖所有国家财产及其权利的法律的条件目前尚未成熟，而只选择对狭义的经营性国有资产进行立法具有较强的可操作性。

第一，政府资产管理法治化有利于约束公共部门及政府官员的资产使用行为，把支配资本配置的权力关进法治的笼子。由于现阶段我国政府资产管理法治化程度还不高，公车私用等政府资产使用问题长期以来都缺乏有效的外部监督，以至于违建楼堂馆所、超标配置公车、多占办公用房等作风建设问题影响到了政府形象。政府资产管理法治化要求政府部门资产配置按照一定标准执行、资产使用控制在合理范围内，确保政府资产使用的"公共性"对深化党员干部的廉政意识能起到制度保障作用。

第二，政府资产管理法治化有利于维护财政安全，防止政府资产流失。由于很长一段时间以来各级政府对行政事业单位资产管理的内部控制的法治化要求不高，流动资产和固定资产都发生了政府资产流失的现象，政府资产管理法治化要求从内部控制和外部监督两个层面搭建起资产管理的"防火墙"，利用法律的威慑力确保财政资金和政府资产安全。

第三，政府资产管理法治化有利于提高财政资源配置效率。"两个办法"规定擅自占有、使用、处置国有资产的违法行为，需要按照《财政违法行为处罚处分条例》处理，但对行政事业单位资产形成和配备引起资产浪费损失的问责机制并不健全，因而一些行政事业单位不顾实际需要、争取财政资金购置资产。"重资产配置、轻使用管理"产生了政府资产长期处于闲置状态或频繁更换处置资产设备的现象，造成了政府资产的损失和浪费。政府资产管理法治化要求把政府资产配置、使用、处置统一纳入法律框架中并构建起每个环节的问责机制，这将减少资产损失浪费现象。

第二节　我国政府资产管理法治化现状

一、政府资产管理职权法定

1988年初，根据原国家体改委及世界银行的建议，国务院决定将国有资产的产权管理职能从各个政府机构的社会经济管理职能中分离出来，单独成立由财政部领导的国家国有资产管理局（简称"国管局"）负责经营性国有资产和非经营性国有资产的管理工作。在国管局成立后的很长一段时间内政府资产管理活动都缺乏法律法规约束，直到1995年国家国有资产管理局和财政部联合颁发《行政事业单位国有资产管理办法》才结束了政府性资产管理处于法律法规真空的状态。在1998年政府机构改革中原国有资产管理局被撤销后，相关的行政事业单位国有资产管理的职责归并到财政部行政政法司和科教文司。在2014年财政部的业务司局机构调整中，财政部为完善国有资产管理体制、统一归口管理行政事业单位和企业的国有资产，将原企业司改造为主要以国有资产所有者身份履行国有资产管理职责的资产管理司，行政政法司的行政资产处和教科文司的事业资产处划入了资产管理司。

在行政事业单位国有资产管理活动归财政部主导后，财政部明确了行政事业单位国有资产"国家统一所有，政府分级监管，单位占有、使用"的管理体制并界定了各部门的管理职责——各级财政部门是负责行政事业单位国有资产管理的政府职能部门，对行政事业单位国有资产实行综合管理；行政事业单位的主管部门负责对本部门所属行政事业单位国有资产实施监督管理；行政事业单位对本单位占有、使用的国有资产实施具体管理。财政部门和机关事务管理局是我国目前行政事业单位国有资产管理的主要职能部门，政府资产管理职权均来自"三定方案"对部门职能职责的规定。

职权法定要求政府资产管理权的来源与行使都必须具有明确的法律法规依据，否则便越权无效。一方面，政府资产管理权的取得和存在必须有法律依据，行政主体的管理职权必须由法律直接设定或依法授予，而一旦财政部门和机关事务管理部门被授予政府资产管理职权则必须履行法定职责，政府资产管理的行政机关要坚持做到法定职责必须为；另一方面，政府资产管理部门必须在法律规定的实体及程序范围内行使职权而不能滥用职权，财政部门和机关事务管理部门等行政主体要坚持做到法无授权不可为。以中央行政事业单位政府资产管理职权归属为例,《财政部主要职责内设机构和人员编制规定》指定财政部"负责制定行政事业单位国有资产管理规章制度,按规定管理行政事业单位国有资产,制定需要全国统一规定的开支标准和支出政策,负责财政预算内行政机构、事业单位和社会团体的非贸易外汇和财政预算内的国际收支管理。"《国务院机关事务管理局主要职责内设机构和人员编制规定的通知》指定国管局"按规定负责中央行政事业单位国有资产管理工作,制订相关具体制度和办法,承担产权界定、清查登记、资产处置工作。负责中央国家机关公务用车的编制、配备、更新、处置工作。"

二、政府资产管理相关法律规范的完备性

(一)财政部的相关规定

2006年,财政部出台了《行政单位国有资产管理暂行办法》(财政部令第35号)和《事业单位国有资产管理暂行办法》(财政部令第36号)全面规范了资产配置、使用、处置等各环节的管理,构建了从资产配置、使用到处置全过程的有效监管体系,标志着我国行政事业单位的政府性资产管理工作进入了一个崭新的阶段。在"两个部令"的基础上,财政部还印发了《全国政协行政单位国有资产管理暂行实施办法》《驻外机构国有资产管理暂行实施办法》《全国人大行政单位国有资产管理暂行实施办法》《中央垂直管理系统行政单位国有资产管理暂行实施办法》《中央级事业单位国有资产管理暂行办法》和《关于进一步规范和加强中央级事业单位国有资产管理有关问题的通知》等政府资产管理综合类文件。

为夯实政府资产管理工作的基础,财政部专门针对资产配置、资产使用、资产处置和其他相关工作等政府资产管理的各个环节还出台了一系列政策文件,基本实现了政府资产管理全过程的法规覆盖。

一是资产配置的相关规定。资产配置是指财政部门、主管部门、行政

事业单位等根据行政事业单位履行职能的需要，按照国家有关法律、法规和规章制度规定的程序，通过购置或者调剂等方式为行政事业单位配备资产的行为。为加强资产配置预算管理工作的法治化程度，财政部印发了《财政部关于进一步加强中央行政单位新增资产配置预算管理有关问题的通知》《中央行政单位通用办公设备家具购置费预算标准（试行）》和《政府机关办公通用软件资产配置标准（试行）》，规范中央部门资产预算编制工作，完善中央行政单位通用办公设备家具购置费等预算标准，推进资产管理与预算管理的有机结合。行政事业单位购置纳入政府采购范围的资产，依据《政府采购法》和《政府采购法实施条例》的相关规定进行政府采购。

二是资产使用的相关规定。资产使用包括资产自用、对外投资和出租、出借等。行政事业单位应当建立健全政府资产使用管理制度，规范使用行为，做好使用管理工作，充分发挥政府资产的使用效益，保障政府资产的安全完整，防止政府资产使用中的不当损失和浪费。《中央级事业单位国有资产使用管理暂行办法》和《事业单位财务规则》《行政单位财务规则》的相关规定，行政事业单位政府性资产出租出借收入，按照政府非税收入管理的规定，实行"收支两条线"管理；事业单位政府性资产使用收入要纳入单位预算，统一核算、统一管理。另外，行政单位也不得用政府资产进行对外担保，更不得以任何形式用占有、使用的政府性资产举办经济实体。

三是资产处置的相关规定。资产处置是指行政事业单位政府性资产产权的转移及核销，包括各类政府资产的无偿调拨（划转）、对外捐赠、出售、出让、转让、置换、报损报废、货币性资产损失核销等。为配合"小金库"专项治理，财政部分别在 2008 年、2009 年和 2014 年出台了《中央级事业单位国有资产处置管理暂行办法》《中央行政单位国有资产处置收入和出租出借收入管理暂行办法》和《地方行政单位国有资产处置管理暂行办法》，要求行政事业单位国有资产处置收入按照政府非税收入管理并实行"收支两条线"管理，政府资产处置收入纳入国库起到了防止政府资产流失、规范部门预算管理活动的积极作用。

四是其他基础性工作的相关规定。其他基础性工作主要包括行政事业单位资产清查、资产核实、产权登记、资产评估等配套基础性工作，与资产配置、使用、处置三个基本环节构成了行政事业资产管理的内容体系。针对政府资产管理基础性工作，财政部先后出台了《行政事业单位资产清查暂行办法》《行政事业单位资产核实暂行办法》《事业单位及事业单位所办企业国有资产产权登记管理办法》等一系列文件。

(二) 国管局的相关规定

国管局关于政府资产管理的综合性部门规章有《中央行政事业单位国有资产管理暂行办法》；关于资产配置的相关规定有《中央国家机关通用资产配置管理暂行办法》和《中央国家机关办公设备和办公家具配置标准（试行）》；关于资产处置的相关规定有《中央和国家机关公务用车处置管理暂行办法》和《中央行政事业单位国有资产处置管理暂行办法》。

三、政府资产管理违法的法律依据

法律责任是指违法者所应承担的具有强制性的法律上的责任，"违法必究"要求违法者必须承担违法行为产生的法律后果。明确法律责任是全面推进依法治国不可缺少的基本组成部分，任何法律规范如果缺少法律责任的规定，就不可能在政治经济社会生活中顺利施行，政府资产管理法治化也不例外。

政府资产管理违法的法律责任的确定主要来自《行政单位国有资产管理暂行办法》和《事业单位国有资产管理暂行办法》的相关规定。《行政单位国有资产管理暂行办法》第50条规定"财政部门、行政单位及其工作人员违反本办法的规定，擅自占有、使用、处置国有资产的，按照《财政违法行为处罚处分条例》处理。违反国家国有资产管理规定的其他行为，按国家有关法律法规处理。"①《事业单位国有资产管理暂行办法》第51条"事业单位及其工作人员违反本办法，有下列行为之一的，依据《财政违法行为处罚处分条例》的规定进行处罚、处理、处分：（一）以虚报、冒领等手段骗取财政资金的；（二）擅自占有、使用和处置国有资产的；（三）擅自提供担保的；（四）未按规定缴纳国有资产收益的。"第52条规定"财政部门、主管部门及其工作人员在上缴、管理国有资产收益，或者下拨财政资金时，违反本办法规定的，依据《财政违法行为处罚处分条例》的规定进行处罚、处理、处分。"第53条规定"主管部门在配置事业单位国有资产或者审核、批准国有资产使用、处置事项的工作中违反本办法规定的，财政部门可以责令其限期改正，逾期不改的予以警告。"第54条规定"违反本办法有关事业单位国有资产管理规定的其他行为，依据国家有关法律、法规及规章制度进行处理。"

另外，《中央行政事业单位国有资产管理暂行办法》第43条明确了政府资产具体管理部门违法的法律责任，"各部门违反本办法规定，有下列情形之一的，由国管局和相关部门责令限期改正，逾期不改的予以通报批评，并按《财政违法行为处罚处分条例》和国家有关规定处理：（一）超计划、超标准配置资产的；（二）违反政府采购和招标投标规定配置资产的；（三）拒绝对长期闲置、低效运转的资产进行调剂处置的；（四）未履行相关程序擅自处置国有资产的；（五）不按规定上缴资产处置收入的；（六）不按规定报送资产报告或报送虚假资产信息的；（七）为评估机构提供虚假资料、干预评估机构独立执业的；（八）其他违反本办法的情形。"第44条则规定了政府资产管理机构违法的法律责任，"国管局和各部门国有资产管理机构及工作人员违反本办法规定的，按照《行政机关公务员处分条例》及国家有关规定处理；造成国有资产损失的，依法追究责任。"

---

① 《财政违法行为处罚处分条例》第8条规定"国家机关及其工作人员违反国有资产管理的规定，擅自占有、使用、处置国有资产的，责令改正，调整有关会计账目，限期退还违法所得和被侵占的国有资产。对单位给予警告或者通报批评。对直接负责的主管人员和其他直接责任人员给予记大过处分；情节较重的，给予降级或者撤职处分；情节严重的，给予开除处分。"

四、政府资产的公开透明与监督体系

党的十八届四中全会《中共中央关于全面推进依法治国若干重大问题的决定》将全面推进政务公开作为"深入推进依法行政,加快建设法治政府"的重要内容,政府资产管理法治化同样需要坚持以公开为常态、不公开为例外的基本原则,推进政府资产配置公开、政府资产采购公开、政府资产使用公开、政府资产处置公开和政府资产存量公开。

我国目前政府资产报告体系主要按财政部"两个部令"执行。《行政单位国有资产管理暂行办法》第43条规定"行政单位应当建立资产登记档案,并严格按照财政部门的要求做出报告。财政部门、行政单位应当建立和完善资产管理信息系统,对国有资产实行动态管理。"第44条规定"行政单位报送资产统计报告,应当做到真实、准确、及时、完整,并对国有资产占有、使用、变动、处置等情况做出文字分析说明。财政部门与行政单位应当对国有资产实行绩效管理,监督资产使用的有效性。"《事业单位国有资产管理暂行办法》第45条规定"事业单位应当按照国有资产管理信息化的要求,及时将资产变动信息录入管理信息系统,对本单位资产实行动态管理,并在此基础上做好国有资产统计和信息报告工作。"第46条规定"事业单位国有资产信息报告是事业单位财务会计报告的重要组成部分。事业单位应当按照财政部门规定的事业单位财务会计报告的格式、内容及要求,对其占有、使用的国有资产状况定期做出报告。"具体决定行政单位政府资产报告内容的是《行政单位财务规则》,其中第51条规定"行政单位的财务报告,包括财务报表和财务情况说明书。财务报表包括资产负债表、收入支出表、支出明细表、财政拨款收入支出表、固定资产投资决算报表等主表及有关附表。财务情况说明书,主要说明行政单位本期收入、支出、结转、结余、专项资金使用及资产负债变动等情况,以及影响财务状况变化的重要事项,总结财务管理经验,对存在的问题提出改进意见。"具体决定事业单位政府资产报告内容的是《事业单位财务规则》，其中第 54 条规定"财务报告是反映事业单位一定时期财务状况和事业成果的总结性书面文件。事业单位应当定期向主管部门和财政部门以及其他有关的报表使用者提供财务报告。"第 55 条规定"事业单位报送的年度财务报告包括资产负债表、收入支出表、财政拨款收入支出表、固定资产投资决算报表等主表，有关附表以及财务情况说明书等。"第 56 条规定"财务情况说明书，主要说明事业单位收入及其支出、结转、结余及其分配、资产负债变动、对外投资、资产出租出借、资产处置、固定资产投资、绩效考评的情况，对本期或者下期财务状况发生重大影响的事项，以及需要说明的其他事项。"

由财政部的相关规定来看，我国行政事业单位只需要向政府内部机构公开政府资产占有、使用、变动、处置情况而不必向权力机关和社会公众公布任何政府资产信息。由于相关信息的不可获得性，人大和一般社会公众还很难实现对政府资产管理活动的有效监督。

第三节 政府资产管理法治化建设的成效与问题

一、政府资产管理法治化建设的初步成效

一是"三定方案"对财政部门、机关事务管理部门、主管部门以及行政事业单位的政府资产管理责任进行定位，解决了行政事业单位政府资产"谁来管"的问题，明确了监督管理关系以及相关管理职责。中央政府资产管理职权的界定来自财政部印发的《行政单位国有资产管理暂行办法》、《事业单位国有资产管理暂行办法》和国管局印发的《中央行政事业单位国有资产管理暂行办法》，相关部门管理职责界定分散在两个部门颁发的文件中。除江苏省外，绝大部分省级政府资产管理职权的界定遵循了中央政府的模式。2014年 10 月 16 日，江苏省人民政府发布了《江苏省行政事业单位国有资产管理

办法》，在一个文件中统一明确规定了财政部门、机关事务管理部门、主管部门以及行政事业单位的政府资产管理责任。

二是理顺了资产管理与预算管理的协调机制，有利于从体制机制上解决政府部门资产占用多寡不均、闲置浪费以及政府运行成本过高等政府资产管理难题。《行政单位国有资产管理暂行办法》将"资产管理与预算管理相结合"作为政府资产管理三项原则中的第一项原则，《事业单位国有资产管理暂行办法》也明确提出"事业单位国有资产管理活动，应当坚持资产管理与预算管理相结合的原则，推行实物费用定额制度，促进事业资产整合与共享共用，实现资产管理与预算管理的紧密统一"。"资产管理与预算管理相结合"原则要求政府资产必须按照标准配置，新增政府资产的预算拨款按《预算法》和《政府采购法》的相关规定执行，实现了政府财政资产管理法治化与预算法治化、财政支出法治化的有效衔接。

二、政府资产管理法治化建设中存在的问题

一是现有的政府资产管理制度都是以财政部门规章或国管局规章形式印发，存在法律效力低、约束力不强的问题，不能很好地适应新形势下政府资产管理工作的要求。财政部数据显示2006年底全国行政事业单位资产总额和扣除负债后净资产总额分别是8.01万亿元和5.31万亿元，而2013年底全国行政事业单位资产总额和扣除负债后净资产总额分别是17.73万亿元和11.82万亿元。由此可见，从2006年财政部"两个部令"颁布实施以来我国政府资产规模呈现高速增长状态。在当前政府资产规模是2006年的2倍多的情况下，规范政府部门资产管理行为的仍只是财政部印发的《行政单位国有资产管理暂行办法》和《事业单位国有资产管理暂行办法》及配套规定，"暂行办法"由于法律效力较低而对一些部门没有形成强有力的约束。《中央部门单位2014年度预算执行情况和其他财政收支情况审计结果》显示几乎每个被审计的中央部门都或多或少地存在政府资产管理违规行为，如2009年和2011

年教育部所属北京邮电大学和教科院未经批准出租房产而收取租金共计4390万元，新华社所属海南、江西等21个分社未经批准出租办公用房60475平方米而取得出租收入6253.40万元，这违反了《事业单位国有资产管理暂行办法》的规定；农业部所属农科院本级、中监所、农机总站、农科院研究生院、我国水产科学研究院本级等5个单位超规定数量配备公务车47辆，国家税务总局所属成都市国税局超编制配备公务用车4辆，这违反了《中央国家机关公务用车编制和配备标准的规定》。

二是政府资产管理相关规定不够明确具体导致"家底不清、账实不符；闲置浪费、效率低下；配置不均、使用不公；管理不善、流失严重"等存量资产管理问题依然存在。审计结果表明外交部和国家民委存在固定资产账实不符、账账不符问题；发展改革委和商务部存在国有资产处置收入和房屋出租收入未按"收支两条线"上缴国库；教育部、科技部、工业和信息化部等部门存在信息系统未纳入资产管理问题；交通运输部、文化部、国家税务总局等部门存在未经批准出租房产及房租收入未上缴国库问题，带来了隐性的国有资产流失。

三是政府资产情况对社会公开力度不够、外部监督力量缺失。按照预算契约理论，不仅年度预算收支体现着政府部门的公共受托经济责任，政府资产同样是公共受托经济责任的表现，政府部门在公布年度预决算的同时也应该详细向社会公布政府资产情况。不过，根据上海财经大学公共政策研究中心我国财政透明度调查课题组对地方政府金融资产（存款、有价证券、在途款和暂付款）和固定资产（地产、房产建筑和的设备）信息公开情况的调查，我国政府资产对社会公开的情况并不理想。调查结果显示2014年公布省级政府资产信息的省份只有黑龙江、福建、甘肃和新疆等4个省（自治区），2015年公开省级政府资产信息的也只有安徽、福建、甘肃、河南、黑龙江、山西、西藏等7个省（自治区）。政府资产公开透明度低造成了社会公众对政府"家底"不清，在政府资产配置环节是否需要增加预算拨款、政府部门是否超标准配置资产、政府资产处置收入是否按"收支两条线"纳入预算管理、有无公车私用等政府资产管理的重大问题都无法形成有效的外部监督。

第四节 政府资产管理法治化的国际经验

一、主要国家的基本做法

(一) 美加模式

美国和加拿大都是由财政部负责对政府资产进行统一的预算管理并制定相关的管理制度以及法律法规,而独立于财政部的单独设立的管理局负责资产日常管理的各种具体事务。

美国联邦政府的机关事务工作由独立于财政部的总务署负责,其署长由总统征求参议院意见并经参议院通过后任命并直接对总统负责。联邦政府各机构的物资、车辆、电讯、租赁等方面的采购和供应管理由总务署的下设机构——联邦供应服务中心负责并提供服务;房产及闲置资产的管理则由总务署另一个下设——公共建筑服务中心专门负责。在房产管理中,通过设置营运费用、营运时间、营运成本等指标来考核资产使用绩效;各部门的预算安排将受到考核结果直接的影响。公共建筑服务中心对闲置资产进行统一管理,其他各部门无权自行处理。公共建筑服务中心按照规范化、程序化、公开化的原则对闲置资产进行处置,处置方式包括横向及纵向调拨、依法赠给非营利性组织、公开出售等几种。

加拿大的政府资产管理则是由加拿大联邦公共工程和政府服务部负责。政府各部门的办公用房由该部门负责向财政部及国库委员会申请预算来购置并按照统一标准进行配置;联邦政府所有房产的集中管理、其他机构和单位的工程方面的各种专业服务、各部门的车辆配置都是由该部门负责。用于购置车辆的预算由它统一向国库委员会申请,并在车辆购买之后分配给各部门;

此外，闲置资产由该部门在有关法律规定的框架内进行统一处置，其处置原则：为各部门提供高效优质的服务；尽量使资产获得最大经济价值；对闲置资产保持其现状不变，且就地进行交易，避免产生不必要的法律责任；资产处置是引入竞争机制，保证公开、公正、公平，避免资产流失和腐败的滋生。

(二) 韩日模式

韩国和日本对公共部门资产的管理均采用"财政部—主管部门"模式，即财政厅或相当于财政厅的部门负责公共资产的综合管理，而具体管理由各行政部门负责。

日本的《国有资产法》将国有资产划分为行政事业资产和普通资产两部分。其中，行政事业资产的内容包括公共资产、公用资产、企业资产（包括经营性国企资产）及皇家资产。国有资产的综合管理由作为主管部门的财务省负责，财务省同时委托中央各个部委及地方政府对国有资产进行管理。日本的行政事业资产管理遵循以下原则：一是集中统一与分散管理相结合，确保资产的妥善保管和有效使用；二是必须明确相关资产管理机构及其责任人，做到权责明晰；三是在行政事业机构新建、变迁或撤销时，要确保资产的完整性，以及相应的权责变更有序进行；四是建立健全相关账目，确保行政事业资产的配置、形成、变动和处置等过程记录完整，最大限度地防止国有资产流失。

韩国的国有资产同样划分为行政事业资产和其他资产两类，经营性国有资产也包括在行政事业资产中。韩国的财政经济部负责对国有资产进行统筹管理，并负责统一制定国有资产管理处置计划和预算。财政经济部有权要求相关主管部门提交国有资产管理中设计的各种资料；其他政府主管部门在总统令的许可下对其所主管的资产进行处置计划和预算的制定，在计划审定后对资产实施相关管理行为，最终需把相关情况报告给财政经济部。另外，韩国还对财产的归属类别进行细化划分，根据不同类别实行各自不同的垂直管理体制，如公路、河流由交通部门主管，学校资产由教育部主管，驻外使领馆设施由外交通商部主管。各地所占有的国有资产按照法律规定由各级地方政府实施管理。

（三）德澳模式

德国和澳大利亚的政府资产管理采用的是"财政部门—财政部门国资管理局"模式。在该模式下，两国联邦政府的资产由其财政部的专门机构管理，地方的国有资产由该专门机构的分支机构进行管理。两国公共资产管理共同遵循的原则，一是以满足政府和公众的需要为目的；二是要遵循经济性和高效率的原则；三是资产管理必须依法进行；四是要保证从资产形成、使用到处置的全过程和结果能为相关各方所接受。

德国的政府资产（又称为公共资产）包括建筑物、高速公路等有形资产和政府持有的有价证券、土地使用权等无形资产。德国的联邦、州、乡镇三级政府都设有专门的公共资产管理部门，联邦政府资产由财政部联邦资产管理局进行管理，土地等重要资产的出售审批权由财政部掌握。德国的预算分为经常性预算和资本预算两部分，其中资本预算包括各预算部门的车辆购置费、办公场所建设费、设备维护费等纳入资本化管理的所有资产的购买支出。在财政部预算中，各部门将获得专门资金用于支付其办公场所的租金，租金按照其实际使用的办公场所面积向资产管理局缴纳。各部门的车辆、设备等资产购置也列入预算，经财政部审查后由国会批准。国会批准的预算要严格执行，但财政部仍掌握一定的灵活性。预算年度未使用完的经费可转入下一年继续使用，这样既防止了部门年终短期大量挥霍经费，又不会对该部门下年度预算申请产生影响。

澳大利亚将政府资产划分为三类，一类是完全市场化的经营性资产，另一类是参考市场模式运作的非经营性资产，此外还包括其他不能市场化的资产。政府资产的市场化管理职能部门为财政部以及金融管理部下属的资产管理局。资产管理局坚持以市场为主的运作模式对政府资产进行管理，其主要职责是为各政府部门提供办公用房、设备等相关硬件设施服务，该管理局在全国各地都有分支机构和仓储场地。管理方式包括项目管理、计划管理、专家咨询、合同服务等。澳大利亚的非经营性国有资产数量较少，主要分布在科教文卫、立法司法、公益单位及少数国有企业中。资产管理局根据非经营性国有资产性质和用途的不同，对非经营性国有资产进行分类管理，一是委托管理运营，采取国有民营的方式，将体育设施、医疗设施和办公设施等非经营性国有资产委托给竞标者进行管理；二是设立专门机构进行管理，由政府设立一些对政府统一负责但独立于政府行政机构之外的部门，对涉及国家机密的非经营性国有资产进行管理；三是由行业主管部门进行运营管理，主要涉及对一些专业性较强、与行业管理职能密切相关的非经营性国有资产。

(四) 法国模式

法国的公共资产实行的是"分级所有、分级管理"的体制。其公共资产共分为五类：土地、房产、无形资产、设备固定资产、其他资产。

法国对公共资产的购置、使用和处置的权限和程序都有严格的规定。资产购置方面，各单位制定新增资产计划后，由主管部门和财政部门进行审核，之后上报议会批准。资产使用方面，单位一般情况下不能利用公共资产取得收入，其履行职责所需的费用通过预算申请等方式在财政部门中解决。资产处置方面，财政部代表国家拥有土地和公共房产等资产的产权，其代表国家对土地和房产等资产进行管理。资产在进行处置时，先由使用者提出申请报告，经技术鉴定后做出处置决定，全过程都要严格履行有关程序。

法国公共部门资产管理的独到之处就是关于资产共享共用的规定。学校体育馆和图书馆等设施并非归学校所有，而是归市政府所有。正常教学时间，这些场所由学校支配，而在非教学时间，这些场所对公众开放，成为具有公益性质的文体活动场所。对医院的一些大型检查设备采取社会化处理，相关医疗设备真正实现了共用共享，在由医生对病人进行初步诊断之后，病人到集中指定的场所进行检查，而与具体医院无关。

此外，法国政府十分重视对公共资产使用情况进行绩效评价。绩效评价结果将作为资产配置和处置的重要依据。以医院为例，卫生部门设计了700多项考核指标，对资产使用情况进行绩效考核。

（五）巴西模式

巴西的国有资产管理模式采用的是"计划预算管理部—资产秘书处"模式。该模式下，负责政府公共资产管理的机构是巴西的计划预算管理部，而具体的各项工作则由其下设部门——联邦资产秘书处负责。该模式实质与"财政部门—财政部门国资管理局"模式基本相同。巴西将国有资产分为三类，分别是一般资产、特殊资产和自然资产，其中一般资产是指由社会公众共同占有、共同使用的资产，如公路、港口、铁路等；特殊资产是指由国家机关所占有、用来为公众服务的资产，如由各级行政、立法、司法机关使用的办公楼、车辆、设备等；自然资产包括湖泊、河流、土地、矿产资源等。巴西的联邦资产秘书处主要职能是：对联邦国有资产进行透明、高效和公正的管理；与州、市和联邦区各负其责，在国有资产使用和管理方面协调政府与社会的关系；保证联邦资产产生足够的社会效益，并践行其环保责任；支持州和市政府对相关各项管理措施进行规范化建设。联邦政府各部门动产的购置，可由各部门按照法定程序在预算内自行决定和购买。在购置不动产之前，须上报联邦资产秘书处进行审核批准。联邦资产秘书处在处理各部门的不动产购置申请时，按照"调剂—承租—购买"的先后顺序进行处置。涉及房地产购买的问题，原则上由各部门用自身预算内经费解决，若是资产购置额度较大，在预算内经费中难以解决，则由总统报国会批准安排额外预算。

巴西的公共资产处置形式常见的有出售、交换、赠送和报废。公共资产在出售之前，须先确定其出售底价，该工作由联邦资产秘书处组织专业人员来完成，然后交由专业拍卖机构对资产进行竞拍出售。

巴西法律对政府部门公共资产的使用方式做了严格规定，其中之一就是各部门不得将公共资产用于经营性活动，闲置资产的货币化须在联邦资产秘书处的控制下统一进行。对于各地各部门闲置的矿产、土地、水等资源，联邦资产秘书有权在相关法律的框架内，将其通过严格的法律程序转让或转租给个人或组织，后者要向联邦资产秘书处缴纳相应的转让费或租金，之后由联邦资产秘书处上缴国库。为防止该过程中出现暗箱操作导致国有资产流失，各种资产收入和税金、罚款一样，要严格执行上缴国库的法律程序，并由财政部统一印制税费上缴凭证。

巴西的国有资产管理在资产登记、配置、处置、收益等各步骤中，都引入了现代信息管理和信息系统的手段，大大提高了资产管理的效率和可靠性。

二、主要国家政府资产管理法治化的经验总结

（一）政府资产管理职权源自立法机关的立法授权

为控制联邦政府的运行成本、提高政府机构行政效率，美国国会针对政府部门分散采购政府资产的弊端而在1949年颁布了《联邦财产及行政服务法案》（*Federal Property and Administrative Services Act of 1949*）。根据《联邦财产及行政服务法案》的授权，联邦政府成立了联邦事务管理总局专门负责联邦政府的增量资产采购和存量资产管理工作。联邦事务管理总局的职责在于通过负责任的政府资产管理实现联邦机构资产价值的最大化，为联邦机构提供一流的工作环境、高质量的采购服务和专家式的商务解决方案，在推动资产管理创新中提出有效的资产管理战略（胡凯，2010）。

在东亚地区，一些国家的政府资产管理的职权也来自立法机关的立法授权。韩国《国有财产法》第6条（国有财产事务的总括与管理）规定了总括厅和管理厅在政府资产管理方面的职责，"财政经济部长官（即总括厅）总括有关国有财产的事务，各中央官署长官（是指预算会计法第14条所规定的中央官署长官，即管理厅）管理其管辖范围内的国有财产。"第2章（总括厅）的5条规定更是详细规定了政府资产主管部门的职权。

(二) 政府资产管理法律层级高并且体系完备

日本没有制定关于管理政府（行政）资产的特别法律，而是将政府性资产管理放在国有资产（包括行政资产、遗产资产和其他资产）管理的法律框架之中。图 8-2 为日本政府资产管理的法律体系。

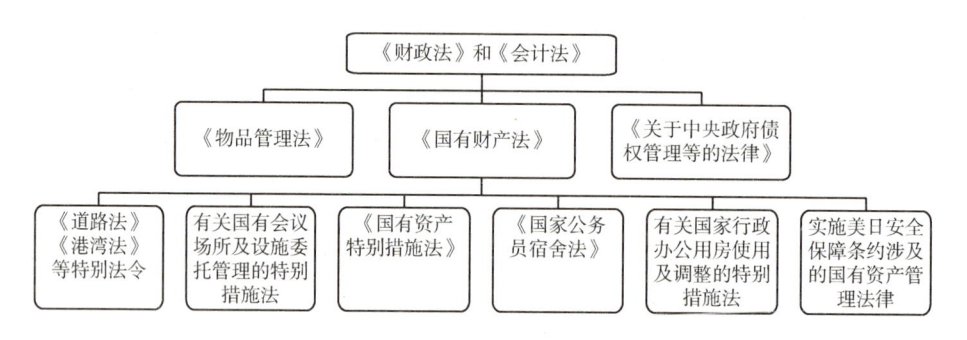

```
                    《财政法》和《会计法》
                            │
        ┌───────────────────┼───────────────────┐
    《物品管理法》      《国有财产法》    《关于中央政府债权管理等的法律》
        │                   │                   │
  ┌─────┴─────┐       ┌─────┴─────┐       ┌─────┴─────┐
《道路法》  有关国会会议   《国有资产  《国家公务  有关国家行政  实施美日安全
《港湾法》  场所及设施委   特别措施法》 员宿舍法》  办公用房使用  保障条约涉及
等特别法令  托管理的特别              及调整的特别  的国有资产管
            措施法                    措施法        理法律
```

图 8-2　日本政府资产管理的法律体系

日本政府资产采取法治化方式进行管理，相关法律、法规分为三个层次。最高层次的法律是《财政法》。日本《财政法》第 9 条（财产处理、管理）规定"（1）国家的财产除了依据法律以外，不得进行交换或作为其他支付手段来使用，也不得在没有适当的代价条件下转让或借给他人。（2）国家财产，为使之经常保持良好的状态，而对其进行管理，根据其所有目的，必须以最高的效率运营。"第 46 条（财政状况报告）规定"内阁在预算成立时，立即将其预算、上年度的年收入年支出决算，以及公债、借款、国有资产现额以及其他与财政有关的一般事项，以印刷物、讲演以及其他适当的形式，向国民报告。"第二层次的法律是《国有财产法》。根据日本《宪法》《财政法》和《会计法》的相关规定，日本于 1948 年制定了《国有财产法》并经多次修订而日臻完善[①]，是日本政府资产管理最基本的法律。第三层次的法律是针对《国有资产法》中没有规定的事项或特例事项规定的特定法律和相关配套的实

---

① 日本修订《国有财产法》条款的年份至少有 1949 年、1950 年、1952 年、1953 年、1956 年、1957 年、1962 年、1964 年法、1970 年、1973 年、1978 年、1981 年、1986 年、1989 年、1991 年、1999 年、2001 年和 2002 年。

施细则、行政命令。日本政府不仅根据《国有资产法》的立法精神制定了《国有资产特别措施法》《国家公务员宿舍法》等特别法律，还为执行《国有资产法》和各特别法而制定了各种实施细则和中央政府各部门对其下属机构下达的带有行政命令的规定。

与日本类似，一些欧洲国家关于政府资产管理的法律层级也很高，在预算法或财政法中都有关于政府资产管理的相关规定。如《德国联邦预算法》直接涉及政府资产管理的法律条文至少有4条，涉及政府资产的购置和出售、政府资产的基础性工作（财产记账、财产报告）和政府资产的审计监督。[①]另外，欧洲国家的关于政府资产管理的法律体系也很完备，如法国《公共财务总法典》是制约法规政府资产管理活动的最高法律，其中规范政府资产管理行为的条款就有700多条。[②] 2001年8月1日颁布的新《财政法组织法》详细规定政府资产的所有权、管理权、使用权、处置权及会计核算、报告方式，将政府资产管理的各个环节均纳入了法治化管理的规定。除此之外，《财务根本法》、预算法案和主管部门制定的法规也对政府资产管理的每个环节作出了明确规定。[③]

（三）政府资产报告及监督体系健全

根据《国有财产法》的规定，韩国建立起来一套政府内部与政府外部有

---

① 第63条（财产的购置和出售）规定"（1）只有在可预见的时间里为完成联邦的任务而有必要时，才应当购置财产。（2）只有在可预见的时间里为完成联邦的任务而必需时，才允许出售财产。（3）只允许以其全额价值出售财产。在预算案中允许有例外情况。（4）如果价值很小或者存在有联邦的紧急利益，联邦财政部可以允许有例外情况。（5）第2款至第4款的规定准用于财产使用收益的转让。"第73条（财产记账，统一记账）规定"（1）对财产和债务应记账或提供其他证明。经与联邦审计署协商一致，联邦财政部制定有关细则。（2）可以将财产和债务的账簿与收入和支出的账簿结合起来。"第86条（财产决算）规定政府资产状况需纳入年度预决算报告中，"财产决算中应显示预算年度开始时的财产和债务结存、在预算年度中的变化和在预算年度末时的结存。"第89条（审计）则将政府资产纳入了财政审计的范畴，"联邦审计署应审计：收入、支出、给付支出的义务、财产和债务；具有财政效力的措施；保管和预付款；对自我经营划拨的资金的使用。"

② 财政部教科文司赴法国公共管理考察团. 法国政府公共资产管理考察报告[J]. 行政事业资产与财务，2008，（2）：69-74.

③ 刘锐. 事业单位及其资产监管的国际经验[N]. 学习时报，2012-04-25.

效结合的政府资产报告及监督体系。首先，就韩国政府资产管理的内部报告及监督而言，管理厅每年都要向总括厅提交有关其管辖范围内国有财产的每个会计年度增减报告书，以及根据每5年一次以1月1日为基准调整的价格制订的现存额报告书，而总括厅要根据各个行政部门提交的增减报告书与现存额报告书拟订国有财产增减总清单和国有财产现存额总清单。其次，就韩国政府资产管理的外部报告及监督而言，总括厅不仅要把国有财产增减总清单和国有财产现存额总清单提交给审计监察院，并接受其检查，政府还要在下一个会计年度开始前120日之内向国会提交根据接受审计监察院检查的国有财产增减总清单和国有财产现存额总清单，接受来自权力机关的外部监督。图8-3为韩国政府资产报告及监督体系。

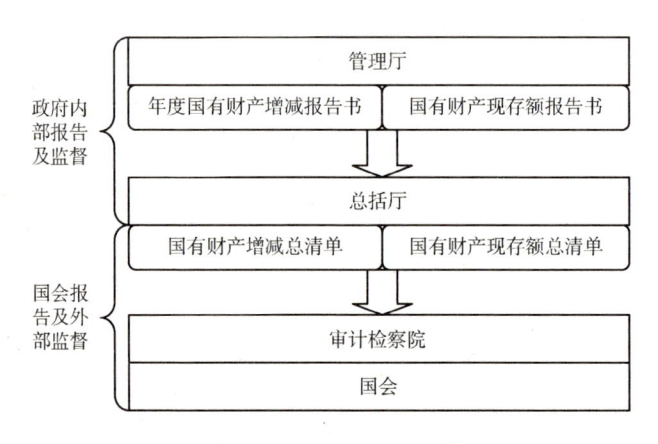

图8-3 韩国政府资产报告及监督体系

（四）政府资产管理注重绩效原则

从主要国家政府资产管理实践来看，几乎所有国家的政府资产管理都遵循经济性和效率原则。美国政府的房产管理通过设置营运费用、营运时间、营运成本等指标来考核资产使用绩效，各部门的预算安排将受到考核结果直接的影响；加拿大的闲置资产处置则遵循"高效优质、尽量使资产获得最大经济价值"的原则；而德国和澳大利亚的政府资产处置遵循经济性和高效率的原则；法国对公共资产使用情况也要进行绩效评价，绩效评价结果将作为资产配置和处置的重要依据。

第五节　进一步推进我国政府资产管理法治化进程的建议

为更好地配合"四个全面"这一战略布局，充分发挥政府资产管理法治化在"全面依法治国"和"全面从严治党"中的积极作用，针对我国政府资产管理法治化建设中存在的问题，本书提出以下几点建议：

第一，鉴于我国政府资产管理法律层次低、约束力不强的问题，本书认为应该充分借鉴德国、日本等发达国家的经验，将政府资产管理写入《预算法》或《财政基本法》，在"经济宪法"中规范政府资产管理活动。2014年8月修订通过的新《预算法》并没有涉及政府资产管理的内容，在未来几年重新修订《预算法》可能性不大而制定《财政基本法》被摆上研究议程的情况下，可以考虑通过在《财政基本法》中原则性地规定政府资产管理活动来提高我国政府资产管理立法质量。财税法专家刘剑文（2015）构想的《财政基本法》框架包括立法宗旨、财政法原则、政府间财政关系、预算、财政收入、财政支出、公债、政府审计、财政程序、财政救济、法律责任、附则等十二部分内容，其中并不包含政府资产管理的相关内容。为此，我们认为可以在刘剑文（2015）的构想框架中增加资产管理的相关内容，资产管理相关规定放在财政支出和公债这两部分内容之间。

第二，鉴于我国目前政府资产管理职权分散在财政部门、机关事务主管部门、行政事业单位主管部门和行政事业单位之间，政府资产管理的相关规定由各个部门颁布，"部门立法"导致政府资产管理缺乏完整统一的法律法规框架、重视部门行政管理权的配置而缺乏对外部监督权的足够关注，为此本书认为应该适时由全国人大推出《行政事业单位国有资产法》或以国务院令形式颁布《行政事业单位国有资产管理条例》。《行政事业单位国有资产法》

的基本框架由以下内容构成：第1章"总则"规定立法依据、立法宗旨、适用范围和行政事业单位国有资产管理原则等基础性问题；第2章"管理机构及其职责"合理分配财政部门、机关事务部门、行政事业单位主管部门和行政事业单位在政府资产管理方面的权利和责任；第3章"资产配置"在整合《中央行政单位通用办公设备家具购置费预算标准（试行）》《政府机关办公通用软件资产配置标准（试行）》和《中央国家机关通用资产配置管理暂行办法》等既有政策文件的基础上规定行政事业性国有资产的配置原则、配置标准、政府采购、账务处理等相关问题；第4章"资产使用"规定行政事业单位国有资产使用管理制度，应该涉及国有资产对外担保、对外出借出租、调剂使用管理等相关问题；第5章"资产处置"在整合《中央级事业单位国有资产处置管理暂行办法》《中央行政单位国有资产处置收入和出租出借收入管理暂行办法》和《地方行政单位国有资产处置管理暂行办法》等既有文件的基础上具体规定资产处置适用范围、处置形式、处置原则和方式、处置程序等相关问题；第6章"基础性工作"涉及产权登记、信息化管理、资产评估与清查、绩效评价等政府资产管理基础性工作的相关问题；第7章"资产报告与监督检查"规定行政事业单位资产统计报告义务及向财政部门、人大和社会公开统计报告要求，财政监督、人大监督、审计监督和社会监督在政府资产管理活动中的地位；第8章"法律责任"规定政府资产管理部门及其工作人员违反本法的法律后果；第9章"附则"规定本法的施行日期等。

第三，增强政府资产公开透明度、引入社会监督力量是政府资产管理法治化的保障，政府资产报告要实现行政事业单位向财政部门报送资产统计报告到政府资产情况向人大和向社会公开的转变。就政府资产管理的内部报告及监督而言，行政事业单位每年都要向财政部门和机关事务管理部门提交年度资产增减报告书和资产存量清单，而财政部门要汇总行政事业单位提交的增减报告书与资产存量清单。就政府资产管理的对外报告及监督而言，一是财政部门要向人大和社会公开政府资产增减总清单和政府资产现存量总清单并接受审计部门的审计检查，二是各个行政事业单位要在各自的部门预决算中向社会披露资产存量信息和政府资产采购信息。

回顾与总结：政府资产是公共部门履行社会管理职能、提供公共服务、促进事业发展的重要物质基础，政府资产管理法治化有利于约束政府部门和党政干部资产使用行为、维护公共资产安全和资产配置使用效率提高，对建立完善的现代财政制度和协调推进"四个全面"建设具有重要意义。政府资产管理法治化需要从职权法定、完备的相关法律法规体系、违法责任确定和政府资产报告及监督体系建设等四个方面协调推进。2006年财政部"两个部令"颁布实施以来我国政府资产管理法治化建设取得了一定成效，但依然存在法律效力低、约束力不强、透明度不高和外部监督机制缺失等问题。为更好地完善我国现代政府资产管理制度，可以借鉴美国、日本、韩国等政府资产管理国际经验，将政府资产管理纳入《财政基本法》立法框架并适时制定《行政事业单位国有资产管理法》。

第九章 我国财政法治化建设展望

本章导读：本章对我国未来财政法治化建设进行了展望。在整体环境有利推进财政法治化建设的情况下，我们还应清醒地认识到下一步工作面临的挑战。最后提出了几点构想。

第一节 我国财政法治化建设面临的挑战

法治作为人类社会迄今为止所能发现的一种良好的制度，是无数人争取权力和自由的斗争结果。没有哪个掌权者会自愿和主动地交出手中的权力，自愿地被关进"制度的笼子里"。但是法治作为人类社会现代化过程的一个基本构成部分，是无法改变的人类社会发展大趋势。

法治的基本要求就是依法规范权力的运行，而限制权力首当其冲的是限制财权。市场经济是法治经济，建立在市场经济上的现代财政制度也必然符合法治化要求。法治财政要求对财政的基本要素、运行程序、规则和相关主体的财政权力、责任、义务以法律的形式明确规定，使整个财政活动依法高效、规范、透明运行。法治财政在税收方面表现为"税收法定"，在财政管理上的"预算法定"和财政分配关系上的"财政关系法定"。建立法治国家的基本要求就是依法规范权力的运行，而限制权力首当其冲的是限制财权。法治财政的核心要义在于依法规范财权和保障公民权利。财权不仅包括税权、收费权及发债权，而且包括财政监督管理中的其他诸多相关权力。从横向上看，掌握财权的部门不只是财政部门，而且包括人大以及政府其他相关部门等。从纵向上看，财权既包括中央的财权，也包括地方的财权。法治财政要求处理好各种财权关系，各种财权都必须在法律的框架下运行，受法律的约束和规范。同样，保障公民在财政中知情权、参与权和监督权等权利，也必须在法律的框架下行使。

本书的第一章对人类社会的法治化道路进行了详细的描述。即便是那些法治化已非常成熟的发达国家，在社会发展的早期也经历过非常相似的历史阶段。社会动荡、政治腐败，金钱操纵政治，民主被严重扭曲等现象都曾出现过。从美国预算管理制度史和美国反贪历史来看，美国逐步建立起规范的对政府预算的监督和制衡制度与美国政府反腐机制的完善，是同步进行和同时发生的，并且均是在美国建国一百多年之后的事情。到目前为止我国成立只有60多年的历史，现在看来进行法治财政的建设，是一个千载难逢的机会。

一、财政法治化建设的紧迫性

党的十八大报告提出要全面推进依法治国，坚持科学立法、严格执法、公正司法、全民守法，法律面前人人平等，保证有法必依、执法必严、违法必究。同时，还提出要深入开展法制宣传教育，弘扬社会主义法治精神，树立社会主义法治理念，增强全社会学法、尊法、守法、用法意识。这为当前和今后一个时期我国深入开展财政法治化建设指明了方向，也为进一步增强全社会的法治观念、让公民充分享受公平正义阳光下的法治文明生活奠定了坚实的思想理论基础。

近年来，财政部门不断加强制度建设，规范权力运行，严格执法行为，强化财政监督，推进普法宣传，依法行政、依法理财工作取得积极成效。

为社会（全体人）的治理，需要有一套完备的治理方式，这就是法治。法治以"为了社会大众，依法进行治理"为特征，强调规则意识、平等意识、公共意识，反对特权、私权和权力滥用。2012 年习近平总书记在首都各界纪念现行宪法公布施行 30 周年大会上特别指出："各级领导干部要提高运用法治思维和法治方式深化改革、推动发展、化解矛盾、维护稳定能力，努力推动形成办事依法、遇事找法、解决问题用法、化解矛盾靠法的良好法治环境，在法治轨道上推动各项工作。"可见，我国法治建设要求全社会、全体公民要树立法治意识，公务人员尤其是领导干部更要树立法治思维和法治信仰，要将法治作为国家运行和社会治理的基本方式普遍遵守，用法治思维和法治方式看问题、作决策、办事情。只有这样，整个社会的法治环境才会有大的改观。

二、财政法治化建设面临的挑战

（一）人大立法权不足

全国人大及其常委会曾两次对国务院进行授权立法，其中，1985 年的授权至今仍有效。这在客观上推进了我国的财经体制改革，具有一定的必要性。但是对授权立法使用不当、缺乏有效的制约监督机制，过度的立法授权导致行政权力难受制约，带来了诸多弊端。例如，预算执行公开性较差，每年的预算公开多数是表面化粗略化的公开，缺乏细致和实质公开。在财税法律草案的起草过程中，应发挥全国人大有关部门的牵头作用，避免国务院甚至国务院下放给行政部门起草的现象。部门立法的弊端主要体现在：其一，部门立法难免会涉及本部门的利益和立场，这将造成法律的部门利益化，且法律草案的公正性往往会受到公众的质疑。其二，部门与部门之间缺乏有效的利益协调和统一平台，容易引发部门之间的争执，导致法律难以顺利、高效地通过。

（二）立法能力问题

法律建设不健全，表现在财政收入、财政支出和财政管理等领域中的诸多立法空白。法律级次普遍较低，多是部门规章等行政文件。法律的适用性不强，难以有效解决实际问题。这些都反映了我国现阶段立法能力还有待进一步加强。

(三) 部门利益问题

准预算部门权力过大，这些准预算部门的存在，造成了预算权的碎片化，使得原本统一于财政部门的预算权分散于或部分分散于该部门，这在不同程度上影响到预算的完整性、准确性和法律性。

第二节 我国财政法治化建议

回顾一下新中国的历史，我们从一个以农业为主的自然经济直接走向了一个计划经济社会，然后又在1978年后快速引入了一个市场经济体制，经过30多年的高速增长，我国进入了一个中等收入国家。尽管社会已经市场化了，但整个国家在规范性地控制政府预算、按现代社会的法治原理来征税和花钱方面还远远没有达到现代化，这也是到目前为止政府官员大面积地腐败而屡治不果的一个根本性的制度原因。从这个意义上讲，建立一个现代化国家，要实现国家现代治理体系的现代化，要在制度建设、公众意识、监督保障和相关制度的有效执行和落实等方面加强法治化建设。为推动我国未来财政法治化与国际接轨，笔者建议应做到以下几点：

一、加强人大立法权

在法治视野下，理财也是治国，管好了国家的"钱袋子"，国家治理中的诸多问题在很大程度上也就迎刃而解了。目前，我国财政管理仍处于碎片化状态，缺乏系统思维和整体意识。在预算编制、审批和执行过程中，人民代表决策、公众参与、预算透明等机制仍付阙如，公共利益被部门利益和政府利益所绑架。《预算法》修改后，上述问题虽然有所缓解，但离解决还有很长距离。

二、加强财政立法建设

"凡是重大改革都要于法有据"①。未来我国应构建宪法统领的财政条款——宪法性财政法律——主体财政法律。具体来说，在宪法上应以专章规定财政制度。从学理上看，大致有三种法律可以称其为"宪法性财政法律"：一是财政基本法，规定财政的基本原则、组织建制和运行规律；二是预算法，规定预算的拘束力同时及于财政收入、支出和监管，堪称财政法的"龙头法"。三是财政收支划分法，着眼于政府间财政关系，亦带有全局性和基础性。三者的共性在于规范对象均涉及财政体制全盘而非某一局部，故可合称"财政体制法"。在宪法和宪法性财政法律的统率下，绝大多数的财政事项是由财政法律来具体规定的。这就构成了财政法定的第三层次，包括财政收入法定、支出法定和监管法定，即以体系化的主干财政法律来设定财政权的具体要求。财政收入方面，除了每个税种的单行税法规范之外，还应包括统一的《税法通则》《税收征收管理法》《税收救济法》等；制定统一的《行政收费法》《政府性基金法》《国有资产法》《公债法》《彩票法》。财政支出方面，构建《财政转移支付法》《财政拨款法》《财政贷款法》《财政投资法》和《政府采购法》。财政监督方面，主要涉及在各项财政权力中都普遍存在的财政监督权与财政管理权，其侧重于财政效率和财政问责。这与财政监管服务于财政收支的角色定位是相适应的。因此，财政监管法的一部分是《财政监督法》及与之配套实施的《政府会计法》《审计法》，而另一部分主要是财政管理制度方面的技术规范，其中有的分散在财政收支规范之中，有的则形

---

① 习近平在中央全面深化改革领导小组第二次会议上的讲话。

成一部单行法律，如《国库管理法》。

三、行政机关应保障相关制度的有效执行和落实

建立完整、高效、规范、透明的现代政府预算管理制度。党的十八届四中全会提出要加快建设职能科学、权责法定、执法严明、公开公正、廉洁高效、守法诚信的法治政府，财税体制改革也应服务于建设法治政府的需要，进一步规范政府收支行为，保障政府履职能力。一是改进预算管理制度，推动建立全面规范、公开透明的现代预算制度，强化预算约束、规范政府行为、实施有效监督，把权力关进制度的笼子。财政部门对法律风险、政策制定风险、预算编制风险、预算执行风险、公共关系风险、机关运转风险、信息系统管理风险、岗位利益冲突风险等八类风险进行识别、评估、分级、应对、监测和报告，建立对风险的事前防范、事中控制、事后监督和纠正的工作流程和机制，对包括财政资金分配使用、国有资产监管、政府采购等重点业务在内的财政部各项工作强化内部控制，防止权力滥用。

政府预算应扩大公开范围、细化公开内容，不断完善预算公开工作机制，强化对预算公开的监督检查，逐步实施全面规范的预算公开制度。一是要扩大部门预决算公开范围，除涉密信息外，中央和地方所有使用财政资金的部门均应公开本部门预决算。要细化部门预决算公开内容，逐步将部门预决算公开到基本支出和项目支出。二是要细化政府预决算公开内容，除涉密信息外，政府预决算支出全部细化公开到功能分类的项级科目，专项转移支付预决算分地区、分项目公开。积极推进财政政策公开。三是要按经济分类公开政府预决算和部门预决算。四是要加大"三公"经费公开力度，细化公开内容，所有财政资金安排的"三公"经费都要公开。

建立有利于科学发展、社会公平、市场统一的税收制度体系。规范税收等优惠政策管理，逐步消除现行税制存在的对不同市场主体的税收不平等待遇，促进自由竞争和要素充分流动，进一步激发市场主体活力。解决以费代

税造成的税费功能叠加问题，实现税费功能归位，规范政府收入秩序。三是推动调整中央和地方政府间财政关系，建立事权和支出责任相适应的制度。合理界定政府与市场的边界及各级政府的职能边界，推进各级政府事权规范化、法律化；明确中央和地方的支出责任，形成可问责、可持续的制度安排，保障各级政府依法全面履行其职能。

四、加强法律的监督执行

要想提升法院的权威及职能，让其在制衡财税行政方面发挥更加积极的作用，首先需要推进司法体制改革，让法院摆脱各种外在干预，独立行使审判权，同时实现法官的专业化、精英化，让其可以真正行使决定权。赋予法院对规章以下的行政规范性文件的审查权，让其可以直接宣布其违法，而不仅仅是不予适用。

法治作为治国理政的基本方式，从形式到实质都对财税提出了很高的要求。为实现我国法治财政的宏伟蓝图，必须充分发挥党、立法机关、行政机关和司法机关的作用，释放公民的主人翁意识，夯实社会进步的基础。财政是国家治理的基础和重要支柱，只有遵循法治原则，把权力关进制度的笼子，财税才有可能成为优化资源配置、维护市场统一、促进社会公平、实现国家长治久安的制度保障。

回顾与总结：本章首先论述了我国财政法治化建设的紧迫性和面临的挑战，接着对可能遇到的问题提出了四点建议。在向法治化财政迈进的道路中，我们应积极正视这些挑战，以巨大的决心和勇气面对各种困难，希望我国未来财政法治化建设能够走到世界前列。

第十章 我国财政法治化的实施方案

本章导读：我国财政法治化建设的主要目标是形成完备的财政法律制度体系、高效的财政法治实施体系和严密的财政法治监督体系。本章主要从财政法律的制定和完善、财政行政行为的规范以及财政权力规范运行的监督体系的构建三个方面阐述了我国财政法治化的实施方案。

第一节 加快财政法律的制定和完善

党的十八届四中全会提出"形成完备的法律规范体系、高效的法治实施体系、严密的法治监督体系、有力的法治保障体系"。其中，完备的财政法律规范体系的形成即财政立法是法治实施、法治监督和法治保障的前提，也是我国当前财政法治建设中的首要重点。具体来说主要包括以下几点。

一、强化和落实人大的财政立法权

我国的绝大多数财政立法都是行政主导型的财政立法。由于财政事项具有高度专业性和复杂性，加上财政、税务部门又往往有着丰富的经验和技术优势，这使得行政机关在财政立法中易占据主导地位。虽然这种财政立法有一定合理性，但是容易导致某些行政部门的利益"登堂入室"。为了破解财政立法中部门利益的藩篱，应强化全国人大在整个财政法律规范生成过程中的主导权。为落实人大的立法权，就必须健全人大的工作机构、增加人员编制，并提高他们的职业素养和业务能力。对于一些立法机关不可能具备财政专业知识和技能的质疑，立法机关必要时可以征询专家及实务部门的意见。同时，还可以构建纳税人的建言献策和意见吸纳机制，经由政府与民众的沟通协商，从而提高制度的科学性和公众性。

二、制定财政基本法

制定财政基本法，作为财政税收活动的基本规范和基本准则。财政基本法是规定财政法基本制度，指导财政收入、财政支出、财政监管等财政法各个环节的法律。但是由于我国缺乏对财政基本体制、财政收支划分和转移支付、财政法定原则等进行明确规定的财政基本法，使得财政主干法律制定和实施的统一性受到影响。因此，应高度重视制定财政基本法，对财政领域的基本原则、理念、机制、程序、环节等作出规定。

三、充实财政税收主干法律规范，并注重提高法律法规的质量

第一，加强财政收入、财政支出、财政管理等重点领域的财政立法。坚持发挥法治对财税体制改革的引领、推动和保障作用，在财税体制改革中完善财政法律制度体系，实现财政立法与财税体制改革相统一、相衔接，做到重大财税体制改革于法有据、财政立法主动适应财税体制改革发展需要。财政收入领域，应将增值税、消费税、资源税、房产税等诸多税种从"条例""暂行条例"的规范层级逐步上升为单行法，完成"一税一法"的基本要求；

除此之外，与行政收费、公债、彩票等相关的法律有待制定，以加强对非税收入的规范和监督；财政支出领域，应当修改《政府采购法》，制定《财政投资法》等；财政管理领域，财政收支划分、财政转移支付、国库管理等都需要实现法治化。第二，完善财政行政机关的财政立法体制机制。各财政行政机关要在遵循立法法规定的前提下，完善财政立法工作机制，优化财政规章制定程序；要健全财政立法立项、起草、论证、协调、审议机制，推进财政立法精细化，增强财政立法的及时性、系统性、针对性、有效性；探索建立财政立法项目向社会公开征集制度；要对争议较大的重要财政立法事项引入第三方评估，充分听取各方意见；及时修改或废止不适应改革和经济社会发展要求的财政规章、规范性文件、法律以及行政法规。提高财政立法公众参与度。第三，财政行政机关进行财政立法时应该扩大财政立法工作的公众参与程度，采取听证会、论证会、座谈会、问卷调查等多种方式广泛听取意见。实行立法工作者、实际工作者、行政相对人代表和专家学者四结合，建立健全专家咨询论证制度。通过建立健全合理、有效的公众意见采纳情况反馈机制来广泛凝聚社会共识。第四，促进财政分权法治化。我国财政分权体制尚未健全，有待不断完善。促进财政分权法治化是实现规范财政分权的关键。应科学划分财政管理权限并以立法形式确立下来。加快实现财政管理权限划分的规范化是社会转型期由管理向治理转变的必然选择，也是法治化要求的根本措施。首先，明确划分财政管理权限的分类原则；财政支出类的受益、行动、技术原则；财政收入类的效率、适应、恰当、权责一致、利益分担原则；财政职能类的稳定经济、收入再分配、资源配置原则；税种特征类的流动性、全局性原则。以征税效率的高低为标准、通过立法的形式规定，适合集中征收的税归中央、区别对待的归地方。从税种结构看，增值税为主，消费税为补充。其次，明确划分财政管理权限的分层要求。（1）要做到事权明确，即在四个层次上做到职责分明、关系明确：第一层次是国家与市场的事权；第二层次是中央与地方的事权；第三层次是地方与地方之间的事权；第四层次是政府机构之间有关财政活动的事权。（2）要做到财权合理，即财权的划分应以事权为基础，有多大事权就应有多大财权，真正体现权利义务对等。（3）要保证各级政府财力充裕，即财政收入的多少要与其所担负的公共职能相适应，确保政府有足够的财力满足职能需要。（4）要做到统分结合，即中央政府承担宏观调控任务——"统一领导"，地方政府拥有施政范围——"分级管理"。（5）推进税收征管体制的立法化和司法化。全国人大通过立法程序审定所有税种，并规范完善税收争议诉讼程序、合理划分中央与地方的税收立法权。

第二节　财政行政行为的规范

一、财政行政机关依法全面履行财政职能

各财政行政机关应遵循"法无授权不可为，法定职责必须为"的原则，严格落实财政法律，恪守法治底线，依法全面履行财政职能，提供公共财政背景下一个政府应提供的公共产品，不侵扰市场和社会场领域中主体的权利。

第一，深入推进财政行政审批改革。全部取消非行政许可审批事项和全面清理中央指定地方实施审批事项；下放那些直接面向基层、量大面广或由地方实施更方便有效的行政审批事项，交由地方和基层管理；需保留的行政审批事项则要优化和规范管理，如实行统一窗口办理、透明办理、网上办理，提高行政效能；全面清理规范中介服务，制定并公开强制性中介服务目录清单。第二，推行财政权力清单、责任清单、收费清单制度。在全面梳理、清理调整、审核确认、优化流程的基础上，将职责权限、法律依据、实施主体、运行流程、监督方式等财政权力事项以清单形式向社会公开；在取消不合法、不合规、不合理收费项目基础上，建立行政事业性收费、政府性基金目录清单制度，编制并公布收费目录清单，接受社会监督。第三，完善财政宏观调控。坚持总量平衡、优化结构，把保持经济运行在合理区间、提高质量效益

作为财政宏观调控的基本要求和政策取向，在区间调控的基础上加强定向调控、相机调控，采取精准调控措施，适时预调微调；根据经济形势发展变化和财政政策逆周期调节的需要，建立跨年度预算平衡机制和实行中期财政规划管理。第四，优化财政资源配置。优化财政支出结构，调整无效和低效支出，腾退重复和错位支出，引导社会资本参与公共产品提供，使财政支出保持在合理水平，将财政赤字和政府债务控制在可承受范围内，确保财政的可持续性。第五，强化财政收入分配调节。强化财政调节分配职能，完善以税收、社会保障、转移支付为主要手段的政府再分配调节机制，规范非税收入管理，努力做到再分配更加注重公平，将收入差距控制在合理范围内；健全城乡发展一体化体制机制，推动基本公共服务均等化，促进缩小城乡差距。第六，加强财政管理工作。财政行政机关应建立政府会计准则体系和政府财务报告制度框架体系，健全财务会计管理制度，加强行政事业单位、企业、基本建设财务管理制度建设，规范财务管理行为，完善会计管理和财务管理法律制度体系；加强和改进企业国有资产监管，完善行政事业单位国有资产、经管国有资产管理，建立政府资产报告制度；完善政府采购制度体系，建立健全政府购买服务目录管理制度，把应实行政府购买服务的预算支出事项全部纳入目录。

二、推进财政重大决策科学化、民主化、法治化

各财政行政机关要建立科学、程序正当、过程公开、责任明确的财政重大决策制度，显著提高决策质量，保证决策效率，大幅提升财政重大决策公信力和执行力。

第一，健全依法决策机制。对于财政重大决策，首先要明确范围，其次要对决策主体、决策流程、法定程序、法律责任予以规范，强化决策法定程序的刚性约束。第二，增强公众参与实效。事关经济社会发展大局和涉及群众切身利益的财政重大决策事项，要广泛听取、充分吸取各方面的意见，意

见采纳情况及其理由要以适当形式反馈或者公布。第三，提高专家论证和风险评估质量。建立财政重大决策咨询论证专家库。对专业性、技术性较强的决策事项，应当从专业性、代表性、均衡性等角度考虑组织专家、专业机构进行论证，支持他们独立开展工作，逐步实行专家信息和论证意见公开。落实重大决策社会稳定风险评估机制。要建立完善风险评估工作机制，通过舆情跟踪、抽样调查、重点走访、会商分析等方式，对决策可能引发的各种风险进行科学预测、综合研判，确定风险等级并制定相应的化解处置预案。第四，加强合法性审查。建立财政重大决策合法性审查机制，未经合法性审查或审查不合法的，不得提交讨论。建立财政部门法制机构人员为主体、吸收专家和律师参加的法律顾问队伍，完善法律顾问服务机制，保证法律顾问在制定财政重大政策、推进依法理财中发挥积极作用。

三、财政行政执法的规范

各财政行政机关要形成科学有效的财政权力运行制约和监督体系，建立严肃财经纪律工作长效机制，保证重大财税政策得到有效贯彻落实，使财政违法行为得到及时纠正，违法责任人依法依纪受到追究。

第一，完善财政行政执法程序。建立健全行政裁量权基准制度，细化、量化行政裁量标准，规范行政裁量范围、种类、幅度。编制行政执法流程图，明确具体操作流程，重点规范行政许可、行政处罚、行政征收、行政收费、行政检查等执法行为。健全行政执法调查取证、告知、罚没收入管理等制度，明确听证、集体讨论决定的适用条件。严格执行重大执法决定法制审核制度，未经法制审核或者审核未通过的，不得作出决定。第二，创新财政行政执法方式。推行财政行政执法公示制度。加强信息化建设和信息共享，建立统一的财政行政执法信息平台，完善网上执法办案及信息查询系统。强化科技、装备在财政行政执法中的应用。推广运用说服教育、劝导示范、行政指导、行政奖励等非强制性执法手段。第三，全面落实行政执法责任制。严格确定财政部门各机构、各岗位的执法责任，明确财政部门的监督责任，建立健全常态化的责任追究机制。加强财政执法监督，建立健全投诉举报、情况通报等制度，坚决排除对执法活动的干预。第四，健全行政执法人员管理制度。逐步实行财政行政执法人员持证上岗和资格管理制度。健全纪律约束机制，加强职业道德教育，全面提高执法人员素质。

第三节 建立和健全财政权力规范运行的监督体系

现代财政制度的建立需要财政监督的支撑。而财政监督发挥作用的关键是建立和健全监督财政权力规范运行的体系。

一、构建全面的权力监督体系

在监督财政权力是否规范运行方面，要充分发挥人大监督、社会监督、舆论监督等外部监督的主体作用，构建全面的权力监督体系。在财政法律已经设定了财政主体的权力、程序、责任的基础上，要保证财政机关严格落实财政法律，恪守法治底线，依法履行政府的公共职能，提供公共财政背景下一个政府应提供的公共产品，不侵扰市场和社会场域中主体的权利，就必须构建全面的权力监督体系。对于人大监督、社会监督、舆论监督等外部监督来说，这些监督主体发挥作用的前提是财政政务的完整、准确、及时公开，使人大和社会各界普遍知情。因此，必须在保证预算、决算充分公开和被知情的前提下，让人大预算审查、审计机关独立审计、公众参与预算、舆论报道宣传等共同发力，从行政审计监督为主的单一监督转变为立法监督为主、行政监督和社会监督等结合的综合监督，从以支出监督为主的单相监督转变为财政收支管全方面的立体监督，从事后监督为主的责任监督转变为以事前预防、事中管控和事后追究相结合的全流程监督，从而形成综合性、立体化和全流程的监督体系。

二、财政行政机关内部监督和控制制度的建立和完善

全面权力监督体系的构建离不开各财政行政机关内部监督和控制制度的建立和完善。第一，财政行政机关要自觉接受人大监督、民主监督、司法监督、审计监督。各财政行政机关均要向本级人大及其常委会报告预算执行情况、预算草案等，接受人大代表的询问和质询；认真对待和处理人大及其常委会组成人员对财政工作提出的有关审议意见和及时办理人大代表和政协委员提出的意见和建议；定期向政协通报财政工作的有关情况，为政协委员履职提供便利；认真对待以财政部门为被告的行政诉讼案件，健全依法出庭应诉制度，尊重并执行人民法院的生效裁判；自觉接受审计和配合审计工作，依法、及时、全面提供审计所需的财务会计、业务和管理等资料，对审计发现的问题和提出的审计建议，要及时整改和认真研究，并将整改结果向有关单位和社会公众报告。第二，加强财政部门内部控制。各财政行政机关党组要切实落实党风廉政建设和反腐工作的主体责任，由主要负责人为第一责任人，对本单位的党风廉政责任负总责；按照分事行权、分岗设权、分级授权，强化流程控制、依法合规运行的总体要求，不断完善财政部门内部控制制度体系，持续推进财政内部控制工作，有效防控财政业务及管理中的各类风险；严格内部控制责任追究，加强内部控制工作结果运用。第三，全面推进财政政务公开。人大监督、社会监督、舆论监督等外部监督发挥作用的前提是财政政务的完整、准确、及时公开，使人大和社会各界普遍知情。因此各财政行政机关要完善财政政府信息公开制度，不断扩大主动公开范围，妥善做好依申请公开工作；推进财政政策、财政预决算、财政行政审批、政府采购等重点领域的财政信息公开工作；完善新闻发言人制度，做好对热点敏感问题的舆论引导，主动妥善回应社会关切，增强信息发布的权威性、时效性；加强财政信息公开平台建设，提高财政政务公开信息化、集中化水平。第四，

完善社会监督和舆论监督机制。健全对财政机关违法行为、违反财税政策行为的举报登记制度，畅通举报箱、电子邮箱、热线电话等监督渠道，方便群众投诉举报、反映问题，依法及时调查处理违法行为；发挥报刊、广播、电视等传统媒体监督作用，加强与互联网等新兴媒体的互动，充分运用和规范网络监督，加大网络舆情监测工作力度，重要舆情形成监测报告。

回顾与总结：由于我国缺乏对财政基本体制、财政收支划分和转移支付、财政法定原则等进行明确规定的财政基本法，因此我国有必要加快财政法律的制定和完善特别是加强重点领域的财政立法，同时为克服财政立法中的"藩篱"现象应强化人大的财政立法主导权；通过促进各财政行政机关依法履行财政职能、财政执法的规范以及推进财政重大决策的科学化、民主化、法治化等来实现财政行政行为的规范；现代财政制度的建立需要财政监督的支撑，而财政监督发挥作用的关键是建立和健全监督财政权力规范运行的体系。

参 考 文 献

[1] 楼继伟. 建立现代财政制度 [EB/OL]. http://www.mof.gov.cn/zhengwuxinxi/caizhengxinwen/201312/t20131216_1024900.html.

[2] 石亚军, 施正文. 建立现代财政制度与推进现代政府治理 [J]. 中国行政管理, 2014 (4): 11-16.

[3] 高培勇. 论国家治理现代化框架下的财政基础理论建设 [J]. 中国社会科学, 2014 (12): 102-122.

[4] 陈金龙. 治国理政基本理念的重大突破 [N]. 中国社会科学报, 2013-11-22, A07.

[5] 张文显. 法治与国家治理现代化 [J]. 中国法学, 2014 (4): 5-27.

[6] 李善达. 现代财政制度建立的国际经验与中国路径选择 [J]. 兰州商学院学报, 2015 (6): 73-81.

[7] 蓝志勇, 魏明. 现代国家治理体系: 顶层设计、实践经验与复杂性 [J]. 公共管理学报, 2014 (1): 1-9.

[8] 张俊伟. 现代财政制度应具备五大特征 [N]. 中国经济时报, 2014-04-11.

[9] 詹清荣. 中国财政法治化创新的法哲学解释 [J]. 法制与社会发展, 2005 (2): 150-160.

[10] 郑戈. 美国财政宪法的诞生 [J]. 华东政法大学学报, 2015 (3): 22-38.

[11] 刘剑文. 我国财税法建设的破局之路——困境与路径之审思 [J]. 现代法学, 2013 (5): 65-72.

[12] 许耀桐, 刘祺. 当代国家治理体系分析 [J]. 理论探索, 2014 (1): 10-15.

[13] 王桦宇. 论现代财政制度的法治逻辑 [J]. 法学论坛, 2014 (5): 40-49.

[14] 莫纪宏. 国家治理体系与治理能力现代化与法治化 [J]. 法学杂志, 2014 (4): 21-28.

[15] 刘剑文. 论财政法定原则——一种权力法治化的现代探索 [J]. 法学家, 2014 (4): 19-32.

[16] 杨志勇. 论法治化财政 [J]. 财贸经济, 2006 (10).

[17] 财政部条法司. 走向法治财政——财政法制建设三十年回顾 [J]. 预算管理与会计, 2008 (10).

[18] 高培勇, 马蔡琛. 中国政府预算的法治化进程: 成就、问题与政策选择 [J]. 财政研究, 2004 (10).

[19] 杨志勇. 我国预算管理制度的演进轨迹: 1979-2014年 [J]. 改革. 2014 (10).

[20] 姚胜. 加强中央预算审查监督的新举措——《全国人民代表大会常务委员会关于加强中央预算审查监督的决定》简介 [J]. 中国人大, 2000 (3).

[21] 楼继伟主编. 深化财税体制改革 [M]. 北京: 人民出版社, 2015 (3).

[22] 郑小玲. 中国财政管理体制的历史变迁与改革模式研究 (1949-2009). 福建师范大学博士论文, 2011年.

[23] 欧树军. 理解中国宪法的财政权力配置视角 [J]. 中外法学, 2012 (5).

[24] 刘剑文. 陈立诚. 预算法修改: 从"治民之法"到"治权之法"

[J]. 中国财政, 2014 (18).

[25] 周克清. 加强人大对全口径预算决算审查和监督 [J]. 财政监督, 2014 (15).

[26] 黎江虹. 新《预算法》实施背景下的预算权配置 [J]. 税务研究, 2015 (1).

[27] 周劲松. 公共预算权力配置问题研究 [D]. 财政部财政科学研究所, 2012.

[28] 徐孟洲. 财税法律制度改革与完善 [M]. 北京: 法律出版社, 2009.

[29] [美] 哈维·S·罗森. 财政学 [M]. 北京: 中国人民大学出版社, 2000.

[30] 王为民. 关于完善我国非税收入管理问题的研究 [M]. 成都: 西南交通大学, 2007.

[31] 施正文, 徐孟洲. 税法通则立法基本问题探讨 [J]. 税务研究, 2005 (4).

[32] 贾康, 白景明. 中国政府收入来源及完善对策研究 [J]. 经济研究, 1998 (6).

[33] 刘军. 完善我国税收法律体系的基本构想 [J]. 税务研究, 2000 (10).

[34] 张同青. 美日法三国税收制度的特点及其比较 [J]. 涉外税收, 2000 (5).

[35] 田淑英. 国外政府非税收入管理的比较与借鉴 [J]. 经济研究参考, 2004.

[36] 邹杨. 对我国税收立法问题的思考 [J]. 经济研究导刊, 2007 (6).

[37] 施正文. 论税法通则的立法架构 [J]. 税务研究, 2007 (1).

[38] 夏杰长. 中国政府收入体系研究 [J]. 广东商学院学报, 2001

（3）.

[39] 邓子基，林志远. 财政学 [M]. 北京：清华大学出版社，2012：52.

[40] 陈铁城. 当前我国政府采购中存在的问题与对策 [J]. 行政事业资产与财务，2014（2）：30-31.

[41] 葛克昌. 税法基本问题：财政宪法篇 [M]. 北京：北京大学出版社，2004：61.

[42] 迟玉华. 构建完整的中国社会保障法律体系 [J]. 法制与社会，2012（07中）：23-24.

[43] 曹邑平，胡江峰. 入世后我国财政补贴法规建设初探 [J]. 经济前沿，2002（3）：13-14.

[44] 高军. 试论西方国家财政权的民主控制 [J]. 大连大学学报，2011（12）：117-121.

[45] 孙放. 中国政府投资法律规范的缺失与困境——基于1980—2010年政府投资及其制度规范的实证分析 [J]. 甘肃政法学院学报，2012（5）：1-14.

[46] 刘佳莹. 论我国社会保障法律制度的存在问题和完善 [J]. 改革与开发，2010（12）：6-8.

[47] 杨杰. 论我国政府采购法律制度的完善 [J]. 赤峰学院学报，2014（12）：75-77.

[48] 晏露蓉. 欧债危机与德国政府债务管理的启示 [J]. 福建金融，2011（2）：9-13.

[49] 孙文珺. 我国公共财政支出监督法律制度的完善研究——以"四万亿"投资为背景 [J]. 华东政法大学硕士论文，2010.

[50] 诺内特，塞尔兹尼克. 转变中的法律与社会：迈向回应型法 [M]. 张志铭译. 北京：中国政法大学出版社，2004：67.

[51] 邱本. 自由竞争与秩序调控 [M]. 北京：中国政法大学出版社，2001：352.

[52] 许正中等. 财政分权: 理论基础与实践 [M]. 北京: 社会科学文献出版社, 2002: 121.

[53] 刘剑文, 熊伟. 税法基础理论 [M]. 北京: 北京大学出版社, 2004: 34.

[54] Richard Allen, Dimitar Radev. Managing and Controlling Extrabudgetary Funds [J]. OECD Journal on Budgeting, 2006, 6 (4): 7 – 36.

[55] Allen Schick. Off-Budget Expenditure: An Economic and Political Framework [J]. OECD Journal on Budgeting, 2007, 7 (3): 1 – 32.

[56] 中国财政政策报告 2013/2014: 将全面深化财税体制改革落到实处 [M]. 中国社会科学院财经战略研究院, 2014.

[57] 高培勇. 经济增长新常态下的财税体制改革 [J]. 求是杂志, 2014 (12).

[58] 楼继伟. 深化财税体制改革, 建立现代财政制度 [J]. 求是杂志, 2014 (10).

[59] 崔军, 朱晓璐. 深化财税体制改革, 推动建立现代财政制度 [J]. 行政管理改革, 2014 (4).

[60] 胡川. 行政事业单位国有资产管理模式的国际比较及其借鉴 [J]. 经济社会体制比较, 2009 (1): 45 – 50.

[61] 胡凯. 美国政府的资产管理: 案例与启示 [J]. 行政事业资产与财务, 2010 (4): 43 – 50.

[62] 刘剑文. 财税法治呼唤制定财政基本法 [N]. 中国社会科学报, 2015 – 01 – 28.

[63] 马骁、李雪. 法治财政: 现代财政制度建设的核心 [J]. 经济研究参考, 2015 (3): 3 – 5.

[64] 彭东昱. 国有资产法: 大小之争 [J]. 中国人大, 2008 (1): 21 – 22.

[65] 申海平. 关于制定《行政事业性国有资产法》的若干问题 [J].

山东社会科学, 2009 (3): 111-114.

[66] 王晓玲. 我国政府资产管理当前存在的问题及解决措施 [J]. 行政事业资产与财务, 2013 (7): 9-12.

[67] 杨志勇. 论法治化财政 [J]. 财贸经济, 2006 (10): 34-39.

[68] 臧跃茹、郭春丽. 国有资产立法的相关背景及问题探讨 [J]. 宏观经济管理, 2008 (9): 57-59.

[69] 张江莉. 行政事业单位国有资产管理制度研究 [J]. 北京行政学院学报, 2010 (3): 92-95.

[70] 胡川. 行政事业单位国有资产管理模式的国际比较及其借鉴 [J]. 经济社会体制比较, 2009 (3): 45-50.

[71] 财政部制定印发《法治财政建设实施方案》http://finance.sina.com.cn/roll/2016-07-18/doc-ifxuaqhu0639470.shtml.

[72] 刘剑文. 理财治国视阈下财税改革的法治路径 [J]. 现代法学. 2015 (3).

[73] 华国庆, 汪永福. 论我国中央与地方财政关系的法治化——以地方债发行为视角 [J]. 安徽大学学报 (哲学社会科学版), 2016 (5).

后　　记

　　为推进现代财政制度的建立，进一步提高财政干部的业务素质，经财政部领导批准，我们立项开发了我国现代财政制度系列教材课题，包括一个总课题和六个子课题，由中央财经大学牵头，联合其他五所部省共建院校共同研究，财政部有关司局也参与了研究。本书是在上海财经大学邓淑莲教授主持的子课题之四《现代财政法治化研究》的基础上而成。

　　市场经济是法治经济，建立在市场经济上的现代财政制度也必然要符合法治化要求。财政法治化就是要将政府的全部财政活动约束在法律法规框架中进行，使得社会公众能通过立法机关和相应的法律程序从根本上决定、约束、规范和监督政府的财政行为。从财政的基本内容和主要运行环节来看，财政法治化的意蕴集中体现为在税收方面的"税收法定"、在财政管理上的"预算法定"和在财政分配关系上的"财政关系法定"，其核心要义在于依法规范财权和保障公民权利。财权不仅包括税权、收费权及发债权，而且包括财政监督管理中的其它诸多相关权力。通过财政法治化，形成纵向制约关系和横向的财政分配关系，从而实现财政对政府系统内部行为的纵向和横向控制，提升政府的治理能力；可以确定政府、市场主体的权利和行为边界，防止政府缺位和越位，从而构建一个合理的经济秩序；此外，也可以打造高效、有为的政府和负责任的公民，实现政府和公众偏好的双向传递，使社会合作各方以理性的表达方式来代替非理性的表达方式，形成政府与社会的良性互动，从而实现社会的和谐稳定运行。

后　记

　　基于上述认识，本书遵循"政府全部财政活动都需纳入法律法规框架中运行"的原则，运用文献研究法和经验总结法，将财政法治化的具体内容分为财政权力配置、财政收入、财政支出、财政体制、财政监督、政府债务、政府资产管理等七个方面进行阐述。而在具体阐述这七个方面的内容之前，教材第一章阐述了现代财政法治化内涵，认为法治化是现代财政制度建设的必经之路；第二章对我国的财政法治化进程进行了回顾，并介绍了我国主要财政法治化事件的背景、意义、主要内容；随后的第三至八章分别就各财政基本内容法治化涉及的我国现行法律体系中有关的法律规定、财政法治化存在的问题进行了阐述，同时也介绍了各财政基本内容法治化的国际经验并提出相应的财政法治化建议，均涵盖了立法、执法、守法、司法这几个层面的论述，形成了一个完整的、系统的财政法治化内容体系；第九章探讨了我国的财政法治化建设面临的环境和挑战并提出了总体财政法治化建设的建议；第十章则就我国财政法治化的实施方案进行了探讨。

　　本书由上海财经大学公共经济与管理学院邓淑莲教授主持，并负责全书的总纂和统稿。编写具体分工为：刘分龙博士，负责第二章、第十章以及全书内容的汇总校正；白思达博士，负责第一章、第三章以及第九章；于佳曦博士，负责第四章和第六章；李勇博士，负责第七章；吕凯波博士，负责第八章；柳志强硕士，负责第五章。

　　在课题研究和书稿写作过程中，财政部条法司积极参与了课题研究和书稿审核；中央财经大学马海涛教授对本书进行了审阅；中国财经出版传媒集团经济科学出版社在本书的出版编辑过程中给予了大力支持。在此，对参与课题研究、书稿写作、审核和编辑出版的各个单位和各位专家表示衷心感谢。

　　目前，财税体制改革正处于攻坚克难的关键时期，现代财政制度的构建也在不断实践和推进之中，加之我们的理解和研究水平所限，书稿中的疏漏和不足之处在所难免，欢迎读者予以批评指正，以便再版时修正。